中学入試 社会
実力突破

受験研究社

この本の
特色としくみ

有名国立・私立中学校の入試を突破するためには，基本を理解し，実際の入試問題を多く解いて，実戦力をつけることが重要です。本書は，有名中学校の入試問題の中から，重要な問題，よく出る問題などを選び，実力が確実につくようくふうしました。

実力強化編

試験の要点　単元の要点を，解説文や豊富な図・表でまとめてあります。試験で問われる要点を確実に身につけましょう。

入試重要度
項目ごとに入試での重要度を★で示しました。★３つが最重要です。

消えるフィルターで赤文字の重要語句が消えます。何度も確認しましょう。

一問一答式の問題で単元の内容を理解できているか確認できます。

文章でAnswer
文章で答える記述式の問題です。じっくりと考えて答えましょう。

実力問題　入試に必要な基本的な知識を問う問題を中心に，少しレベルの高い問題も織り交ぜています。わからなかった箇所は **試験の要点** や解答解説で確認しましょう。

よく出る
入試でよく出題される問題です。

ワンポイント
問題を解くヒントや手がかりを簡潔に入れています。

記述式の問題です。

プラスα
問題に関する参考となる解説や補足説明です。

思考力・記述問題強化編

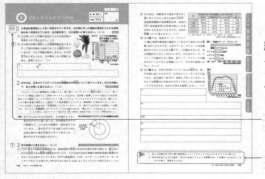

各分野の思考力を必要とする問題や文章記述問題で構成しました。入試で配点の大きい問題の得点力を強化しましょう。

難問
難易度が高い問題です。

ヒント
問題のヒントを入れました。

実戦力強化編

各分野の問題を，それぞれテーマごとに分けてあります。苦手なテーマを克服し，実戦力を強化しましょう。

入試完成編

近年の入試問題を精選して構成しています。入試本番を意識し，制限時間を守りながら，チャレンジしてみましょう。

チェックカードの使い方

付録として，消えるフィルターを使うチェックカードを設けています。模擬テストや入試直前に重要事項を理解できたかくり返しチェックできます。

右図のように，４枚切りはなして，まん中で２つに折ってホッチキスでとめると，１〜16節の小冊子になります。

切り取り線に沿って切りはなす。

ここで山折りにする

順番どおり重ねたままホッチキスでとめる。

消えるフィルターを使ってチェックできます。

もくじ

本書に関する最新情報は，小社ホームページにある本書の「サポート情報」をご覧ください。（開設していない場合もございます。）
なお，この本の内容についての責任は小社にあり，内容に関するご質問は直接小社におよせください。

① 日本の国土

〔　月　日〕

試験の要点

入試重要度

世界の大陸と海洋　大陸ではユーラシア大陸，海洋では太平洋の面積がもっとも広い。

1. 世界の大陸・海洋・世界の国々 ★

❶ **世界の大陸**…世界の大陸は，ユーラシア・北アメリカ・南アメリカ・アフリカ・オーストラリア・南極の 6 つの大陸からなる。

❷ **世界の海洋**…世界の海洋は，おもに，太平洋・大西洋・インド洋の 3 つの大洋からなる。

❸ **緯度・経度**…緯度は赤道を 0 度とし，地球を南北に各 90 度に分けている。経度はイギリスのロンドンを通る本初子午線を 0 度とし，地球を東西に各 180 度に分けている。

❹ **世界の独立国**…世界には 200 近くの独立国がある。

2. 日本の位置・領域，地域区分 ★★

日本の位置　北のはしから南のはしまでのきょりはおよそ 3000 km。

❶ **日本の位置**…ユーラシア大陸の東に位置し，北緯約 20 度〜46 度，東経約 122 度〜154 度の間にある。
> 国土面積は約 37.8 万 km²
> 日本の標準時は兵庫県明石市を通る東経 135 度の経線を基準としている

❷ **まわりの海**…日本は，オホーツク海・日本海・東シナ海・太平洋に囲まれている。
> 日本が主張する海域（領海，排他的経済水域などの合計）は約 465 万 km²

❸ **日本列島**…本州・北海道・九州・四国の 4 つの大きな島と，北方領土（択捉島・国後島・色丹島・歯舞群島）や沖縄島・佐渡島など約 14000 の小さな島々からなる。

❹ **領土をめぐる問題**…北海道の北方領土はロシア連邦，島根県の竹島は韓国が不法に占領しており，領土問題がおきている。また，沖縄県の尖閣諸島は中国が領有権を主張している。

❺ **日本の地方区分**…日本は，1 都（東京都），1 道（北海道），2 府（大阪府・京都府），43 県に区分されている。
> また，日本は 7 つの地方に区分する方法がよく使われる

3. 日本の地形 ★★

❶ **日本の山地の特色**

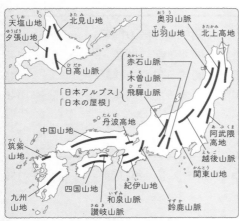

日本のおもな山地・山脈・高地　日本の山地は一般にけいしゃが急で険しくなっている。

- 日本の国土の**約 4 分の 3** は山地である。
- 山地や山脈は，北東から南西にかけて，国土のほぼ中央部を背骨のように走っている。
> 山地のうち，山のみねがつながっているもの
- 本州の中央部には 3000 m 級の山々が並んでいる。

- 地震や火山の噴火がよくおこり，大きな被害をもたらすことがある。
  └日本は環太平洋造山帯に位置し，活火山数は 111 と多い

❷ 日本の平野の特色

- 国土がせまく山がちなため，平野の規模が小さい。
- 平野は海岸に沿ったところに分散している。
  └入り江や湾にはリアス海岸と呼ばれる地形も見られる
- 川のはたらきによって形成された平野が多い。
- 日本の平野では**関東平野**がもっとも広い。

❸ 日本の川の特色

- 川はばがせまく，短い。
- 山地からすぐに海に注ぐので，**流れが急**である。
- 季節ごとに川の水量が大きくかわる。

4. 日本の気候 ★★

❶ 太平洋側の気候…夏は南東の**季節風**のため，雨が多くむし暑い。降水量は，**梅雨**や**台風**のため夏から秋にかけて多い。冬は北西の**季節風**のため，かわいた風がふき，降水量は少なく，晴天の日が多い。
　　　　　モンスーン

❷ 日本海側の気候…冬は，日本海で水分をふくんだ北西の季節風のため，雪の日が多い。
対馬海流が流れる
夏は気温が異常に上がるフェーン現象がおこる

❸ 瀬戸内の気候…中国**山地**と四国**山地**にはさまれ，夏・冬ともに季節風のえいきょうをあまり受けない。そのため，一年を通して雨が少なく晴天の日が多い。

❹ 中央高地の気候…季節風のえいきょうが少なく，一年を通して雨が少ない。昼と夜，夏と冬の気温の差が大きい。
標高のちがいによって気温に差がある

❺ 北海道の気候…一年を通じて気温が低く，冬が長く，夏が短い。冬は厳しい寒さで，梅雨はなく，台風のえいきょうも少ない。

❻ 南西諸島の気候…一年中暖かく，降水量も多い。台風によくおそわれる。霜や雪はほとんど見られない。
└防風林を植えるなど，台風の被害を防ぐくふうをしている

⬆日本のおもな川・平野　日本の平野は，川が運んできた土や砂が積もってできた平野（沖積平野）が多く，海岸に沿って平野が多く見られる。

凡例：
- 北海道の気候
- 日本海側の気候
- 太平洋側の気候
- 中央高地の気候
- 瀬戸内の気候
- 南西諸島の気候

⬆日本各地の気候と海流　日本の気候は季節風や暖流・寒流のえいきょうを受けている。

要点チェック

- □①日本の領土のうち，もっとも西のはしにある島を何というか。
- □②「日本の屋根」と呼ばれる本州の中央部には，「日本アルプス」と呼ばれる３つの山脈が連なっている。その３つの山脈をあげよ。
- □③日本でもっとも広い平野は何平野か。
- □④季節によって決まった方向にふく風のことを何というか。

- ①与那国島
- ②飛驒山脈・木曽山脈・赤石山脈
- ③関東平野
- ④季節風（モンスーン）

文章で Answer

Q　沖ノ鳥島の護岸工事を行い，水没から守っている理由を答えなさい。

A　（例）日本の南のはしにある沖ノ鳥島を失うと，排他的経済水域を大きく失うため。

実力問題

よく出る

❶【日本の国土】 次の文を読んで，あとの各問いに答えなさい。

江戸川学園取手中

　国家の主権のおよぶ範囲を領域といい，領域は領土や領海，領空からなります。現在の日本は周辺諸国との間で「領土問題」を多く抱えています。具体的には，①北方領土(北方四島)，尖閣諸島，②竹島に関するものです。日本政府の公式見解はすべて「日本固有の領土である」ということですが，残念ながら解決への見通しは明るくありません。このほかにも日本政府は，太平洋に浮かぶ沖ノ鳥島が波にけずられて消滅してしまうことを防ぐため，護岸工事をして島を囲いこむということをしており，③領土を守ることが重要であることがわかります。

☐(1) 下線部①について，「北方領土(北方四島)」は「択捉島」，「色丹島」，「歯舞群島」と何ですか。島名を漢字で答えなさい。

☐(2) 下線部②について，日本側の立場では，竹島は何県に属しているとしていますか。正しいものを次の**ア～エ**から1つ選び，記号で答えなさい。

　　ア 島根県　　**イ** 石川県　　**ウ** 山口県　　**エ** 福岡県

☐(3) 同じく下線部②について，2012年に日本政府はオランダのハーグに置かれている国際連合の専門機関にこの問題の解決をたのもうとしましたが，韓国から断られたということがありました。この専門機関の名称を漢字7字で答えなさい。

☐(4) 下線部③について，日本政府としては領土を失うことで経済的にどのような不利益が生じるのか，説明しなさい。

よく出る

❷【日本の川】 資料を見て，次の各問いに答えなさい。

滋賀大附中一改

☐(1) 世界の川と比べた日本の川の特色を答えなさい。

☐(2) 日本の川が(1)のような特色をもつ理由を，日本の国土のようすをもとに答えなさい。

資料　日本と世界の川

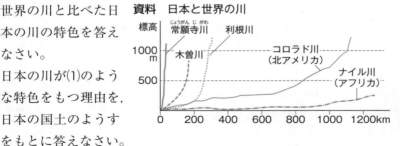

☐(3) 利根川は何平野を流れている川ですか。記号で答えなさい。

　　ア 越後平野　　**イ** 関東平野　　**ウ** 濃尾平野　　**エ** 讃岐平野

☐(4) 木曽川が流れていない県を1つ選び，記号で答えなさい。

　　ア 長野県　　**イ** 静岡県　　**ウ** 岐阜県　　**エ** 愛知県

❶

(1)

(2)

(3)

(4)

ワンポイント

(3)国際連合のしくみは，92ページ左上の図を参照。日本の国土は国際分野にも関係するテーマである。
(4)漁業とかかわりが深い。

❷

(1)

(2)

(3)

(4)

プラスα

　日本の国土は細長く，中央に山地がある。そのため，川が流れ出る山地から海までのきょりが，世界の国々の川と比べて短い。

❸ 【日本の国土・気候】次の文を読んで，あとの各問いに答えなさい。

開明中一改

　日本は，<u>a まわりを海に</u>囲まれた島国です。国土の面積は，日本と（　①　）がともに自分の領土であると主張している<u>b 北方領土</u>をふくめると，およそ（　②　）万 km² です。これは，アメリカ合衆国の約（　③　）分の1にあたります。

　日本は世界の気候区分で見ると，一部の地域を除いて温帯に属しています。温帯では四季の区別がはっきりしていて，夏と冬の気候が大きくちがいます。国土が大陸に沿って南北にのびているうえに，<u>c 季節風や海流</u>のえいきょうを受けるため，北と南，あるいは沿岸部と内陸部というように，地域によっても気候はかなり異なっています。

□(1) 文中の（　①　）にあてはまる国名を答えなさい。

□(2) 文中の（　②　）にあてはまる数字を次のア～エから1つ選び，記号で答えなさい。

　　ア 52　　イ 38　　ウ 24　　エ 16

□(3) 文中の（　③　）にあてはまる数字を次のア～エから1つ選び，記号で答えなさい。

　　ア 46　　イ 36　　ウ 26　　エ 16

□(4) 下線部 a について，日本を囲む海の1つに東シナ海があります。この海には水深 200 m 未満の浅い海底が広がっていますが，このような海底地形を何というか答えなさい。

□(5) 下線部 b について，北方領土として誤っているものを次のア～エから1つ選び，記号で答えなさい。

　　ア 択捉島　　イ 国後島　　ウ 色丹島　　エ 沖ノ鳥島

□(6) 下線部 c について，季節風とは，季節によって風向きがかわる風のことですが，日本の夏と冬にふく季節風の方向として正しいものを次のア～エから1つずつ選び，記号で答えなさい。

　　ア 南東　　イ 南西　　ウ 北東　　エ 北西

❹ 【日本の国土・気候】次の各問いに答えなさい。

大阪星光学院中一改

□(1) 香川県に面している海の名まえを答えなさい。

□(2) 次のグラフは高松市・宮崎市・新潟市・松本市の気候を表しています。高松市にあたるものを1つ選び，記号で答えなさい。

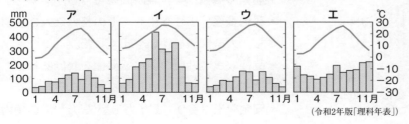

（令和2年版「理科年表」）

❸
(1) _____
(2) _____
(3) _____
(4) _____
(5) _____
(6)夏 _____
　冬 _____

ワンポイント
(5)のア～エの1つは，最南端の島である。
(6)冬には冷たい風がふき，夏には暖かい風がふく。

❹
(1) _____
(2) _____

ワンポイント
(2)高松市は中国山地と四国山地にはさまれているため，年間降水量は少ない。

実力強化編
地理
政治
歴史
国際
実戦力強化編
思考力・記述問題強化編
入試完成編

② 日本の農業

〔　月　日〕

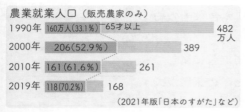

農業就業人口（販売農家のみ）

年			万人
1990年	160万人(33.1%)	65才以上	482
2000年	206(52.9%)		389
2010年	161(61.6%)		261
2019年	118(70.2%)		168

(2021年版「日本のすがた」など)

↑農業の働き手　農業の就業人口は年々減少しており，高齢者のしめる割合が増えている。

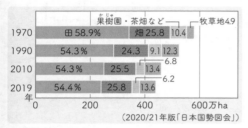

年			牧草地4.9
1970	田58.9%	畑25.8	10.4
1990	54.3%	24.3	9.1 12.3
2010	54.3%	25.5	13.4 6.8
2019	54.4%	25.8	13.6 6.2

果樹園・茶畑など

0　　200　　400　　600万ha

(2020/21年版「日本国勢図会」)

↑耕地面積の変化　耕地面積は年々減少している。

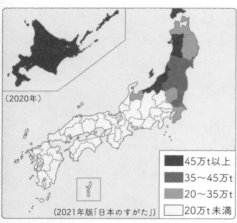

(2020年)

■	45万t以上
▨	35〜45万t
▧	20〜35万t
□	20万t未満

(2021年版「日本のすがた」)

↑都道府県別の米の生産量　新潟県の生産量がもっとも多く，北海道，秋田県が続く。

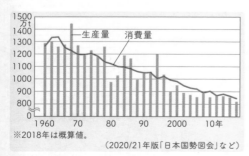

※2018年は概算値。

(2020/21年版「日本国勢図会」など)

↑米の生産量と消費量の変化　米の生産量・消費量はともに年々減少傾向になっている。

1. 農業の特色 ★

❶**日本の農業**…年々，農業で働く人口は減少してきており，全体にしめる高齢者の割合は高くなってきている。農家には，売ることを目的に農業を行う**販売農家**と，自分の家で食べる程度の量をつくる**自給的農家**がある。販売農家は，農業だけを行う**専業農家**とほかの仕事も行う**兼業農家**に分けられる。

❷**耕地面積と小規模経営**…日本の耕地面積の半分以上は，田がしめている。耕地面積は，**耕作放棄地**の増加にともない減少している。また，日本の農家1戸あたりの耕地面積は世界と比べてせまい。だが，多くの農薬や肥料を使って収穫量を増やす**集約的な農業**を行っており，耕地1haあたりの生産量は多い。

> ↳農作物をつくるための土地
> 1年以上作付けされず，農家が数年のうちに作付けする意思がない田や畑

2. 米づくり ★★

❶**日本の穀倉地帯**…日本の代表的な米の産地(穀倉地帯)は北海道や**東北地方**と**北陸地方**である。

> ↳夏の水田単作が中心

❷**米の生産量と消費量の変化**…日本人の食生活の変化にともない，米の消費量が減り，米が余るようになった。そこで，国は1970年ごろから米の作付面積を制限したり，米からほかの作物にかえる**転作**をすすめたりし，米の**生産調整(減反)**を行っていた。

> 2018年度に廃止された

❸**米の流通の自由化**…1995年に**新食糧法**が施行され，農家が消費者に米を自由に売れるようになった。農家は安全でおいしい**ブランド米**の生産に力を入れている。また，日本は1995年から一定量の米の輸入を始め，1999年からは米の輸入を自由化した。

> ↳食糧管理法にかわって制定された
> ↳特に市場で評価の高いめいがら米のこと
> ↳ミニマム・アクセス

❹**米づくりのくふう**

- **農業の機械化**　作業時間を短くし，能率を上げた。
- **耕地整理**　小さな田を，形の整った大きな田に直し，大型機械を使いやすくした。
  > ↳ほ場整備
- **品種改良**　性質の異なる品種をかけあわせ，**冷害**に強いなど，すぐれた品種をつくること。
  > やませ(冷たい北東の風)などのために夏の気温が上がらず，農作物が育ちにくくなる自然災害
- **安全な米づくり**　アイガモ農法，たい肥の使用など。

3. 野菜・果物・畜産 ★★ ★

❶ 特色のある野菜づくり

- **近郊農業** 大都市周辺では，大都市向けに野菜を
  ↳東京周辺の千葉県や茨城県など
  栽培する**近郊農業**がさかん。大消費地に近いため，
  輸送費が安く，新鮮さを保つことができる。

- **高冷地農業** 群馬県や長野県では，夏でもすずし
  ↳嬬恋村 ↳野辺山原
  い気候を利用して**キャベツ・レタス・はくさい**な
  ど高原野菜の**抑制栽培（おそづくり）**を行っている。
  ↳よくせいさいばい
  ほかの産地の出荷量が少なくなる夏を中心とする
  時期に出荷できるので，高い値段で売れる。

- **促成栽培（早づくり）** 宮崎県や高知県は冬でも温
  ↳そくせい ↳宮崎平野 ↳高知平野
  暖なので，暖房費が安いことを生かし，ビニール
  ↳だん ↳だんぼう
  ハウスでピーマンなどを育てている。ほかの地域
  ↳ち いき
  より早く出荷できるので，高い値段で売れる。

❷ 果物づくりがさかんなところ

- **りんご・みかん** りんごはすずしい地方で育てや
  すく，青森県が生産量の半分以上をしめる。みかん
  ↳津軽平野
  は**和歌山県・愛媛県**など暖かい地方で育てやすい。
  ↳有田川流域 ↳宇和海沿岸

- **その他の果物** 山梨県はぶどう・もも，山形県は
  ↳昼夜の温度差が大きい甲府盆地の扇状地
  おうとう（さくらんぼ）の生産量が多い。

❸ その他の農業

- **い草** たたみ表の原料となる。熊本県が有名。

- **さとうきび** さとうの原料。沖縄県・鹿児島県。

- **茶** 静岡県・鹿児島県で多く生産されている。
  ↳牧ノ原 ↳南九州市

- **花き** 愛知県・沖縄県，富山県・新潟県など。
  ↳電照菊の栽培 ↳チューリップの球根
  ↳チューリップの切り花,球根

❹ 畜産業…畜産業は，広い土地がある**北海道**や**九州**
  ↳ちくさん
  地方，大消費地に近い**関東地方**でさかんに行われて
  ↳酪農がさかん ↳栃木県や群馬県
  いる。1991年に牛肉の輸入が自由化され，海外の
  ↳オレンジも輸入自由化となった
  安い肉が大量に輸入されるようになった。

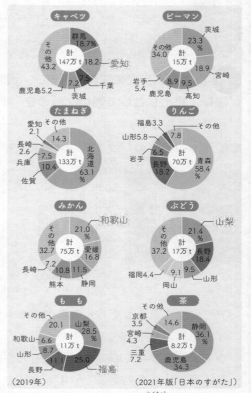

↑農産物の生産量 各地の特徴によって生産され
る農作物は異なる。

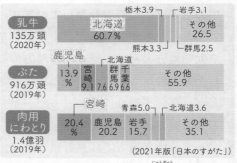

↑家畜の飼育頭数・羽数 乳牛の半分以上は
北海道で飼育されている。

要点チェック

- ①米の生産を調整するために国がとっていた政策は何か。
- ②ピーマンの生産量が全国1位（2019年）の都道府県はどこか。
- ③みかんの生産量が全国1位（2019年）の都道府県はどこか。
- ④肉用にわとりの飼育羽数が全国1位（2019年）の都道府県はどこか。

- ①減反
- ②茨城県
- ③和歌山県
- ④宮崎県

Q 促成栽培について簡単に説明しなさい。
↳かんたん

文章で Answer

A （例）冬の温暖な気候を利用して，ビニールハウスでピーマンなどの野菜を，時期を早めて
栽培すること。

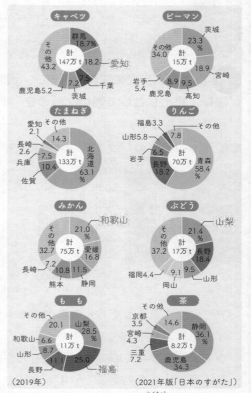
キャベツ 計147万t　群馬18.7%　愛知18.2　千葉7.5　茨城7.2　鹿児島5.2　その他43.2

ピーマン 計15万t　茨城23.3%　宮崎18.9　高知9.5　鹿児島8.9　岩手5.4　その他34.0

たまねぎ 計133万t　北海道63.1%　佐賀10.4　兵庫7.5　長崎2.6　愛知2.1　その他14.3

りんご 計70万t　青森58.4%　長野18.2　岩手6.5　山形5.8　福島3.3　その他7.8

みかん 計75万t　和歌山21.0%　愛媛16.8　静岡11.5　熊本10.8　長崎7.2　その他32.7

ぶどう 計17万t　山梨21.4%　長野18.4　山形9.5　岡山9.1　福岡4.4　その他37.2

もも 計11万t　山梨28.5%　福島25.0　長野11.1　山形8.7　和歌山6.6　その他20.1

茶 計8.2万t　静岡36.1%　鹿児島34.3　三重7.2　宮崎4.3　京都3.5　その他14.6

（2019年）　（2021年版「日本のすがた」）

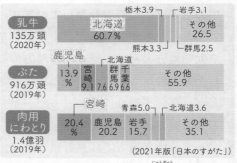
乳牛 135万頭（2020年）　北海道60.7%　栃木3.9　岩手3.1　熊本3.3　群馬2.5　その他26.5

ぶた 916万頭（2019年）　鹿児島13.9%　宮崎9.1　北海道7.6　千葉6.9　群馬6.6　その他55.9

肉用にわとり 1.4億羽（2019年）　宮崎20.4%　鹿児島20.2　岩手15.7　青森5.0　北海道3.6　その他35.1

（2021年版「日本のすがた」）

□ **1**【米作農家】次の**写真**，**グラフ**，**資料**からわかったことを発表する際に，見出しとして適切なものを，あとのア～エから1つ選び，記号で答えなさい。

福岡教育大附中―改

写真 稲かりのようす

グラフ 農業人口の変化

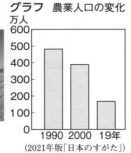

（2021年版「日本のすがた」）

資料 米づくり農家の人から届いた手紙（一部）

　昔に比べて，働く人が減ってきているよ。昔は人の手でやっていたことを，今では機械でするようになったよ。また，農業以外の仕事もするようになったよ。

ア「安全な米をつくろうと努力する米作農家」

イ「農業から工業へと仕事をかえようとする米作農家」

ウ「米をより多くの人に買ってもらおうとくふうする米作農家」

エ「米づくりを効率よくしようと努力する米作農家」

1

ワンポイント

　農業の機械化が進んだのは，農業人口の減少と農家の高齢化のためである。

よく出る **2**【農　業】日本の農業についての文と表を参考にして，あとの各問いに答えなさい。なお，野菜の多くとれる都道府県の表の番号と，文中の番号は同じ野菜を表しています。

大阪女学院中―改

　わたしたちが食べる野菜や果物の産地と特色について調べました。

　九州地方の宮崎平野や四国地方の高知平野では，温暖な気候を利用した野菜の（　A　）がさかんです。宮崎平野は（　①　）・ピーマンなどが，高知平野は（　②　）・ピーマンの生産が多く，関東や近畿地方の大消費地に運ばれています。

　一方，中部地方では長野県の野辺山原・菅平や，関東地方の群馬県の嬬恋村などの高原では，夏でもすずしい気候を利用して，野菜の（　B　）が行われています。長野県は（　③　）・はくさいなど，群馬県は（　④　）・はくさいなどの生産が多く，関東や近畿地方の大消費地に運ばれています。

　関東地方の関東平野では，首都圏に大消費地があり，その周辺では（　C　）農業が行われています。埼玉県や群馬県・千葉県は，（　⑤　）・ねぎなどの生産がさかんです。

　北海道の各地方では，広い農地で大規模な農業が行われていて，じゃがいも・てんさいのほか，（　⑥　）は全国生産の3分の2近く，（　⑦　）は全国生産の5分の2近くがこの地で収穫されています。

2

(1)A _____

　B _____

　C _____

(2)① _____

　② _____

　③ _____

　④ _____

　⑤ _____

　⑥ _____

　⑦ _____

□(1) 文中の（ **A** ）～（ **C** ）にあてはまる語句を答えなさい。

□(2) 文中の（ ① ）～（ ⑦ ）にあてはまる野菜を次の**ア**～**キ**から選び，記号で答えなさい。

ア たまねぎ　**イ** きゅうり　**ウ** キャベツ
エ スイートコーン　　**オ** レタス
カ な　す　　　　　　**キ** ほうれんそう

①	t	%	②	t	%	③	t	%	④	t	%
宮崎	63100	11.5	高知	40800	13.5	長野	197800	34.2	群馬	275300	18.7
群馬	59000	10.8	熊本	35300	11.7	茨城	86400	14.9	愛知	268600	18.2
埼玉	45600	8.3	群馬	26500	8.8	群馬	51500	8.9	千葉	110800	7.5
福島	38200	7.0	福岡	18500	6.1	長崎	36000	6.2	茨城	105600	7.2
千葉	29100	5.3	茨城	15900	5.3	兵庫	30100	5.2	鹿児島	77200	5.2
全国	548100	100.0	全国	301700	100.0	全国	578100	100.0	全国	1472000	100.0

⑤	t	%	⑥	t	%	⑦	t	%
埼玉	23900	11.0	北海道	842400	63.1	北海道	99000	41.4
群馬	20200	9.3	佐賀	138100	10.4	茨城	16000	6.7
千葉	18800	8.6	兵庫	100100	7.5	千葉	15900	6.7
茨城	16100	7.4	長崎	35200	2.6	群馬	11900	5.0
宮崎	16100	7.4	愛知	27700	2.1	長野	8640	3.6
全国	217800	100.0	全国	1334000	100.0	全国	239000	100.0

（2019年）　　　　　　　　　　　　　　　　（2021年版「日本のすがた」ほか）

プラスα

各地の地形や気候に合わせた野菜・果物づくりが行われている。

よく出る

3 【農畜産物】次の各問いに答えなさい。　四天王寺中一改

□(1) 表中の①～⑤にあてはまる農畜産物名を次の**ア**～**コ**から1つずつ選び，記号で答えなさい。

農畜産物		第1位		第2位		第3位	
野菜など(千t)	（ ① ）	北海道	162	千葉県	142	（**A**）県	122
	ピーマン	（**B**）県	34	宮崎県	28	高知県	14
	（ ② ）	北海道	1890	鹿児島県	95	長崎県	91
果物(千t)	りんご	（**A**）県	410	長野県	128	岩手県	46
	みかん	（**C**）県	157	愛媛県	125	静岡県	86
	もも	（**D**）県	31	福島県	27	長野県	12
家畜(千頭)	（ ③ ）	鹿児島県	1269	宮崎県	836	北海道	692
	（ ④ ）※	北海道	821	栃木県	52	熊本県	44
	（ ⑤ ）※	北海道	525	鹿児島県	341	宮崎県	244

（2019年。※は2020年）　　　　　　　　　　（2021年版「日本のすがた」）

ア 肉　牛　　**イ** 乳　牛　　**ウ** ぶ　た
エ 羊　　　　**オ** 馬　　　　**カ** トマト　　**キ** じゃがいも
ク だいこん　**ケ** にんじん　**コ** ね　ぎ

□(2) 表中の**A**～**D**にあてはまる県名を答えなさい。

3
(1)① _____
② _____
③ _____
④ _____
⑤ _____
(2)A _____
B _____
C _____
D _____

③ 日本の水産業とこれからの食料生産

試験の要点

（　）の数字の単位は万t。
年間水あげ量3.5万t以上
の漁港。
＊「境」は漁港の名まえで,
「境港」は市の名まえ。

常呂（4.0）　網走（4.3）
根室（4.7）
枝幸（4.6）
紋別（5.7）
釧路（12.4）
広尾（4.5）
八戸（10.6）
平内（4.0）　　寒流
寒流
親潮（千島海流）
リマン海流
大船渡（4.3）
気仙沼（8.3）　女川（3.7）
境＊（10.9）　　　石巻（10.6）
暖流
銚子（25.2）
松浦（7.9）　　対馬海流
焼津（16.4）
奈屋浦（3.6）
暖流
北浦（3.6）
長崎（6.2）　山川（4.7）　黒潮（日本海流）
枕崎（8.7）
（2018年）（2021年版「日本のすがた」）

⬆おもな漁港の水あげ量と海流　太平洋側の
銚子港と焼津港は特に水あげ量が多い。

うなぎ・のり（三河湾）　うなぎ（浜名湖）　ほたて貝
金魚（大和郡山）
のり（有明海）　　こんぶ　ほたて貝
真珠（大村湾）　わかめ・こんぶ・ほたて貝・かき（三陸海岸）
かき（広島湾）　あゆ　かき（石巻湾）
のり（伊勢湾）
うなぎ　まだい　真珠（英虞湾）
まだい　ぶり類　真珠・ぶり類・まだい（宇和海）

⬆おもな水産物の養殖地　海面養殖は浅い海で
行われ,内水面養殖は湖・川・人工的なため池で行
われる。

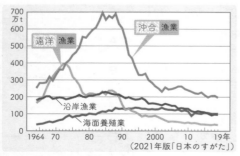

700万t
600
500　沖合漁業
400　遠洋漁業
300
200　沿岸漁業
100　海面養殖業
1964　70　80　90　2000　10　19年
（2021年版「日本のすがた」）

⬆漁業別の漁獲量の変化　遠洋漁業は1974年
から,沖合漁業は1989年から急に漁獲量が減った。

1. めぐまれた漁場とおもな漁港 ★★

❶**大陸だな**…深さが200mくらいまでのけいしゃの
ゆるやかな海底を**大陸だな**という。プランクトンが
多く,魚がよく集まる。東シナ海は大陸だなが広が
るよい漁場となっている。
　　↳魚のえさになる小さな生物

❷**潮　目**…**暖流と寒流が出会う潮目は魚のえさとなる**
プランクトンが豊富で,よい漁場となっている。特
　↳海面上の潮境のこと
に三陸沖から房総半島沖にかけては,親潮と黒潮の
潮目で,**世界四大漁場**の1つである。

❸**日本のおもな漁港**…水あげ量の多い漁港は,北海道
地方,東北〜東海地方の太平洋岸,九州地方に多い。

2. 漁業の種類 ★★

❶**沿岸漁業**…10t未満の小型船を使い,**海岸から数十**
　　　↳さば・あじ・たいなどをとる
kmまでの海で日帰りで行う漁業を**沿岸漁業**という。

❷**沖合漁業**…10t以上の船を使い,**海岸から80〜**
　　　↳いか・さんまなどをとる
200kmほどの海で数日かけて行う漁業を**沖合漁業**
という。さんまの棒受けあみ漁,底引きあみ漁など
　　　　　↳ぼう
が行われる。

❸**遠洋漁業**…大型船を使い,**太平洋・インド洋などで**
　　　↳かつお・まぐろなどをとる
数か月かけて行う漁業を**遠洋漁業**という。遠洋漁業
は,1970年代の石油危機や,1977年ごろから各
　　　　　　　　　　　　　　　　↳約370km　　↳排他的経済水域
国が自国の海岸から200海里以内の海でとる魚の
量を制限したことで,漁獲量が減少した。かつおの
　　　　　　　　　ぎょかく
一本釣り,まぐろのはえなわ漁などが行われる。

3. これからの水産業 ★

❶**つくり,育てる漁業**…日本は水産物を大量に輸入し
ているが,大切な食料である水産物を国内で確保す
ることも求められており,「**つくり,育てる漁業**」
である養殖業と栽培漁業が期待されている。
　　　ようしょく　さいばい

・**養殖業**　ぶり類・うなぎ・かき・真珠・わかめな
　　↳海面養殖と内水面（淡水）養殖がある　しんじゅ
どを生けすで育て,大きくなってから出荷する。
　　　　　　　　　　　　　　　　　しゅっか

・**栽培漁業**　人工的に一定の大きさまで育てた稚
　　　　　　　　　　　　　　　　　　　　ち
魚・稚貝を川や海に放流し,大きく育ってからとる。
ぎょ

❷ **働き手を増やす**…漁業につく若者（わかもの）が減っているため，漁業で働く人が減り，高齢（こうれい）化が進んでいる。そのため，各県や市では漁業につく人を支援する制度を整え，漁業につく人を増やそうとしている。
↳農林水産業に共通する課題

❸ **海の環境維持**…プランクトンの大量発生で海が赤くなる赤潮（あかしお）などの被害（ひがい）を防ぐため，海の環境を守る。
↳魚や貝に悪いえいきょうをおよぼす

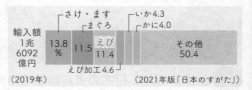
❖**日本のおもな水産物の輸入額**　水産物の輸入量が多いのは，えび，まぐろ，さけ・ますである。

4. 食料生産 ★★

❶ **食料自給率**…国内で消費される食料のうち，国内でつくられる食料の割合（わりあい）のことを**食料自給率**という。

❷ **日本の食料自給率**…日本の食料自給率は，**食生活の多様化**や農産物の輸入自由化で，外国産の安い農産物が日本に多く出まわるようになってから低くなり，
↳米や魚の消費が減り，パンや肉の消費が増えた
現在は約 40 ％となっている。日本は，**米の自給率**は高いが，小麦や**大豆（だいず）**は多くを輸入している。輸入先の国で災害がおきたり，日本との関係が悪くなって食料が輸入されなくなったりすると，日本国内で食料不足になることも考えられるため，国は食料自給率を高めようと努めている。

❸ **地産地消（ちさんちしょう）**…**地産地消**とは，地元でとれた農産物を地元で消費するということである。地産地消は，遠く
↳地域の活性化にもつながる
から食料を運ぶよりも，近くでとれた食料を使うほうが輸送の費用や時間，エネルギーの面で効率がよ
↳「食料の輸送量×輸送きょり」で求められる数値がフードマイレージ
いという考えにもとづいて進められている。

❹ **食の安全へのとり組み**…農畜産物（ちくさん）などの生産から出荷（しゅっ）までの記録を明らかにする**トレーサビリティ**のしくみが整えられてきている。

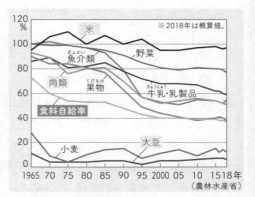
❖**日本の食料自給率の変化**　日本の食料自給率は年々（ねんねん）低下しており，先進国の中でもきわめて低い。

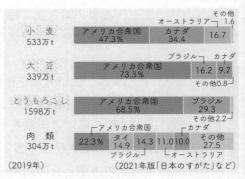

小麦 533万t	アメリカ合衆国 47.3%	カナダ 34.4		オーストラリア 16.7　その他 1.6
大豆 339万t	アメリカ合衆国 73.3%		ブラジル 16.2	カナダ 9.7　その他0.8
とうもろこし 1598万t	アメリカ合衆国 68.5%		ブラジル 29.3	その他2.2
肉類 304万t	アメリカ合衆国 22.3%	タイ 14.9　ブラジル 14.3	カナダ 11.0　オーストラリア10.0	その他 27.5

(2019年)　(2021年版「日本のすがた」など)

❖**日本の食料輸入相手国**　日本の最大の食料輸入相手国はアメリカ合衆国である。

□①水深が約 200 m までのけいしゃのゆるい海底を何というか。
□②寒流（かんりゅう）と暖流（だんりゅう）が出会うところの海面上の境界を何というか。
□③太平洋（たいへいよう）側を北から流れてくる寒流を何というか。
□④太平洋側を南から流れてくる暖流を何というか。
□⑤人工的に魚や貝を育ててとるのは何漁業か。
□⑥1970 年代半ばに漁獲（ぎょかく）量が大きく減ったのは何漁業か。
□⑦国内で消費される食料のうち，国内生産でまかなわれる食料の割合を何というか。

①大陸だな
②潮目（しおめ）（潮境（しおざかい））
③親潮（おやしお）（千島海流（ちしまかいりゅう））
④黒潮（くろしお）（日本海流（にほんかいりゅう））
⑤養殖業
⑥遠洋漁業
⑦食料自給率

文章で Answer

Q　コールドチェーンとは何か，簡単（かんたん）に説明しなさい。
A　（例）鮮度（せんど）を保つため，保冷トラックなどを使って，低温の状態で産地から小売店まで運ぶ流通のしくみ。

実力問題

よく出る

1 【食料自給率】日本の食料自給率の変化を表した右の表を見て，次の各問いに答えなさい。 関西大第一中―改

□(1) 表中①・②にあてはまるものを次のア～エから1つずつ選び，記号で答えなさい。

ア 小　麦　　イ 果　物
ウ 砂　糖　　エ 米

品目＼年	1970	1990	2019※
①	106%	100%	97%
大　豆	4%	5%	6%
野　菜	99%	91%	79%
②	84%	63%	38%
肉　類	89%	70%	52%

※概算値。　　　　　（農林水産省）

□(2) 表中②や肉類が減少している理由として適当なものを次のア～ウから1つ選び，記号で答えなさい。

ア 生産量を増やしても政府が買いとってくれなくなったから。
イ 生産者が有利になるような価格を決められるようになったから。
ウ 外国で生産されたものが安く流通するようになったから。

□(3) 日本の食料自給率向上のため，地元でとれた食材を地元で食べることがすすめられています。このことを漢字4字で答えなさい。

□(4) (3)に関連して，「食料の輸送量×輸送きょり」で求められる食料の輸送による環境への負荷を示す数値のことをカタカナで答えなさい。

❶

(1)①＿＿＿＿＿＿＿

　　②＿＿＿＿＿＿＿

(2)＿＿＿＿＿＿＿＿

(3)＿＿＿＿＿＿＿＿

(4)＿＿＿＿＿＿＿＿

ワンポイント

(2) 1991年，**牛肉の輸入が自由化**され，外国の牛肉が日本国内で安く手に入るようになった。

□ **2** 【水産業】さんまは，広い海域を移動(回遊)します。図1は世界のさんまの漁獲量の推移を，図2はさんまの回遊ルートを示したものです。2019年，北太平洋の漁業を考える国際会議が開かれ，日本は，近年のさんま漁の現状から，図2中‐‐‐線部東側の「海域のさんまの年間総漁獲量の上限」を設定することを提案しました。図2中のX海域の名称を明らかにし，図1から読み取れる「日本のさんま漁の現状とその要因」について，「排他的経済水域」の語句を使って50字以内で答えなさい。 昭和学院秀英中―改

❷

＿＿＿＿＿＿＿＿＿＿

＿＿＿＿＿＿＿＿＿＿

＿＿＿＿＿＿＿＿＿＿

＿＿＿＿＿＿＿＿＿＿

＿＿＿＿＿＿＿＿＿＿

＿＿＿＿＿＿＿＿＿＿

＿＿＿＿＿＿＿＿＿＿

図1　世界のさんまの漁獲量の推移

（千t）
縦軸：0, 100, 200, 300, 400, 500
横軸：1990　95　2000　05　10　15 17（年）
□日本　□台湾　□中国　□その他
（FAO「Fishstat」）

図2　日本近海におけるさんまの回遊ルート

各国の排他的経済水域
X
台湾・中国のおもな漁場
さんまの回遊ルート
（平成30年度版「サンマ長期漁海況予報」など）

3 【水産業】次の文を読んで，あとの各問いに答えなさい。

三輪田学園中一改

　日本の太平洋側では，暖流の（　①　）と寒流の（　②　）がぶつかり，えさになるプランクトンが豊富であるうえ，日本付近には（　③　）と呼ばれる水深 200 m くらいまでのゆるやかな斜面が続いており，日本はよい漁場にめぐまれている。しかし，かつて世界一であった日本の漁獲量は減る傾向にあり，2018 年には世界第 8 位になってしまった。下のグラフと表にも，その状況が表れている。

漁業の種類別漁獲量

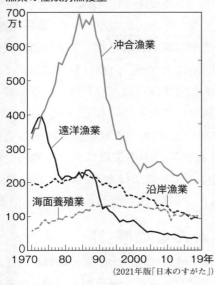

（2021年版「日本のすがた」）

日本の品種別漁獲量（千 t）

	年	2009	2012	2015	2018
魚類	まぐろ類	207	208	190	165
	かつお類	294	315	264	260
	さけ・ます類	224	134	140	95
	いわし類	510	527	642	739
	あじ類	192	158	167	135
	さば類	471	438	530	542
	さんま	311	221	116	129
	ぶり類	78	102	123	100
	たら類	275	281	230	178
	たい類	26	26	25	25
その他	えび類	20	16	16	15
	かに類	32	30	29	24
	いか類	296	216	167	84
総計		4147	3747	3492	3359

※海面漁業のみ。総計には貝類などもふくむ。

（農林水産省）

□(1) 文中の（　①　）〜（　③　）に正しい語句を入れなさい。

□(2) 表を見る限り，ここ数年間に漁獲量が減り続けている品種は何ですか。次のア〜エから 1 つ選び，記号で答えなさい。

　　ア　かに類　　　イ　さんま　　　ウ　ぶり類　　　エ　まぐろ類

□(3) 沖合漁業の漁獲量が減ったいちばん大きな原因を次のア〜エから 1 つ選び，記号で答えなさい。

　　ア　日本近海の魚の量が減ってしまったから。

　　イ　外国の漁船との競争に負けてしまったから。

　　ウ　日本人が食べる魚の量が減ったので，とる量を減らしているから。

　　エ　海水のよごれがひどくなり，魚が減ってしまったから。

□(4) 遠洋漁業の漁獲量が減ったいちばん大きな原因を次のア〜エから 1 つ選び，記号で答えなさい。

　　ア　費用が高く，遠くに出漁するのをやめる漁船が多くなったから。

　　イ　外国の漁船との競争に負けてしまったから。

　　ウ　日本人が食べる魚の量が減ったので，とる量を減らしているから。

　　エ　各国が 200 海里水域の制限を設けたから。

3

(1)①　　　　　　　　　　

　②　　　　　　　　　　

　③　　　　　　　　　　

(2)　　　　　　　　　　

(3)　　　　　　　　　　

(4)　　　　　　　　　　

プラスα

　沿岸漁業では，さば・あじ・たい，沖合漁業では，いか・さんま，遠洋漁業では，かつお・まぐろなどをとる。

　世界の各国が 200 海里水域（排他的経済水域）を設定し，漁業を規制したため，遠洋漁業の漁獲量は減った。

④ 日本の工業

試験の要点

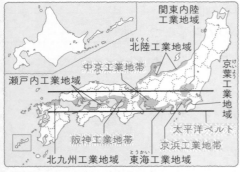

↑**工業のさかんな地域**　関東地方の南部から九州地方の北部にかけての海岸沿いに，工業地帯や工業地域が帯(ベルト)のように続いている地域を**太平洋ベルト**という。

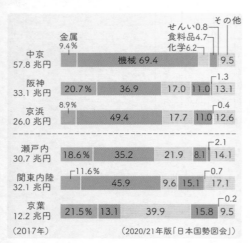

中京 57.8兆円	金属 9.4%	機械 69.4	化学6.2 食料品4.7 せんい0.8 その他 9.5
阪神 33.1兆円	20.7%	36.9　17.0　11.0	13.1 (1.3)
京浜 26.0兆円	8.9%	49.4　17.7　11.0	12.6 (0.4)
瀬戸内 30.7兆円	18.6%	35.2　21.9　8.1	14.1 (2.1)
関東内陸 32.1兆円	11.6%	45.9　9.6　15.1	17.1 (0.7)
京葉 12.2兆円	21.5%	13.1　39.9　15.8	9.5 (0.2)

(2017年)　　　　　(2020/21年版「日本国勢図会」)

↑**おもな工業地帯・地域の工業生産額の割合**　三大工業地帯である京浜工業地帯より，瀬戸内工業地域，関東内陸工業地域の方が生産額が多くなっている。

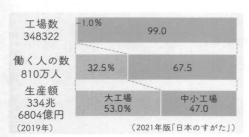

工場数 348322	−1.0%	99.0
働く人の数 810万人	32.5%	67.5
生産額 334兆 6804億円	大工場 53.0%	中小工場 47.0

(2019年)　　　　(2021年版「日本のすがた」)

↑**中小工場と大工場の割合**　工場数では中小工場が大部分をしめるが，生産額は大工場の方が多い。

1. 日本の工業の特色 ★★

❶**工業の発展**…日本の工業は，**せんい工業**を中心とした**軽工業**から始まり，**重化学工業**中心へと発展した。

❷**工業の変化**…1958〜70年ごろには**石油化学コンビナート**が太平洋ベルトの各地につくられた。1980年代には機械工業がさかんになり，**ＩＣ**(**集積回路**)（高速道路沿いや空港付近に多い）などをつくる電子工業も発展した。アメリカ合衆国の**シリコンバレー**にちなみ，九州は**シリコンアイランド**と呼ばれる。近年は，ロボットなどの高機能な製品の研究・開発に力が入れられている。

❸**中小工場の役割**…工場は，働く人が300人以上の**大工場**と299人以下の**中小工場**に分けられる。日本の中小工場は，工場数では99%以上，働く人の数では約70%，生産額では半分近くをしめている。

2. 工業のさかんな地域 ★★

❶**おもな工業地帯・地域**…**京浜**（印刷業がさかん）・**中京**・**阪神**（中小工場の割合が高い）の各工業地帯を中心に工業が発達し，**瀬戸内**・**東海**・**関東内陸**などへ工業地域が広がった。**北九州**（八幡製鉄所を中心に栄えた）は工業地帯の1つであったが，工業生産額で新しい工業地域にぬかれるようになり，工業地域と呼ばれることが多い。

❷**三大工業地帯の工業生産額の割合**…三大工業地帯の日本全体の工業生産額にしめる割合は減ってきているが，**中京工業地帯**は生産額が増えており，今では（自動車工業など機械工業がさかん）日本最大の工業地帯となっている。

3. さまざまな工業 ★

❶**軽工業**…糸や衣類などをつくる**せんい工業**，農作物や水産物を加工して食料品をつくる**食料品工業**などがある。**よう業**や**印刷業**も軽工業にふくまれる。（ほかにセメント工業や製紙・パルプ工業など）（陶磁器などをつくる）

❷**重化学工業**…自動車や電気機械，電子部品などをつくる**機械工業**，鉱物を原料に鉄鋼をつくり，それを（日本の工業の中でもっとも生産額が多い(2017年)）加工する鉄鋼業などの**金属工業**，石油をおもな原料としてプラスチックなどをつくる**化学工業**がある。

4. 日本の自動車工業 ☆☆

❶ **日本の自動車**…日本車は少ないガソリンで長いきょりを走り，故障が少ないなど，性能がよいので，世界でも人気がある。日本の生産台数は約968万台，輸出台数は約482万台でともに世界有数。

❷ **自動車工場と関連工場**
- **自動車工場** おもに部品を組み立てて**製品**にする。
- **関連工場** 自動車工場が注文した**部品**をつくる。自動車工場の近くにたくさん集まっている。

❸ **自動車生産のしくみ**
- 1台の自動車には**約3万個**の部品が使われている。部品は関連工場から必要なときに必要な数だけ決められた時間に届けられる（ジャストインタイム）。
- **産業用ロボット**を利用している。 ↳重い部品のとり付けなど

❹ **自動車工場のあるところ**…自動車工場は，関東地方の内陸部，**豊田市**を中心とする**中京工業地帯**，瀬戸内海に面する地域に集中している。

❺ **自動車の海外生産**…日本の自動車が外国へどんどん輸出されるようになると，それらの国々の自動車が売れなくなり，失業者が増えるなどの貿易摩擦の問題がおこった。1980年代にアメリカ合衆国との貿易摩擦を解消するために，日本の自動車会社は輸出の制限や現地での生産を始めた。現地生産は，人件費の安いアジア諸国でも進んでいる。

❻ **これからの自動車**…人と環境にやさしい自動車。 ↳自動運転車の研究も進んでいる
- しょうげきから乗っている人を守る**エアバッグ**。 ↳安全装置
- **リサイクル**しやすい部品を多く使う。
- **ハイブリッド車・電気自動車・燃料電池自動車**。 ↳電気とガソリンで走る ↳水素と酸素から電気をつくる

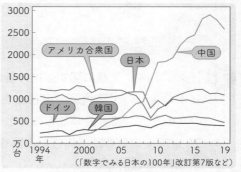

↑おもな国の自動車生産 日本は，中国，アメリカ合衆国に続く世界第3位の自動車生産国である。

（「数字でみる日本の100年」改訂第7版など）

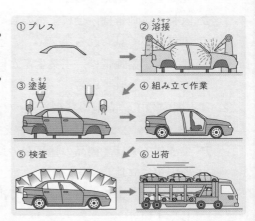

① プレス ② 溶接 ③ 塗装 ④ 組み立て作業 ⑤ 検査 ⑥ 出荷

↑自動車ができるまで 多くの部品が流れ作業で組み立てられ，大量生産されている。

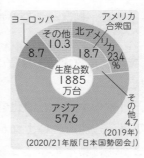

ヨーロッパ その他 10.3 北アメリカ 18.7 アメリカ合衆国 23.4%
生産台数 1885万台
その他 8.7
アジア 57.6
その他 4.7
（2019年）
（2020/21年版「日本国勢図会」）

↑日本の自動車会社の現地生産
現地生産は，日本国内の工場が減り，国内の産業がおとろえるという問題点もある（**産業の空洞化**）。

要点チェック

□①生産額がもっとも多い工業地帯はどこか。
□②関東地方から九州地方にかけての太平洋側に広がる工業地帯・地域をまとめて何というか。
□③自動車工場に部品をおさめている工場を何と呼ぶか。
□④電気モーターとガソリンエンジンをもつ自動車を何というか。

①中京工業地帯
②太平洋ベルト
③関連工場
④ハイブリッド車

文章でAnswer

Q 近年では安全性を考えてどのような自動車が開発されてきたか説明しなさい。

A （例）前方の車に接近しすぎると危険を知らせたり，夜間の走行時に前方の歩行者の存在を知らせたりする装置などをとり入れた自動車が開発されてきた。

実力問題

☞よく出る

❶ 【日本の工業】**工業に関する次の各問いに答えなさい。** 巣鴨中一改

□(1) 日本の4つの工業地帯の現在のすがたについて述べた次の**ア〜エ**の文のうち，誤っているものを1つ選び，記号で答えなさい。

ア 京浜（けいひん）工業地帯は，周辺に大消費地をかかえており，工業生産額がもっとも多い。

イ 中京（ちゅうきょう）工業地帯は，4つの工業地帯で唯一（ゆいいつ），工業生産額が高度成長期よりも増えている。

ウ 阪神（はんしん）工業地帯は，金属工業のしめる割合（わりあい）が比較（ひかく）的高く，中小の工場が多く見られる。

エ 北九州（きたきゅうしゅう）工業地帯は，工業生産が低迷（ていめい）し，京葉（けいよう）工業地域（ちいき）に生産額で追いこされている。

□(2) 日本国内の工業立地の特徴（とくちょう）を述べた次の**ア〜オ**の文のうち，誤っているものを2つ選び，記号で答えなさい。

ア 半導体工業は，製品の輸送費の比率が小さく，高速道路や空港の周辺に立地しやすい。

イ 印刷業は，情報が集まりやすく出版社の多い大都市近郊（きんこう）に立地しやすい。

ウ 製紙・パルプ工業は，原料の木材や用水が豊富な地域に立地しやすい。

エ セメント工業は，製品の重量が重いため，大都市近郊に立地しやすい。

オ ビール工業は，良質な水を得ることのできる河川（かせん）の上流部に立地しやすい。

□(3) 次の地図は，日本の主要な石油化学コンビナート，製鉄所，自動車組み立て工場，造船所のいずれかの分布を表しています。①造船所の分布と，②自動車組み立て工場の分布を表しているものはどれですか。次の**ア〜エ**から1つずつ選び，記号で答えなさい。

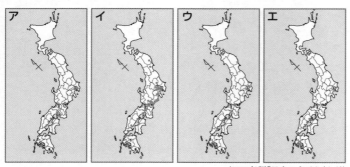

(2021年版「日本のすがた」など)

❶

(1)＿＿＿＿＿＿

(2)＿＿＿＿＿＿

(3)①＿＿＿＿＿＿

　　②＿＿＿＿＿＿

◁ワンポイント▷

(3)自動車組み立て工場は，自動車工業のさかんな愛（あい）知県（ち）に多い。

□(4) 世界遺産に登録された富岡製糸場の周辺では，かつて桑を栽培し，蚕を飼い，まゆを生産する産業が栄えました。この産業を何といいますか。漢字で答えなさい。

□(5) 1980年代後半から，海外で生産を増やす日本の企業が増えており，国内では工場が閉鎖されたり，雇用が減少したりするなど，製造業のおとろえが問題になりました。この問題を何といいますか。適する語句を答えなさい。

(4) _____

(5) _____

(6) _____

(7) _____

□(6) 次のグラフは，各国の自動車生産台数の推移を表しています。このグラフに関して述べたあとのア～キの文のうち，誤っているものを2つ選び，記号で答えなさい。

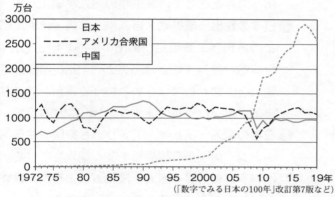

（「数字でみる日本の100年」改訂第7版など）

> **ワンポイント**
>
> (6)日本国内における自動車の生産台数は，1990年ごろまでは大きくのびてきたが，2000年ごろにかけて大きく減っていった。海外生産台数は1980年代から増えてきた。

ア 1980年代，日本の生産台数が増加したのは，アメリカ合衆国の自動車会社が日本での生産をのばしたからである。

イ 1980年代，日本の生産台数が増加したのは，小型で燃費のよい日本の自動車の売り上げがのびたからである。

ウ 1990年代，日本の生産台数が減少したのは，アメリカ合衆国との貿易摩擦をさけるため，日本で輸出の自主規制が行われたからである。

エ 1990年代，日本の生産台数が減少したのは，円安の進行で日本の自動車輸出が不利となったからである。

オ 1990年代，日本の生産台数が減少したのは，日本の自動車会社がアメリカ合衆国での現地生産を増加させたからである。

カ 2000年代，中国の生産台数が増加したのは，先進国の自動車会社が中国での生産をのばしたからである。

キ 2000年代，中国の生産台数が増加したのは，経済発展により国内での自動車の売り上げを急増させたからである。

□(7) (6)のグラフでは，1970年代に2度にわたってアメリカ合衆国の生産台数が減少しています。この原因と考えられるできごとは何ですか。適する語句を答えなさい。

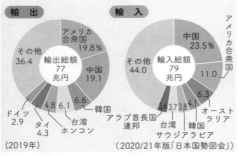
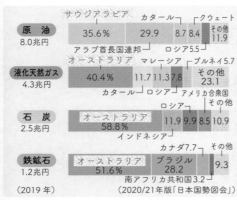

5 貿易・運輸・情報

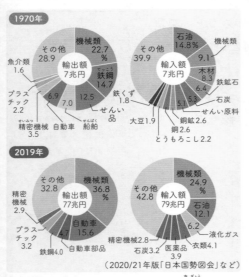

1970年
その他 28.9　機械類 22.7%　鉄鋼 14.7
輸出額 7兆円
魚介類 1.6　プラスチック 2.2　精密機械 3.5　自動車 7.0　船舶 6.9　せんい品 12.5　鉄くず 1.8

その他 39.9　石油 14.8%　機械類 9.1　木材 8.3　鉄鉱石 6.4　石炭 5.3　せんい原料 5.1
輸入額 7兆円
銅鉱 2.6　銅 2.6　とうもろこし 2.2　大豆 1.9

2019年
その他 32.8　機械類 36.8%
輸出額 77兆円
精密機械 2.9　プラスチック 3.2　鉄鋼 4.0　自動車部品 4.7　自動車 15.6

その他 42.8　機械類 24.9%　石油 12.1　液化ガス 6.2　衣類 4.1　医薬品 3.9
輸入額 79兆円
精密機械 2.8　石炭 3.2

（2020/21年版「日本国勢図会」など）

↑日本の輸出入品の変化　日本の企業が海外生産した製品の輸入が増えている。

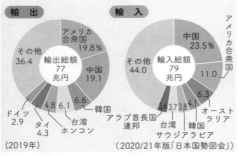

輸　出
その他 36.4　アメリカ合衆国 19.8%
輸出総額 77兆円
ドイツ 2.9　タイ 4.3　台湾 4.8　ホンコン 6.1　韓国 6.6　中国 19.1

輸　入
その他 44.0　中国 23.5%
輸入総額 79兆円
アメリカ合衆国 11.0　オーストラリア 6.3　サウジアラビア 4.1　韓国 3.7　台湾 3.8　アラブ首長国連邦 3.6

（2020/21年版「日本国勢図会」）

↑日本の貿易相手国・地域　日本の最大の貿易相手国は**中国**で，第2位は**アメリカ合衆国**である。

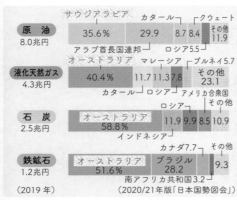

原油 8.0兆円	サウジアラビア 35.6%	カタール 29.9	クウェート 8.7	8.4 その他 11.9

アラブ首長国連邦　ロシア 5.5

液化天然ガス 4.3兆円	オーストラリア 40.4%	マレーシア 11.7	11.3	7.8 ブルネイ 5.7 その他 23.1

カタール　ロシア

石炭 2.5兆円	オーストラリア 58.8%			11.9 9.9 8.5 10.9 その他

インドネシア　ロシア　アメリカ合衆国

鉄鉱石 1.2兆円	オーストラリア 51.6%	ブラジル 28.2	9.3 その他

カナダ 7.7　南アフリカ共和国 3.2

（2019年）　（2020/21年版「日本国勢図会」）

↑日本の工業原料・燃料の輸入先　原油はペルシア湾岸の国々から多く輸入している。

1. 日本の貿易 ★★

①貿易の変化…資源の少ない日本は，原油・石炭・鉄鉱石などの工業原料や燃料を輸入し，工場で加工し製品として外国に輸出する典型的な<u>加工貿易</u>を行ってきた。しかし，1980年代後半からは，日本の会社が工場を海外に移したことや，アジア諸国が工業化してきたことで，機械類の輸入が増えた。
　↳機械や衣類など
　↳賃金が安い国

②日本の輸出…機械類・自動車・鉄鋼・自動車部品などの重化学工業製品が輸出の中心。輸出額がのび，世界的な貿易大国となったが，1980年代に日本に輸出を少なくしてほしいという要求が，アメリカ合衆国・ヨーロッパで強まった（貿易摩擦）。

③日本の輸入…日本は，アメリカ合衆国や生産費の安いアジア諸国から機械類を多く輸入している。工業原料や燃料となる**原油・液化ガス・石炭・鉄鉱石**などは，ほとんどを輸入にたよっている。また，**魚介類**・肉類といった食料品や，**衣類**も輸入額が多い。

④貿易港…最大の貿易港は**成田国際空港**。自動車工業がさかんな地域が近い名古屋港や横浜港からは自動車が多く輸出され，石油化学コンビナートが近くにある千葉港や川崎港は原油の輸入に利用されている。

⑤これからの貿易…輸入することで，国内で安く品物を買えたり，国内で手に入らない品物を買えたりする。一方，国内の産業が衰退したり，仕事が減ったりする。また，輸出することで，国内だけでなく外国にも製品を売ることができる。
　↳産業の空洞化

　現在，国同士で輸入品にかける税金をなくし，輸入量を原則として制限しない**貿易の自由化**についての話し合いが進められている。
　TPP11（環太平洋経済連携協定）などはすでに発効
　FTA（自由貿易協定）や EPA（経済連携協定）など

2. 日本の運輸 ★

　かつて，日本の輸送の中心は貨物が船，旅客が鉄道だったが，現在は両方とも自動車である。移動に便利な自動車は広くふきゅうしたが，公害が問題と
　↳日本の自動車保有台数は世界第3位（2017年）
　↳高速道路の広がりがえいきょうした
　↳大気汚染など

なった。そのため，自動車と船・鉄道を組み合わせて荷物を運ぶ**モーダルシフト**が進められている。
↳二酸化炭素の排出量を減らしたり，トラックドライバーの負担を減らしたりすることが期待されている

3. 情報社会 ★

❶ **メディア**…情報を送る方法を**メディア**，その中でも
↳通信と報道がある
同じ情報を一度に多くの人に送る方法を**マスメディア**という。

- **テレビ**　現在おきていることを映像と音声で早く伝えられる。災害発生時は，情報を早く伝える。
- **ラジオ**　音声だけで情報を伝える。もち運びに便利で，地震や台風などの災害のときに役立つ。
- **新聞**　情報をくわしく知ることができ，記事を保存して必要なときに見ることができる。
- **インターネット**　世界中のウェブページに接続して必要な情報を得られ，データを速く大量にやりとりできる。だれでも手軽に情報を発信できる。
↳最初はアメリカ合衆国で軍事利用のために開発された

❷ **くらしと情報通信技術（ICT）**…情報通信技術（ICT）が進歩し，ICT を活用した製品・サービスが数多く利用されている。**ネットショッピング**や**電子マネー・SNS** での情報交流，医療・防災などのための
↳ソーシャル・ネットワーキング・サービスという
情報ネットワークなど。ほかには小売店で **POS** システムや警備システムなどに ICT が活用されている。
↳バーコードを読み取り，商品の売り上げデータなどを得る

❸ **情報社会の問題**…大量の情報がやりとりされ，情報が価値のあるものとしてとりあつかわれる社会を**情報（化）社会**という。情報社会では，個人情報のあつかいや，情報を選んで活用する力（**メディアリテラシー**），情報をあつかうときに気をつけなければならないルールやマナー（**情報モラル**）が大切である。
↳氏名・住所・性別など

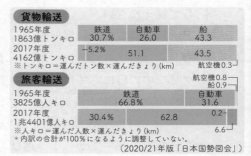

自動車	戸口から戸口へ運ぶことができる。
鉄道	比較的安く，大量に運べる。正確な時間で輸送でき，環境にやさしい。
船	時間はかかるが，原油や自動車など重くかさばる貨物を大量に運べる。
航空機	輸送費は高いが，遠くまで速く運ぶことができる。

⬆輸送手段　おもに4つの輸送手段がある。

貨物輸送

	鉄道	自動車	船
1965年度 1863億トンキロ	30.7%	26.0	43.3
2017年度 4162億トンキロ	-5.2%	51.1	43.5

※トンキロ＝運んだトン数×運んだきょり（km）　航空機0.3

旅客輸送

航空機0.8 船0.9

	鉄道	自動車
1965年度 3825億人キロ	66.8%	31.6
2017年度 1兆4401億人キロ	30.4%	62.8

0.2 6.6

※人キロ＝運んだ人数×運んだきょり（km）
＊内訳の合計が100%になるように調整していない。
（2020/21年版「日本国勢図会」）

⬆日本の輸送割合の変化　自動車による輸送がもっとも多いが，IC（集積回路）など高価で軽いものは航空輸送に向いている。

⬆日本のインターネット利用者数の変化
インターネットなどで情報を得やすい人とそうでない人との間に格差が生じる**デジタルデバイド**という問題がおこっている。

	①原料や燃料を輸入し，工場で製品に加工して輸出する貿易を何というか。	①加工貿易
	② 2019 年現在，日本の最大貿易相手国はどこか。	②中国
	③ 2019 年現在，日本の最大貿易港はどこか。	③成田国際空港
	④日本で輸送手段の中心となっているものは何か。	④自動車
	⑤必要な情報を選び出し，活用する能力や技能を何というか。	⑤メディアリテラシー

Q　情報ネットワークの例をあげなさい。
A　（例）病院では電子カルテや離島との遠隔医療で利用されている。また，緊急地震速報など防災にも幅広く役立っている。

実力問題

(　月　　日)

地理　解答2ページ

1 【貿　易】次の各問いに答えなさい。

関西大第一中

□(1) 右のグラフは，日本の主要輸出品・輸入品を示しています。

輸出品

| A 36.8% | B 15.6 | 4.7 | C 4.0 | その他 32.8 |

自動車部品 ┐ ┌プラスチック3.2
精密機械2.9

輸入品

| A 24.9% | D 12.1 | 6.2 | その他 42.8 |

医薬品3.9 ┐┌石炭3.2
└精密機械2.8
液化ガス┘ 衣類4.1

(2019年)　　　　　　　　　(2020/21年版「日本国勢図会」)

① グラフ中の**A〜C**にあてはまるものを次の**ア〜カ**から1つずつ選び，記号で答えなさい。

ア 金属製品　　イ 機械類
ウ 船　舶　　エ 自動車　　オ せんい品　　カ 鉄　鋼

② グラフ中の**D**にあてはまるものを漢字2字で答えなさい。

③ 2011年の東日本大震災以降，グラフ中の**D**の輸入量は増加しています。同じ理由で増加している輸入品としてもっとも適当なものを次の**ア〜エ**から1つ選び，記号で答えなさい。

ア 液化ガス　　イ 魚介類　　ウ 医薬品　　エ 鉄鉱石

□(2) 次の表は，日本の貿易相手国の上位国を示しています。表中の**X〜Z**にあてはまる国名の組み合わせとして正しいものを，次の**ア〜エ**から1つ選び，記号で答えなさい。

輸　　出		輸　　入	
Y	19.8 %	X	23.5 %
X	19.1 %	Y	11.0 %
大韓民国	6.6 %	Z	6.3 %
(台　湾)	6.1 %	大韓民国	4.1 %
(香　港)	4.8 %	サウジアラビア	3.8 %
タ　イ	4.3 %	(台　湾)	3.7 %

(2019年)　　　　(2020/21年版「日本国勢図会」)

ア X—中華人民共和国　Y—アメリカ合衆国　Z—ブラジル
イ X—アメリカ合衆国　Y—中華人民共和国　Z—ロシア
ウ X—中華人民共和国　Y—アメリカ合衆国　Z—オーストラリア
エ X—アメリカ合衆国　Y—中華人民共和国　Z—インド

1

(1)①A

　　B

　　C

②

③

(2)

ワンポイント

(1)①日本の企業の海外進出などによって，外国から輸入する機械類が近年増えてきた。

2 【交通・運輸】現在の日本ではさまざまな交通手段を用いて人やモノを運んでいます。航空機は，人々の移動だけでなく，貨物も運んでいます。右の表のア〜エは，日本国内の旅客輸送と貨物輸送における鉄道・自動車・船舶・航空機の分担率を表したものです。これらのうち，航空機にあたるものを1つ選び，記号で答えなさい。

渋谷教育学園幕張中

	ア	イ	ウ	エ
貨物輸送（%）	5.2	51.1	43.5	0.3
旅客輸送（%）	30.4	62.8	0.2	6.6

注　貨物はトンキロ（1トンキロ＝1tの貨物を1km運ぶ），旅客は人キロ（1人キロ＝旅客1人を1km運ぶ）ベースによる分担率である。
(2017年度)　　　　(2020/21年版「日本国勢図会」)

2

ワンポイント

現在，日本の貨物輸送と旅客輸送は自動車による割合がもっとも多い。

❸ 【メディア・情報】次の文を読んで，あとの各問いに答えなさい。

慶應義塾湘南藤沢中・浅野中一改

　インターネットを利用すると世界中からたくさんの情報を受けたり発信したりすることができます。そして，情報を発信するときに注意しなくてはならないことがあります。例えば映画を制作者に無許可でインターネット上にのせて（　①　）を侵害してはいけません。また，安易にインターネット上に個人を特定する情報をのせないように他人の（　②　）を守る意識を一人ひとりがもつ必要があります。

　新しい情報通信技術は生活を大きく変化させ，便利にしました。スマートフォンや電子マネー，電子決済などの登場で現金をもたずに買い物ができますし，小売店は（　③　）を読み取る POS システムを使って在庫を管理しています。

□(1) 空欄（　①　）～（　③　）にあてはまる語句を1つずつ選びなさい。
　　ア 環境権　　　　イ 著作権　　　ウ 社会権
　　エ マスメディア　オ プライバシー　カ バーコード

□(2) 下線部の使用について述べたものとしてもっとも適切なものを，次のア～エから1つ選び，記号で答えなさい。
　　ア IC カードなどの電子マネーの不正使用が問題になったので，スマートフォンを用いた電子決済では対策がなされ，不正使用されることはなくなっている。
　　イ 利用者は電子マネーや電子決済を利用して簡単に支払いができ，導入する会社は利用者のデータを商品販売に活用できる。
　　ウ Suica や PASMO などの交通系電子マネーは発行した会社の路線では自由に利用できたが，最近，全国すべての交通機関で利用できるようになっている。
　　エ 電子マネーや電子決済の利用がふきゅうすると，紙幣や硬貨の利用が減るため，景気に悪影響をあたえることが心配されている。

□(3) 右の表は，新聞・テレビ・インターネットについて，2018 年の平日1日あたりの利用時間を年代別に表したものです。A～Cにあてはまる組み合わせとして正しいものを1つ選び，記号で答えなさい。

	10代	20代	30代	40代	50代	60代	全体
A	0.3	1.2	3.0	4.8	12.9	23.1	8.7
B	167.5	149.8	110.7	119.7	104.3	60.9	112.4
C	71.8	105.9	124.4	150.3	176.9	248.7	156.7

（単位：分）　　　　　　　（2020/21 年版「日本国勢図会」）

　　ア A―新　聞　B―テレビ　　　　　C―インターネット
　　イ A―新　聞　B―インターネット　C―テレビ
　　ウ A―テレビ　B―インターネット　C―新　聞
　　エ A―テレビ　B―新　聞　　　　　C―インターネット

❸
(1)①
　②
　③
(2)
(3)

プラスα

マスコミについては，テレビ・新聞の果たす役割について考えておく。

⑥ くらしと環境

試験の要点

- 豪雨・台風
広島豪雨（2014年8月）
西日本豪雨（2018年7月）
台風19号（東日本など）（2019年10月）
令和2年7月豪雨（九州など）
新潟県中越地震（2004年10月）
兵庫県南部地震（1995年1月）
〈阪神・淡路 大震災〉
雲仙普賢岳噴火（1990年11月）
熊本地震（2016年4月）
有珠山噴火（2000年3月）
岩手・宮城内陸地震（2008年6月）
東北地方太平洋沖地震〈東日本 大震災〉（2011年3月）
三宅島噴火（2000年6月）
御嶽山噴火（2014年9月）
霧島山・新燃岳噴火（2011年1月）

↑近年おこった日本の自然災害　阪神・淡路大震災と東日本大震災は特に被害が大きかった。

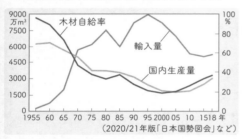

↑木材の国内生産量と輸入量の変化　近年，利用できる人工林が増えており，国内生産量・木材自給率がやや増えている。

輸入木材供給量5043万m³（2017年）	欧州12.8%	カナダ12.1	オーストラリア12.4	9.3	チリ8.4	インドネシア5.7	5.5	その他33.8

アメリカ合衆国　　　　　マレーシア
（2020/21年版「日本国勢図会」）

↑日本に輸入される木材の量とその産地　輸入の多くは，北半球の北側の国が多くを占めている。

①苗づくり…苗木を育てて畑に植える。
②植林…苗木を山の斜面に植える。
③下草がり…雑草をかりとる。
④枝打ち…節のない良質な木材にするために下枝を切り落とす。
⑤間伐…光を十分にあてて健康な木に育てるために弱った木などを切る。
⑥伐採…チェーンソーで木を切り出す。

↑林業の仕事　50〜80年かけて木を育てて，木材として出荷している。

1. 自然災害 ★

① **自然災害が多い日本**…日本は火山の噴火や地震がよくおこり，2011年3月の東日本大震災のときのように，大規模な津波が発生することもある。また，台風や長雨のために洪水や高潮になることがある。
↳近年ではゲリラ豪雨と呼ばれる現象もある

② **災害を防ぐとり組み**…国や都道府県・市町村はハザードマップを作成したり，防護壁や堤防，砂防ダムを建設したりし，被害を最小限にする努力をしている。また，避難訓練も大切なとり組みである。
↳防災マップ

2. 森林のはたらきと林業 ★

① **森林のはたらき**…森林は，雨水をたくわえて少しずつ流すことで水不足や洪水を防ぎ（緑のダム），二酸化炭素を吸いこみ酸素を供給するはたらきがある。
↳水資源を守る

② **森林の種類**…森林には，防砂林や防風林など人の手で植林した人工林と，自然にできた天然林がある。

③ **日本の森林**…日本の国土の約3分の2は森林である。

④ **日本の林業**…1960年代後半から外国の安い木材が大量に輸入されるようになると，日本の林業はふるわなくなり，働く人が減って高齢化が進んだ。
↳建物や紙などの原料として使われる

3. 公 害 ★★

① **四大公害（四大公害病）**…日本は，高度経済成長期に大きく工業が発展したが，同時に公害が問題となった。次の4つの公害は四大公害と呼ばれている。
↳大気汚染，水質汚濁，振動，騒音，地盤沈下など

- **水俣病**　水俣湾沿岸域（熊本県・鹿児島県）で発生。化学工場の廃水にふくまれるメチル水銀が原因。

- **新潟水俣病**　新潟県阿賀野川下流域で発生。上流の化学工場の廃水にふくまれるメチル水銀が原因。

- **イタイイタイ病**　富山県神通川下流域で発生。鉱山の廃水にふくまれるカドミウムが原因。

- **四日市ぜんそく**　四日市市で発生。石油化学工場から出るけむりにふくまれる亜硫酸ガスが原因。
↳三重県

② **国の公害対策**…国は1967年に公害対策基本法を制定し，1971年に環境庁（2001年からは環境省）を

設置した。1993年には環境基本**法**が制定された。また、廃棄物をリサイクルすることで廃棄物をなくすことを目ざす**エコタウン事業**が進められている。二酸化炭素の排出を減らすとり組みをする都市は国によって環境モデル都市に指定されている。

4. 地球環境の問題と保全 ★★

❶ 地球の環境問題

- **オゾン層の破壊**　有害な紫外線を吸収するオゾン層が、フロンによって破壊されている。
  （スプレーなどに使われていた）
- **地球の温暖化**　二酸化炭素などの増加によって地球上の温度が上がり、気候変動による風水害や干害が増加している。また、南極などの氷がとけて、標高の低い地帯が水没すると心配されている。
  （温室効果ガス）
- **酸性雨**　自動車や工場の排出ガスにふくまれる硫黄酸化物や窒素酸化物が原因で酸性度の高い雨が降り、木をからせるなどの被害を出している。
- **熱帯林の破壊**　森林を焼いて農地にしたり、木材を輸出するために切りすぎたりすることが原因でおこる。
- **砂漠化**　過放牧や、森林の乱伐が原因でおこる。

❷ 自然を守る動き
…世界遺産条約や**ラムサール**条約、**ナショナルトラスト**運動などがある。
（水鳥などが住む湿地を保護する）

❸ 環境にやさしいエネルギー
…現在は、石油・石炭などによる火力発電が日本の発電電力量の約85％をしめているが、**太陽光・風力・地熱**など環境にやさしいエネルギーの利用も増えている。なお、原子力発電は、福島第一原発事故のように、放射性物質の拡散による環境汚染が心配されている。
（燃やすと二酸化炭素が出る）
（再生可能エネルギー）

公害病と認められた人がいる地域
- ● 大気汚染
- ● 水質汚濁
- ● 鉱毒
- ■ 四大公害病と発生地

新潟水俣病
イタイイタイ病
四日市ぜんそく
水俣病

（2018年12月末現在）
（2020/21年版「日本国勢図会」）

⬆**公害病と認められた人がいる地域**
公害病は大気汚染と水質汚濁がおもな原因である。

- ● 世界自然遺産登録地
- ● ラムサール条約登録地
- ★ おもなナショナルトラスト運動

（2021年3月現在）

サロベツ原野
知床
白神山地
釧路湿原
仏沼
トトロのふるさと基金
藤前干潟
琵琶湖
谷津干潟
天神崎の自然を大切にする会
小笠原諸島
屋久島

⬆**自然を守る運動**　2021年3月現在、日本の世界自然遺産は4か所である。

要点チェック

- ①人が手を加えて育てた森林を何というか。
- ②風を防ぐために、人工的に植えられた木を何というか。
- ③四大公害のうち、富山県で発生した公害を何というか。
- ④③の公害は何川の流域で発生したか。
- ⑤青森県と秋田県にまたがる世界自然遺産登録地はどこか。
- ⑥土や石の流れを防ぎ止めるはたらきをするダムを何というか。

- ①人工林
- ②防風林
- ③イタイイタイ病
- ④神通川
- ⑤白神山地
- ⑥砂防ダム

文章でAnswer

Q　ナショナルトラスト運動とは何か、簡単に説明しなさい。

A　（例）貴重な自然が残っている土地を、基金を集めて買いとるなどして保護していく運動のことである。

実力問題

□ **❶** 【防　災】夏美さんは4月に家族旅行で訪問する海沿いの町の地図を入手しました。この地域で大きな地震がおきたときにとる対応として適切なものを，あとのア～エから1つ選びなさい。　筑波大附中

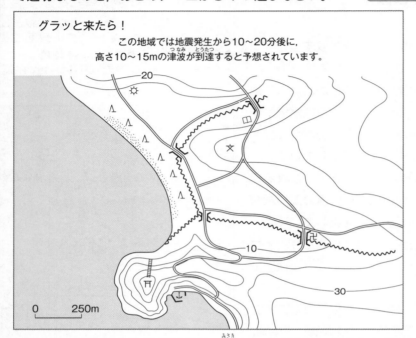

```
グラッと来たら！
        この地域では地震発生から10～20分後に，
    高さ10～15mの津波が到達すると予想されています。
```

0　　250m

ア 漁港では地すべりが心配だが，岬のかげで津波におそわれる心配はないので，道路上で待機する。

イ 工場やその周辺で地震にあったら，津波をさけるのに十分な標高がある神社へ避難する。

ウ 学校にいる生徒は，少しでも海岸線からはなれたお寺に向かって避難する。

エ 図書館内にいる人は，少しでも標高が高い学校へ避難する。

❷ 【森林と林業】次の各問いに答えなさい。

江戸川学園取手中

□(1) 森林や林の役割として適切なものを次の**ア～エ**からすべて選び，記号で答えなさい。

ア 酸素を生み出し，空気をきれいにする。

イ 土砂くずれや洪水などの災害を防ぐ。

ウ 雨水をたくわえ，一度に大量の水を流す。

エ さまざまな動物の住みかとなる。

❶

ワンポイント

　地震発生時，海沿いでは津波に注意しなければならない。

❷

(1)

□(2) 森林は「緑のダム」とも呼ばれ
ている。グラフは荒廃した森林
（裸地）と森林の雨が降った時の
流量を時間に沿って示している。
これらをもとに，森林が「緑の
ダム」と呼ばれる理由を説明し
なさい。

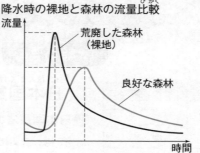

降水時の裸地と森林の流量比較
流量
荒廃した森林
（裸地）
良好な森林
時間

(2) _____
_____
_____
_____
_____

3 【国土と環境】次の各問いに答えなさい。 　トキワ松学園中一改

□(1) 次のグラフは琵琶湖の水のよごれの変化を示したものです。縦軸
の数字は，微生物がよごれを分解するときに必要な酸素の量です。
グラフから読みとれることを**ア〜エ**から1つ選び，記号で答えな
さい（北湖・南湖の範囲については右の図を参照すること）。

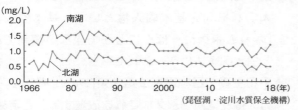

(mg/L)
南湖
北湖
1966　80　　90　2000　10　18(年)
（琵琶湖・淀川水質保全機構）

北湖

南湖 ← 琵琶湖大橋

ア 北湖の水のよごれはいつも南湖よりも多い。

イ 北湖でも南湖でも，1979年に条例がつくられてから3年続い
て水のよごれが減少した。

ウ 北湖でも南湖でも1979年に条例がつくられてから水のよごれ
が増え続けている。

エ 北湖でも南湖でも1994年から4年間，水のよごれがあまり変
わらなかった。

3

(1) _____

(2) _____
_____
_____
_____
_____

(3) _____

(4) _____

プラス
α

　湖や川のよごれを表
す縦軸の数字を生物化
学的酸素要求量（BOD）
という。数字が大きい
ほど，よごれがひどい。

□(2) 滋賀県のある中学校では琵琶湖の沿岸にヨシを植える活動をして
います。どのような理由で植えるのか，説明しなさい。

□(3) 琵琶湖の沿岸はラムサール条約の登録地域です。ラムサール条約
にはどのような目的で登録するのかを述べた文を**ア〜エ**から1つ
選び，記号で答えなさい。

ア 人類の貴重な歴史・文化遺産を守るために登録される。

イ 水鳥などの住む湿地の生態系を守るために登録される。

ウ 絶滅が心配される哺乳類がくらす環境を守るために登録される。

エ 地形や地質，火山など地球活動の跡を保存するために登録される。

□(4) 昭和30年代後半，琵琶湖の湖畔に工場が多く建ったため，工場廃
水が琵琶湖に大量に流れ込み，赤潮が毎年発生しました。同じこ
ろ，全国各地でも公害が発生しました。四大公害病の1つで，富
山県の神通川流域で発生した公害病の名称を答えなさい。

7 わたしたちのくらしと日本国憲法

試験の要点

	大日本帝国憲法	日本国憲法
公布	1889年2月11日	1946年11月3日
主権者	天皇	国民
基本的人権	法律の範囲内で人権を保障	永久不可侵の人権を保障
軍隊	天皇の軍隊 国民には兵役の義務	戦争の放棄 戦力をもたない
議会	衆議院・貴族院	衆議院・参議院
内閣	天皇に対して責任	国会に対して責任
裁判所	天皇の名で裁判	独立して裁判

↑大日本帝国憲法と日本国憲法 大日本帝国憲法は天皇中心，日本国憲法は国民中心。

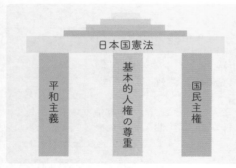

↑日本国憲法の三大原則 日本国憲法は，**国民主権・基本的人権の尊重・平和主義**の3つの柱から成り立っている。

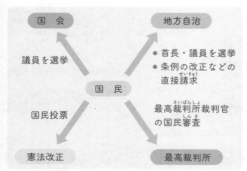

↑国民主権 国民主権とは，国民が国の政治のあり方を最終的に決定する権限をもつということ。

1. 日本国憲法の三大原則 ★★
前文と11章103条の条文から成り立っている

❶ **日本国憲法の成立**…日本の**最高法規**である日本国憲法は，**1946年11月3日**に**公布**され，翌年の**1947年5月3日**に**施行**された。

❷ **国民主権**…国を治める最高の権力を**主権**という。日本国憲法では，**主権は国民にある**と定められている。天皇は日本国と日本国民のまとまりの**象徴**（しるし）とされ，政治に関する権限はない。

❸ **基本的人権の尊重**…人が生まれながらにもっている大切な権利を**基本的人権**という。基本的人権は，「だれも**永久にうばうことができない権利である**」と日本国憲法にうたわれている。

❹ **平和主義**…日本国憲法第9条には，「戦争と，…武力の行使は，…**永久にこれを放棄する**」と定め，戦争をせず，世界平和を求めていくことを明らかにしている。また，日本は核兵器を「**もたず，つくらず，もちこませず**」という**非核三原則**を決めている。
平和への願いは憲法の前文にも書かれている

2. 基本的人権 ★★

❶ **平等権**…すべての国民は**法の下に平等**であって，人種・信条・性別・社会的身分などによって差別されない。子どももふくめ，一人ひとりがかけがえのない**存在**として尊重される。

❷ **自由権**…国民の**自由**を保障する権利。
- **身体の自由** 不当に逮捕されたり，処罰されたりしない自由。
- **精神の自由** 自由にものを考え，信仰や思想をもち，自分の意見を発表することを保障。また，自由に集会を開くことを保障。
表現の自由
- **経済活動の自由** 自由に住居を移し，自由に職業を選び，自分で得た財産が保障される自由。

❸ **社会権**…国民は，だれでも**健康で文化的な最低限度の生活を営む権利がある**（**生存権・第25条**）。国はその保障に努めなければならない。

- 教育を受ける権利
- 働く権利(勤労権)
- 労働三権　労働組合をつくったり(団結権)，使用者と対等に話し合ったり(団体交渉権)，話し合いがまとまらなければストライキなどの行動をする(団体行動権)権利。

❹ 基本的人権を保障するための権利

- 参政権　国民は**選挙権**と**被選挙権**をもち，国や地方の政治に参加できる。また，最高裁判所の裁判官の国民審査，憲法改正のときの国民投票などの権利もある。
  └任命後初めて行われる衆議院議員総選挙のとき
- 請求権　国民は**裁判を受ける権利**，国や地方公共団体が国民にあたえた損害の賠償を請求する権利などをもつ。

❺ 新しい人権…**環境権，知る権利，プライバシーの権利，自己決定権**などがある。

3. 国民の三大義務 ★

日本国憲法は国民の義務も定めている。

❶ **教育の義務**…子どもに普通教育を受けさせる義務。

❷ **勤労の義務**…働く義務(権利でもある)。

❸ **納税の義務**…税金を納める義務。

4. 天皇の国事行為 ★

日本国と日本国民のまとまりの象徴である天皇は，憲法で定められた仕事(国事行為)を**内閣の助言と承認**によって行う。

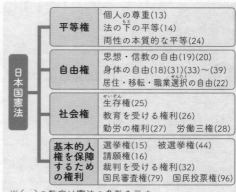

日本国憲法	平等権	個人の尊重(13)
		法の下の平等(14)
		両性の本質的な平等(24)
	自由権	思想・信教の自由(19)(20)
		身体の自由(18)(31)(33)〜(39)
		居住・移転・職業選択の自由(22)
	社会権	生存権(25)
		教育を受ける権利(26)
		勤労の権利(27)　労働三権(28)
	基本的人権を保障するための権利	選挙権(15)　被選挙権(44)
		請願権(16)
		裁判を受ける権利(32)
		国民審査権(79)　国民投票権(96)

※( )の数字は憲法の条数を示す。

♠**基本的人権**　公共の福祉(社会全体の利益)に反しない限り，最大限尊重される。

環境権	人間らしい生活環境を求める権利。
知る権利	国や地方公共団体に対して情報公開を求める権利。
プライバシーの権利	個人の私的な生活をみだりに公開されない権利。
自己決定権	個人が自分の生き方や生活の仕方について自由に決定する権利。

♠**新しい人権**　経済発展や社会生活の急速な変化にともない，近年主張されるようになった。

- 内閣総理大臣・最高裁判所長官の任命
- 憲法の改正，法律や条約の公布
- 国会の召集　● 衆議院の解散
- 国会議員の選挙の公示
- 外国の大使などに会う　など

♠**天皇の国事行為**　憲法で決められた儀式的な国の仕事だけを行う。

□①日本国憲法の三大原則とは，基本的人権の尊重とあと2つは何か。

□②国や地方の政治に参加する権利を何というか。

□③国民にとって特に大切な義務を三大義務というが，子どもに普通教育を受けさせる義務のほか，あと2つの義務とは何か。

□④国や地方公共団体に対して情報公開を求める権利を何というか。

①国民主権・平和主義

②参政権

③勤労の義務・納税の義務

④知る権利

Q　憲法を改正しようとする場合，どのような手続きが必要か説明しなさい。

A　(例)国会で憲法改正の議案が出されると，各議院の総議員の3分の2以上の賛成で発議される。国会が発議した改正案は国民投票で有効投票の過半数の賛成があれば改正が決まり，天皇が国民の名で公布する。

文章でAnswer

実力問題

❶【日本国憲法】日本国憲法について，次の各問いに答えなさい。

広島女学院中・晃華学園中―改

□(1) 日本国憲法では，個人の尊重や男女の平等，言論の自由など国民の権利を保障しています。これについて，次の問いに答えなさい。

① これは，日本国憲法の三大原則のうちのどの原則ですか。

② 日本国憲法では，健康で文化的な生活を営む権利が保障されていますが，この権利を何といいますか。

③ ①の考え方にもとづいて，障がいのある人もない人もすべての人が地域の中でともに心豊かにくらすことができる社会を目ざそうという考え方があります。この考え方を何といいますか。次のア〜エから 1 つ選び，記号で答えなさい。

　ア　バリアフリー　　　　　イ　ユニバーサルデザイン

　ウ　グローバルスタンダード　　エ　ノーマライゼーション

□(2) 日本国憲法では，権利のほかに国民としての義務についても定めています。そのうちの，税金を納める義務について，次の文を読んで，空欄（　①　）・（　②　）にあてはまる語句を答えなさい。

> 　役所や会社に勤めている人が給料から納める税金を所得税といい，（　①　）や建物をもっている人が納める税金を固定資産税といいます。また，わたしたちが買い物をするときには，商品の代金の支払いと同時に，（　②　）税もはらっています。

□(3) 税金を納める義務のほかに，国民の義務をあと 2 つ答えなさい。

□(4) 日本国憲法では，外国との争いごとを武力で解決しない，戦力をもたないと定めています。これについて，次の問いに答えなさい。

① このことは憲法の第何条で定められていますか。

② 国会と政府が定めた「核兵器をもたない，つくらない，もちこませない」という原則を何といいますか。

③ ①や②は，日本国憲法の三大原則のうちのどの原則ですか。

□(5) 最近，憲法改正について議論されています。もし憲法を改正する場合には，衆議院や参議院でそれぞれ総議員の 3 分の 2 以上が賛成した後に，憲法では国民は何を行うように定めていますか。

□(6) 2020 年からプラスチック製の買い物袋が有料化されました。プラスチックごみの削減に取り組むことは，すべての人間が快適にくらす権利を守ることにつながります。日本国憲法に明記されていない，この権利を何といいますか。漢字 3 字で答えなさい。

❶
(1)①＿＿＿＿＿＿
　②＿＿＿＿＿＿
　③＿＿＿＿＿＿
(2)①＿＿＿＿＿＿
　②＿＿＿＿＿＿
(3)＿＿＿＿＿＿＿
　＿＿＿＿＿＿＿
(4)①第　　　条
　②＿＿＿＿＿＿
　③＿＿＿＿＿＿
(5)＿＿＿＿＿＿＿
(6)＿＿＿＿＿＿＿

ワンポイント
日本国憲法の三大原則とそれに関係する条文を関連させて学習すること。

② 【日本国憲法】現在の憲法(日本国憲法)は，戦争がもたらした多くの犠牲(ぎせい)の上に成立し，過去の反省に立って，平和な社会をつくるためのさまざまな内容が盛(も)りこまれています。この憲法の内容について，次の各問いに答えなさい。

帝塚山学院中一改

□(1) 日本国憲法の原則の１つである「国民主権(しゅけん)」の意味として，もっとも適当なものを次の**ア〜エ**から１つ選び，記号で答えなさい。

ア 国民は政府に対し納税(のうぜい)・労働など一定の義務を負う。

イ 政治は選挙などを通じた国民の意思によって決定される。

ウ 国民は生まれつき自由・平等であり，幸福に生きる権利をもっている。

エ 日本国民は戦争を放棄(ほうき)し，陸海空軍などの戦力をもたない。

□(2) 日本国憲法で，天皇(てんのう)は実質的な政治決定にはかかわらず，形式的・儀礼的(ぎれい)な仕事(国事行為(こくじこうい))のみを行うものとされています。天皇が行う仕事として誤(あやま)っているものを次の**ア〜エ**から１つ選び，記号で答えなさい。

ア 勲章(くんしょう)(栄典)などを授与(じゅよ)する。

イ 憲法や条約を公布する。

ウ 参議院(さんぎいん)を解散する。

エ 内閣(ないかく)総理大臣を任命する。

□(3) 日本国憲法では，病気などで働けないような国民を政府が支援(しえん)することが定められています。これは憲法のどの規定とかかわることですか。次の**ア〜エ**から１つ選び，記号で答えなさい。

ア 国民には健康で文化的な生活をする権利がある。

イ 国民には居住や移転，職業選択(せんたく)の自由がある。

ウ 国民には政治に参加する権利がある。

エ 国民には信教・学問・思想の自由がある。

□(4) 日本国憲法は 1946 年 11 月 3 日に公布され，1947 年 5 月 3 日から施行(しこう)されました。現在 11 月 3 日と 5 月 3 日は国民の祝日となっています。それぞれの祝日の名称(めいしょう)を答えなさい。

□ **③** 【自由権】日本国憲法の自由権は，**ア** 身体の自由，**イ** 精神の自由，**ウ** 経済活動(けいざい)の自由に大別されます。次の①〜⑤は，**ア〜ウ**のどれにあたりますか。それぞれ記号で答えなさい。

① どんな職業につくかは自由である。

② どんな思想をもつかは自由である。

③ どんな宗教(しゅうきょう)を信仰(しんこう)するかは自由である。

④ どこに住むかは自由である。

⑤ 裁判官(さいばんかん)の令状なしには逮捕(たいほ)されない。

---

②

(1) _____

(2) _____

(3) _____

(4) 11 月 3 日

_____

5 月 3 日

_____

```
ワンポイント
```

(1)主権とは，国の政治のあり方を決める権利だと考えればよい。

(2)天皇は政治行為を行わない。

③

① _____

② _____

③ _____

④ _____

⑤ _____

試験の要点

	衆議院	参議院
議員の年齢	満25才以上の男女	満30才以上の男女
議員数	465人	248人※
選出方法	小選挙区(289人)比例代表(176人)	選挙区(148人)※比例代表(100人)※
任期	4年	6年(3年ごとに半数改選)
解散	解散がある	解散はない

※ 2022年の参議院議員選挙から。2021年1月現在の参議院は245人(選挙区147人,比例代表98人)となっている。

◆衆議院と参議院　任期が4年で,解散がある衆議院は,参議院より国民の意思や世論を反映しやすいとして,より強い権限がある(**衆議院の優越**)。

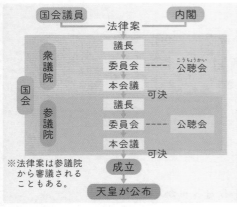

※法律案は参議院から審議されることもある。

◆**法律が成立するまで**　衆議院と参議院の二院制であるのは,慎重に審議を行うためである。

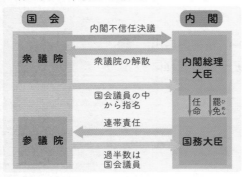

◆**議院内閣制**　内閣が国会の信任にもとづいて成立し,国会に対して連帯して責任を負う制度。

1. 最高機関としての国会 ★★

❶**国　会**…国民の代表者でつくられる国会は,国民の考えをもっともよく表しているので,**国権の最高機関**としての機能を果たしている。

❷**立法機関**…法律は国会だけが制定することができる。法律は国会で相談して検討し,**過半数の賛成**によって成立する。

❸**二院制**…日本の国会は衆議院と参議院の**二院制**である。これは1つの法律の決定を二度くり返して検討するなど,あやまちのないようにするためである。

❹**国会のはたらき**
↳国会には常会(通常国会),臨時会(臨時国会),特別会(特別国会)がある
- **法律をつくる**　法律案は,**内閣**や**国会議員**がつくって国会に出し,衆議院と参議院でそれぞれ**審議**し,可決されて法律となり,**天皇**が公布する。
- **予算の決定**　国が1年間に使うお金と,それをどのように集めるかの予算案は**内閣**がつくり,国会で議決する。内閣は予算に従い政治を行う。
- **内閣総理大臣の指名**　内閣総理大臣は,**国会議員の中から国会が指名**する。内閣のやり方が悪いときは,衆議院は内閣不信任案を出し,可決されれば内閣は**総辞職**するか,**衆議院を解散**する。
↳衆議院のみに認められる
- **条約の承認**　内閣が外国と結んだ条約は,**国会が承認**して成立し,国会が認めないと成立しない。
- **国政を調査する**　内閣の仕事や政治が正しく行われているか調査する(**国政調査権**)。
- **裁判官を裁判する**　不適任であるとうったえられた裁判官を**弾劾裁判所**で裁判することができる。不適任とされた裁判官は辞めさせられる。

2. 内閣のはたらき ★★

❶**内　閣**…国会で決めた法律や予算に従って**実際に政治を進める**のが内閣で,**政府**とも呼ばれる。内閣の
↳行政という
最高責任者が**内閣総理大臣**で,国会議員の中から国会で指名される。
↳天皇によって任命される

②内閣総理大臣…内閣総理大臣は**国務大臣**を任命して，内閣をつくる。国務大臣の**過半数**は，国会議員でなければならない。内閣総理大臣は，国務大臣を集めて閣議を開き，政治の方針を決める。内閣のもとに
↳内閣における話し合いの場で，決定は全会一致で行われる
府・省・庁が置かれ，国の仕事を分担して進める。

③内閣のおもな仕事

- 外国と条約を結ぶ。　・国の予算案をつくる。
- 天皇の**国事行為**に対する助言と承認を行う。
- **最高裁判所の長官を指名**し，その他の裁判官を任命する。
- 憲法や法律にもとづく細かい規則（政令）を出す。

3. 裁判所のはたらき ★★

①裁判所…争いごとや犯罪を，憲法や法律にもとづいて解決する。人々の間の争いごとを裁く**民事裁判**と
↳司法という
罪をおかした疑いのあるものを裁く**刑事裁判**がある。裁判は人権を尊重して公正に行われる。

②三審制…裁判は慎重を期すため，3回まで受けることができる。これを裁判の**三審制**という。

③裁判所の種類…裁判所には，**簡易裁判所**，**家庭裁判**
全国に438か所　　　　　全国に50か所
所，**地方裁判所**，**高等裁判所**，**最高裁判所**の5種
↳全国に50か所　↳全国に8か所　↳東京に1か所。終審裁判所
類の裁判所がある。
↳2009年から始まった制度，裁判員が参加するのは第一審のみ
④裁判員制度…刑事裁判で，国民から選ばれた裁判員が裁判官と話し合い有罪無罪，刑罰を決める制度。

4. 三権分立 ★★

　国の政治は，国会・内閣・裁判所の3つの機関が仕事を分担している（三権分立）。このようにして，3つのそれぞれの機関の権力の行きすぎを防ぐ。

↑内閣のしくみ　内閣のもとに府・省・庁の行政機関が置かれ，行政機関は国務大臣を長として仕事にあたる。

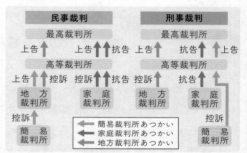

↑三審制　第一審から第二審にうったえることを**控訴**，第二審から第三審にうったえることを**上告**という。**抗告**とは裁判所が下した決定・命令に対して，上級の裁判所に不服を申し立てることである。

↑三権分立　国の権力が1か所に集まらないように三権を分立させている。

- ①法律をつくるのは，どこの仕事か。
- ②予算案を国会に出すのは，どこの仕事か。
- ③家庭や少年の事件をあつかう裁判所はどこか。
- ④日本に1か所しかない裁判所を何というか。
- ⑤三権とは，行政とあと2つは何か。

①国　会
②内　閣
③家庭裁判所
④最高裁判所
⑤立法・司法

文章でAnswer

Q　裁判員制度は，どのようなことを目的にして始まったか，説明しなさい。

A　（例）国民の感覚や意見を裁判に生かすことや，裁判にかかる時間を短くすることなどを目的として始まった。

実力問題

□ ❶【衆議院の優越】衆議院と参議院では，衆議院の優越が認められています。その理由として正しくなるように次の文の空欄にあてはまる語句や数字を答えなさい。ただし，（　③　）は漢字2字で答えなさい。

〔関西大第一中―改〕

> 衆議院議員の任期は（　①　）年で参議院議員より（　②　）年短い。また，衆議院には（　③　）もある。そのため，衆議院は参議院よりも国民の意思がより強く反映されると考えられるため，参議院よりも強い権限がある。

❶
① _____
② _____
③ _____

よく出る ❷【国会・内閣・裁判所】次の文を読んで，あとの各問いに答えなさい。

〔専修大松戸中―改〕

　裁判を行う権力を（　①　）権という。日本国憲法はその76条で「すべて（　①　）権は，最高裁判所及び法律の定めるところにより設置するa下級裁判所に属する」と定めている。

　裁判には，個人間の権利や義務をめぐる争いを裁く民事裁判と，犯罪を裁く刑事裁判とがある。いずれの裁判でも，審理を慎重に行うため3回まで裁判を受けることができ，これを（　②　）制という。

　最高裁判所長官はb内閣の指名にもとづいて天皇が任命するが，長官以外の最高裁判所裁判官と下級裁判所のすべての裁判官は内閣が任命する。このうち最高裁判所裁判官は，任命後に初めて行われる（　③　）議員選挙のときと，その後10年を経てから行われる（　③　）議員選挙のときごとに，適任かどうかを国民によって審査される。これを国民審査といい，不適任とする票が過半数に達した裁判官は罷免される。また，裁判官としてふさわしくない行為のあった裁判官については，c国会に設置される弾劾裁判所で裁判が行われ，辞めさせるかどうかが決定される。

　2009年からは，裁判に市民感覚をとり入れるなどのため，d裁判員裁判の制度が導入されている。

□(1) 文中の（　①　）～（　③　）にあてはまる語句をそれぞれ答えなさい。なお，同じ番号には同じ語句が入ります。

□(2) 下線部aについて，家族間の争いや，18才未満の者が行った犯罪などを裁くための裁判の第一審が行われる裁判所を次のア～エから1つ選び，記号で答えなさい。

ア　簡易裁判所　　イ　地方裁判所
ウ　家庭裁判所　　エ　高等裁判所

❷
(1)①
　②
　③
(2)

ワンポイント

(2)裁判所には，最高裁判所と下級裁判所がある。下級裁判所には，高等裁判所，地方裁判所，家庭裁判所，簡易裁判所がある。

□(3) 下線部bの仕事として適切でないものを次のア〜エから1つ選び, 記号で答えなさい。

ア　条約の承認

イ　予算案の作成

ウ　政令の制定

エ　天皇の国事行為に対する助言と承認

□(4) 下線部cに関して, 裁判所は国会に対して, どのような抑制のはたらきをしているか, 「裁判所」「法律」という語句を用いて30字前後で答えなさい。

□(5) 下線部dについて正しく述べている文を次のア〜エから1つ選び, 記号で答えなさい。

ア　重大な刑事裁判の第一審で行われる。

イ　高等裁判所で行われる。

ウ　裁判官3名と抽選で選ばれた裁判員3名の合議で審理が進められる。

エ　有罪の判決を出すためには, 全員一致の賛成が必要となる。

(3) _____

(4) _____
_____
_____
_____
_____

(5) _____

ワンポイント
(4)このことを**違憲立法審査権**という。

❸ 【政　治】 次の文を読んで, あとの各問いに答えなさい。　同志社中

　a国の政治は, 国会・内閣・裁判所という3つの機関が仕事を分担して進めるしくみになっています。これは（　①　）が1つの機関に集まって独裁政治が行われたり, 個人の人権がうばわれたりしないためです。

　国会では, 衆議院と参議院があり, （　②　）や国の予算などが決められます。国会が決めた（　②　）や予算にもとづいて, 実際に政治を行うのが内閣です。内閣の最高責任者が内閣総理大臣で, 国会で指名された内閣総理大臣はb国務大臣を任命して, 内閣をつくります。

□(1) 下線部aの政治のしくみを何というか, 漢字4字で答えなさい。

□(2) 下線部aの3つの機関のうち, 日本国憲法で「国権の最高機関」と位置づけられているものを次のア〜エから1つ選びなさい。

ア　国　会　　イ　内　閣　　ウ　裁判所　　エ　国会と内閣

□(3) 上の文中の（　①　）と（　②　）にあてはまることばの組み合わせとして正しいものを次のア〜カから1つ選びなさい。

ア　①権力　②法律　　イ　①権力　②条例　　ウ　①権力　②政令

エ　①権利　②法律　　オ　①権利　②条例　　カ　①権利　②政令

□(4) 下線部bについて, 2020年12月現在, 国務大臣として存在しないものを次のア〜エから1つ選びなさい。

ア　法務大臣　　イ　環境大臣　　ウ　国土交通大臣　　エ　郵政大臣

❸

(1) _____

(2) _____

(3) _____

(4) _____

ワンポイント
(3)**条例**は地方公共団体（都道府県・市〈区〉町村）で制定される決まりである。**政令**は憲法や法律にもとづいて制定される内閣が出す細かい規則である。

政治

9 選挙・財政と地方の政治

試験の要点

議員・知事など	被選挙権	選挙権
衆議院議員	満25才以上	満18才以上
参議院議員	満30才以上	
都道府県 知事		
議員	満25才以上	
市(区)町村 市(区)町村長	満25才以上	
議員		

↟選挙権と被選挙権　2015年に公職選挙法が改正され,選挙権年令は**満18才以上**に引き下げられた。

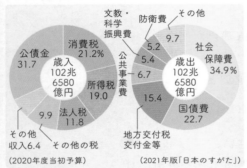

歳入 102兆6580億円
公債金 31.7
消費税 21.2%
文教・科学振興費
防衛費
その他
所得税 19.0
法人税 11.8
その他 9.9
その他収入6.4　その他の税

歳出 102兆6580億円
社会保障費 34.9%
9.7
5.2
5.4
6.7
公共事業費
国債費 22.7
15.4
地方交付税交付金等

(2020年度当初予算)　(2021年版「日本のすがた」)

↟国の歳入と歳出　歳入のうち,公債金の割合が多い。公債金は実質的には借金なので,増加すると将来に大きな負担を残すことになる。

	直接税	間接税
国税	所得税,法人税,相続税　など	消費税,酒税,たばこ税,関税　など
地方税 (都)道府県税	(都)道府県民税,事業税,自動車税　など	地方消費税,ゴルフ場利用税,(都)道府県たばこ税　など
地方税 市(区)町村税	市(区)町村民税,固定資産税　など	市(区)町村たばこ税　など

↟おもな税金の分類　地方税は,(都)道府県税と市(区)町村税に分けられる。

● 道路をつくる	● 福祉の仕事
● 上下水道の整備	● 住宅を建てる
● 学校をつくる	● ごみ処理の仕事
● 病院をつくる	● 消防の仕事

↟地方公共団体のおもな仕事　その地域の住民のために多くの仕事を行っている。

1. 選挙のしくみ ✦✦

❶選　挙…選挙には,**普通選挙**(満18才以上のすべての男女に選挙権がある),**平等選挙**(1人1票で1票の価値が同じ),**直接選挙**(有権者が候補者に直接投票する),**秘密選挙**(どの候補者に投票したか秘密にする)という4つの原則がある。

❷選挙権…選挙できる権利で,**満18才以上のすべての男女**にあたえられている。病気や仕事などで投票日に投票できない人は,前もって投票できる。

❸被選挙権…立候補できる権利で,衆議院議員・市(区)町村長・地方議会議員は**満25才以上**,参議院議員と都道府県知事は**満30才以上**のすべての男女にあたえられている。

❹マニフェスト…各政党が,政権を担当したときに実行する政策の内容を具体的に明記したもの。

2. 財　政 ✦

❶財　政…国や地方公共団体は,国民(住民)や会社から多くの税金を集め公共事業などを行っている。収入を**歳入**といい,支出を**歳出**という。まとめて**財政**という。

❷予　算…国や地方公共団体が,1年間の歳入と歳出の予定をたてることを**予算**という。

❸税　金…税金には,国に納められる**国税**と地方公共団体に納められる**地方税**がある。また納め方によって負担する人と納める人が同じ直接税と,負担する人と納める人がちがう間接税がある。

3. 地方自治 ✦✦

❶地方自治…都道府県や市(区)町村では,その地方に住んでいる人たちの意見をできるだけとりあげ,**地方の実情に合った政治**を行っている。これを**地方自治**という。地方自治を行っている都道府県や市(区)町村のことを**地方自治体**または**地方公共団体**という。

❷**地方議会**…都道府県や市（区）町村には，選挙で選ばれた地方議員で組織する議会がある。地方議会では，↳任期は4年 ↳一院制 その地方だけの決まりである**条例**をつくったり，その地方の予算を決めたりしている。

❸**知事・市（区）町村長**…都道府県の行政の最高責任者が**知事**で，市（区）町村の行政の最高責任者が**市（区）町村長**である。知事や市（区）町村長は，その地方の住民の選挙で選ばれ，任期は4年。知事や市（区）町村長は，副知事や副市（区）町村長を任命できる。

❹**住民投票権**…国が特定の地域にだけ適用される**特別法**をつくる場合，その地方公共団体の**住民投票で過**↳近年は，条例を制定して行われる住民投票も多い **半数の同意**を得ることが必要である。

4. 社会保障制度 ★★

❶**社会保障制度**…すべての国民が，健康で文化的な生活ができるように，国が保護し，生活を保障しようとする制度。社会保険・公的扶助・社会福祉・公衆↳国民皆保険制度 衛生に大別できる。この制度の運営は地方公共団体の果たす役割が大きい。

❷**少子高齢社会**…少子化（出生率の低下）と，**高齢化**（平均寿命ののび）が同時に進んだ社会。現在の日本2019年，日本国民の28.4%が65才以上 は，世界有数の長寿国になっている。年金，医療，↳現在の日本は，65才以上の人の割合が21%以上の超高齢社会 介護などの社会保障費の増加が大きな課題である。

❸**みんなが生活しやすい社会**…高齢者や障がいのある人にとってのバリア（障壁）をとり除くことを**バリア**↳だれでも利用できるように製品などを設計することをユニバーサルデザインという **フリー**といい，現在多くの公共施設で実現されている。また，障がいのある人が，障がいのない人と同じように生活できる社会の実現をめざそうという考え方を**ノーマライゼーション**といい，さまざまな政策が進められている。

◆**地方公共団体の政治と住民との関係**
都道府県知事・市（区）町村長は強い権限をもつ。

請求の種類		必要な署名数	請求先
議会の解散請求		有権者の**3分の1**[※]以上の署名（リコール）	選挙管理委員会
解職請求	首長や議員の解職		
	主要職員の解職		
監査請求		有権者の50分の1以上の署名	監査委員
条例の制定や改廃			首長

※有権者数が40万人をこえる場合は，こえる数の6分の1と，40万の3分の1を合わせた数以上。80万人をこえる場合は，こえる数の8分の1と，40万の6分の1と40万の3分の1を合わせた数以上。

◆**直接請求できる権利**　地方公共団体に対して，住民は**直接請求**する権利がある。

社会保険	医療保険，年金保険，雇用保険，介護保険　など
公的扶助	生活保護，教育扶助，住宅扶助，医療扶助　など
社会福祉	児童福祉，母子福祉，障がい者福祉，高齢者福祉　など
公衆衛生	結核や感染症対策，公害対策，上下水道整備　など

◆**社会保障のしくみ**　一定水準の生活が困難な人を社会全体で助け合う理念にもとづき，行われる。

□①都道府県や市（区）町村のことを，地方自治体または何というか。　①地方公共団体
□②地方議会でつくられる，その地方だけの決まりを何というか。　②条　例
□③都道府県で，実際に政治を行う最高責任者はだれか。　③知　事
□④市（区）町村長の選挙に立候補できるのは，満何才以上の人か。　④満25才以上

文章で Answer

Q　国家財政の歳出でいちばん割合が大きいものをあげ，なぜそうなっているのか説明しなさい。

A　（例）歳出でいちばん多いのは社会保障費で，少子高齢化が進み，社会保険や社会福祉に使うお金が増えているから。

実力問題

❶ 【地方自治】次の資料を見て，あとの各問いに答えなさい。

三重教育大附中

図1　三重県の収入
（6835億円）

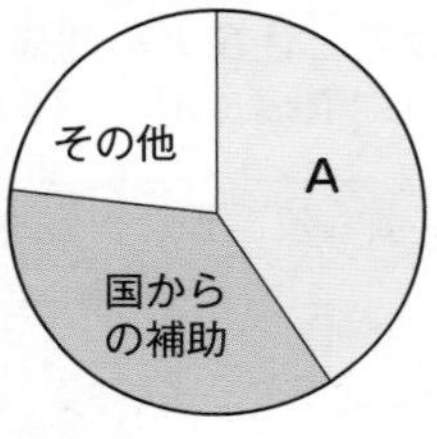

その他
A
国からの補助

（2018年度）

図2　三重県の支出
（6656億円）

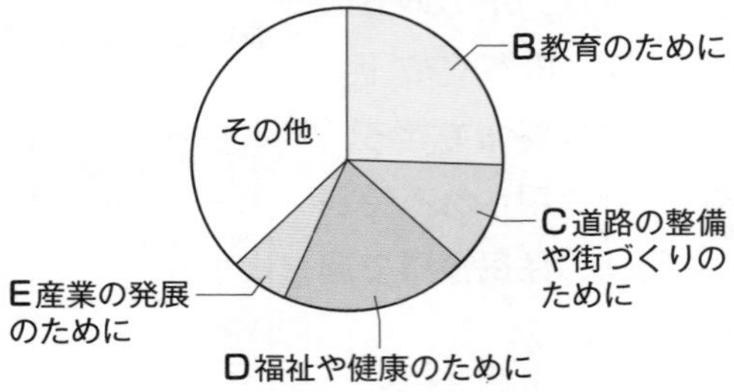

B教育のために
その他
C道路の整備や街づくりのために
E産業の発展のために
D福祉や健康のために

（2021年版「データでみる県勢」）

□(1) 図1は2018年度の三重県の収入を表しています。Aにあてはまるものを次のア～エから1つ選び，記号で答えなさい。

　ア　国民の税金　　　イ　県民の税金
　ウ　津市民の税金　　エ　国民からの借金

□(2) 図2は2018年度の三重県の支出を表しています。次のア～カから，図2のB～Eのどれにもあてはまらないものをすべて選び，記号で答えなさい。

　ア　古くなった県道の橋をかけかえるための費用
　イ　三重県知事に支はらわれる給料
　ウ　県立の病院を運営するための費用
　エ　県立高校のいすや机を買うための費用
　オ　警察が県民の安全を守るための費用
　カ　三重県の特産品を全国に広めるための費用

□(3) わたしたちのまわりには，図書館や病院など，地域の人々の願いをもとにつくられた施設が数多くあります。次はある県立の施設ができるまでの流れを表しています。cを行うもっとも適切なものを，あとのア～エから1つ選び，記号で答えなさい。

　| a：要望を出す | → | b：計画案・予算案をつくる | → |

　| c：計画・予算を決定する | → | d：施設の完成 |

　ア　知　事　　イ　県議会　　ウ　住　民　　エ　県庁の職員

❷ 【地方自治】次の文を読んで，あとの各問いに答えなさい。

よく出る

法政大第二中

　地域住民が，住んでいる地域の問題について，自分たちの意思と責

❶
(1) ＿＿＿＿＿＿
(2) ＿＿＿＿＿＿
(3) ＿＿＿＿＿＿

ワンポイント
　都道府県や市（区）町村が地域住民の願いを実現していく政治を**地方自治**という。

任で決めていく政治のことを，地方自治という。

　地方自治を実現するためには，地域の政治にわたしたち住民の意思を，十分に反映させることが大切である。そのために，首長やa議員に立候補したり選んだりする選挙権・被選挙権のほかに，地域の重要な問題について，直接参加して意思を表明する制度であるb直接請求権が住民に保障されている。また，地方議会は，それぞれの地域の特徴にあわせて，c法律の範囲内で自由に独自の法を定めることができる。

　地方公共団体は，住民のために多くの仕事を行っている。その費用は，地域の住民が納める住民税や固定資産税などの（　①　）税でまかなわれる。しかし，地域の状況によって，地方公共団体の収入には大きな差がある。そのため，（　①　）税だけではまかないきれない地方公共団体も多くある。

　このため，地方公共団体は，国から地方交付税交付金を受けとっている。これは，（　①　）税収入が地方公共団体により差があるために設けられた制度である。地方交付税交付金の使いみちには，特に指定がない。一方，義務教育の実施，道路・港湾の整備などの公共事業や，社会保障関係などの仕事については，（　②　）を受けとっている。これは，それぞれ国が決めた使いみち以外には使えない。また，地方公共団体の借金である（　③　）の発行残高も高い水準にある。

□(1) 文中の（　①　）～（　③　）にあてはまる語句を答えなさい。

□(2) 下線部aに関して，川崎市議会議員に立候補できる年令は何才以上か，答えなさい。

□(3) 下線部bにあてはまる権利を次のア～オから2つ選び，記号で答えなさい。

　　ア 首長・議員の解職　　イ 賠償請求権　　ウ 住民運動

　　エ 国政調査権　　　　　オ 議会の解散

□(4) 下線部cに関して，このような法を何というか，答えなさい。

□(5) 地方自治が「三割自治」といわれる理由を具体的に説明しなさい。

③ 【選　挙】日本の選挙に関する次のア～オの文のうち，誤っているものをすべて選び，記号で答えなさい。 `海城中一改`

　ア 国会議員の被選挙権は，衆議院議員は25才以上，参議院議員は30才以上の国民がもっている。

　イ 都道府県知事の被選挙権は，25才以上の国民がもっている。

　ウ 2016年7月に行われた参議院議員選挙から，選挙で投票できる年令がそれまでの「20才以上」から「18才以上」へ引き下げられた。

　エ 選挙に立候補した者は，その選挙では投票することができない。

　オ 投票日に仕事や用事がある場合は，投票日前でも投票ができる。

②
(1)①＿＿＿＿＿＿＿＿
　②＿＿＿＿＿＿＿＿
　③＿＿＿＿＿＿＿＿
(2)＿＿＿＿＿＿＿＿＿
(3)＿＿＿＿＿＿＿＿＿
(4)＿＿＿＿＿＿＿＿＿
(5)＿＿＿＿＿＿＿＿＿
＿＿＿＿＿＿＿＿＿＿
＿＿＿＿＿＿＿＿＿＿
＿＿＿＿＿＿＿＿＿＿

> **ワンポイント**
> (2)地方議会議員の被選挙権は，衆議院議員，市（区）町村長と同じである。
> (5)地方自治の財源に着目して答える。

③
＿＿＿＿＿＿＿＿＿＿

⑩ 日本のあけぼの

▲たて穴住居　▲縄文土器　▲土偶

↑縄文時代のくらし　たて穴住居は地面を掘り下げて数本の柱を立て，草などで屋根をふいた。縄文時代は，人々の間に貧富の差はなく，平等な共同生活を送っていた。

▲高床倉庫　▲弥生土器　▲田げた

↑弥生時代のくらし　田げたは水田での作業時に使われたはきもの。米づくりが始まると，貧富の差，身分の差が生じた。

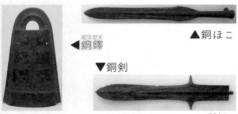

◀銅鐸　▲銅ほこ　▼銅剣

↑弥生時代の青銅器　おもに祭りのための宝物として使われたと考えられている。

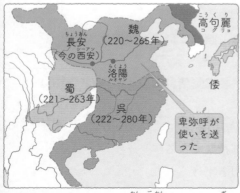

↑3世紀の東アジア　漢(後漢)がほろび，魏・呉・蜀の三国時代となった。

1. 縄文時代 ★

❶**生　活**…たて穴住居に住み，**石器や骨角器**などを使って狩りや漁，採集の生活をしていた。住居の近くには，貝殻や動物の骨などを捨てた**貝塚**が見つかっている。土器は，縄目の文様がついた**縄文土器**を使った。土人形の**土偶**は，子孫繁栄や豊作をいのったり，まよけにしたりして使われたと思われる。

❷**おもな遺跡**…**三内丸山遺跡**(青森県)では縄文時代の大きな集落あとが発見された。また，**大森貝塚**(東京都)は日本で最初に発掘調査が行われた貝塚である。

2. 弥生時代 ★

❶**生　活**…**弥生土器**や**金属器(青銅器・鉄器)**を使い，米づくりが広がった。稲のほをかるときは**石包丁**を使った。やがて貧富の差，身分の差が発生した。**むらどうしの争い**の後，**くに**へと移行した。

❷**おもな遺跡**…**吉野ヶ里遺跡**(佐賀県)では約350軒の**たて穴住居**あと，人をほうむったかめ棺，**高床倉庫**あとが見つかった。集落のまわりには，二重の**ほり**がめぐらされ，見張りのための**物見やぐら**も見つかっており，この時代に集落どうしで争いがあったことがわかる。この遺跡は，弥生時代の最大級の**環濠集落**あとであると考えられている。また，**登呂遺跡**(静岡県)は今から1800年前のむらで，水田，たて穴住居，高床倉庫のあと，木製のくわ・すき，農具の田げたなどが発見された。

❸**金印をさずかる**…1世紀半ば，倭(日本)の奴という国の王が，中国の皇帝から「**漢委奴国王**」と刻まれた**金印**をさずかった。

3. 邪馬台国と卑弥呼 ★★

　卑弥呼は，3世紀ごろ日本にあった**邪馬台国**の女王で，30ほどのくにを従え，中国とも交流して銅鏡などをさずかったと，中国の歴史書である『**魏志**』の倭人伝に書かれている。

4. 古墳と大和朝廷 ★

❶古　墳…土を盛りあげて築いた王や豪族の墓。
↳支配者

- **前方後円墳**　前方が方形（四角）で後方が円形の墓。
  大仙（仁徳陵）古墳はその代表である。

- **古墳からの出土品**　古墳のまわりには，土を焼い
  てつくったはにわを並べた。また，墓の内部には，
  ↳副葬品という
  剣・鏡・宝玉・武具などが納められた。

- **稲荷山古墳出土鉄剣**　埼玉県稲荷山古墳から発見
  された鉄剣には，**倭の五王**（大王は中国で倭王と
  呼ばれた）の１人である**武**（雄略天皇）と考えら
  れる「**獲加多支鹵大王**」の名が刻まれている。鉄剣
  は国宝に指定されている。

❷大和朝廷と大王…4世紀ごろ，**大和地方**（奈良県）に
↳大和政権ともいう
  強力な勢力（**大和朝廷**）ができ，前方後円墳などの古
  墳が築かれるようになった。**大王**（のちの**天皇**）を中
  心とし，周辺の有力な豪族によって構成されていた
  大和朝廷は，5〜6世紀ごろには九州から東北地方
  南部の豪族や王を従えるようになった。

❸大陸文化の伝来…5世紀ごろから中国や朝鮮半島か
  ら日本に移り住む**渡来人**が多くなり，新しい文化や
  ↳代表的な渡来人に秦氏（はたうじ）と漢氏（あやうじ）がいる
  技術が伝えられた。

- **漢字**　5世紀ごろに**儒教**とともに伝えられた。
  ↳王仁（わに）という人物より伝わった

- **仏教**　**538**（または**552**）**年**に朝鮮半島の**百済**から
  正式に伝えられた。　　　　　　　　　ペクチェ

- **その他**　**機織り・焼き物・養蚕・土木技術**などの
  ↳須恵器
  進んだ技術が伝えられた。

実力強化編
地理
政治
歴史
国際
実戦力強化編
思考力・記述問題強化編
入試完成編

↑大仙古墳　大阪府堺市にある，5世紀ごろにつく
られた国内最大の古墳。

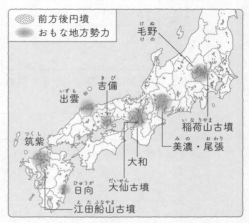

凡例：
- 前方後円墳
- おもな地方勢力

（地図中の地名）毛野・けぬ・け　出雲・いずも　吉備・きび　稲荷山古墳・いなりやま　美濃・尾張・みの・おわり　筑紫・つくし　大和・やまと　日向・ひゅうが　大仙古墳・だいせん　江田船山古墳・えたふなやま

↑おもな前方後円墳の分布　大きな前方後円
墳がある地域に有力な支配者がいたと考えられる。
　　　　　　　ちいき

▲はにわ（武人）　　▲はにわ（家）

↑古墳から出土したはにわ　武人や家，動物，
円筒などさまざまな形のはにわがある。
えんとう

要点チェック

- □①佐賀県にある弥生時代の大規模な環濠集落あとを何というか。
  やよい　きぼ　かんごう
- □②３世紀前半の邪馬台国の女王の名まえを何というか。
  やまたいこく
- □③青銅器や鉄器などの金属器が伝わったのは何時代か。
- □④稲のほをつみとるための石でできた道具を何というか。
  いね
- □⑤古墳時代に中国や朝鮮半島からわたってきた人々を何というか。
- □⑥古墳のまわりに並べられている人や馬の形をしたものは何か。
- □⑦大阪府堺市にある日本最大の古墳は，何古墳といわれているか。
- □⑧仏教が正式に伝わったのは何世紀か。

- ①吉野ヶ里遺跡　よしのがりいせき
- ②卑弥呼　ひみこ
- ③弥生時代　やよいじだい
- ④石包丁　いしぼうちょう
- ⑤渡来人
- ⑥はにわ
- ⑦大仙（仁徳陵）古墳
- ⑧６世紀

文章で Answer

Q　米づくりが始まると身分の差が生じたのはなぜか，説明しなさい。

A　（例）米づくりによって，もみがたくわえられるようになると貧富の差ができ，また，米づく
　　　　りには水を引くなどの共同作業が多く，これを指図する人が現れたから。　　　　　　ひんぷ

・実力問題

1 【縄文・弥生時代】次の表は，古代の日本のようすについて時代ごとにまとめたものです。表を見て，あとの各問いに答えなさい。

千葉日本大第一中

時代区分	（　①　）時代	（　②　）時代
時期	今から約1万年前～	紀元前4世紀ごろ～
生活	（　③　）・（　④　）・漁を行っていた	（　⑤　）の生産を行っていた
土器	（　①　）土器……厚手で黒褐色，縄目模様	（　②　）土器……うすくて丈夫，赤褐色
建築	（　⑥　）住居	（　⑦　）倉庫
社会	身分の差がない（　⑧　）をつくり，多産をいのった	身分の差ができる（　⑨　）を使い，祭りや儀礼を行った

□(1) （　①　）・（　②　）にあてはまる日本の時代区分をそれぞれ答えなさい。

□(2) （　③　）・（　④　）には，食料を調達する方法が入ります。次のア～カから1つずつ選び，記号で答えなさい。
　ア 酪農　　イ 狩猟　　ウ 養殖
　エ 放牧　　オ 採集　　カ 乾田

□(3) （　⑤　）に入る，中国から生産方式が伝わった農作物を答えなさい。

□(4) （　⑥　）に入る，この当時の家にあたる住居の名まえを答えなさい。

□(5) （　⑦　）に入る，右の写真のような，収穫した（　⑤　）を貯蔵するための建物を答えなさい。

□(6) （　⑧　）に入る，呪術のためにつくられたとされる土製品を次のア～エから1つ選び，記号で答えなさい。

ア 　イ 　ウ 　エ

□(7) （　⑨　）に入る，鏡や銅鐸などに使われるようになる金属器の一種を漢字3字で答えなさい。

1

(1)①＿＿＿＿＿＿

　②＿＿＿＿＿＿

(2)③＿＿＿＿＿＿

　④＿＿＿＿＿＿

(3)＿＿＿＿＿＿＿

(4)＿＿＿＿＿＿＿

(5)＿＿＿＿＿＿＿

(6)＿＿＿＿＿＿＿

(7)＿＿＿＿＿＿＿

プラスα

(5)この建物は，風通しがよく，湿気に強い構造になっている。

□ **2** 【弥生時代】右の図に写っているの
は，ある人物の屋敷を復元した模型で
す。その人物は，弟と力を合わせなが
ら神のお告げをもとにして政治を行っ
ていました。そのころのようすを記し
た資料文を次のア〜エから２つ選び，
記号で答えなさい。（ただし，資料文は一部省略したり書き改めたり
してあります。）

大阪星光学院中一改

ア 「倭では，いちばん強いくにが，30 ほどのくにを従えている。」

イ 「わたしは，この剣をつくらせた豪族のオワケである。わたしの家
は大王を守る軍隊の隊長を代々務め，わたしはワカタケル大王に
仕えていた。」

ウ 「生活を切りつめて生きているのに，里長はむちを片手に戸口まで
やってきて，おどして税をとろうとする。どうしようもない世の
中だが，鳥でないからにげることもできない。」

エ 「人々は，稲や麻を植えている。また，蚕を飼って糸をつむぎ，織
物を織っている。…身分の低い者は高い者に道で出会うと，道ば
たの草むらに入り，道を空ける習わしである。」

□ **3** 【古墳時代】次の図は前方後円墳の分布を示しています。これを見
て，あとのア〜エから正しい文を１つ選び，記号で答えなさい。

東京学芸大附属竹早中一改

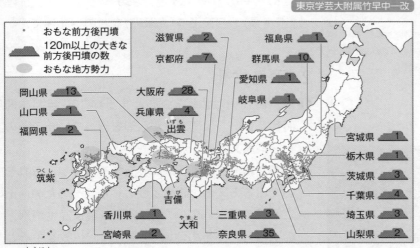

ア 東北地方には前方後円墳の数は少なく，120 m 以上の大きい古墳
がないことから，勢力の大きな豪族はいなかったと考えられる。

イ 大きな前方後円墳の数から考えて，東京都は，この時代から関東
地方の政治の中心地であったことがわかる。

ウ 内陸部には，勢力の強い豪族は見られないことがわかる。

エ 瀬戸内海沿岸地方には大きな力をもつ豪族がいたことがわかる。

2

プラス **α**

この資料文には，身分
のちがいがあることや，
法をおかした場合はどれ
いにされるとも書かれて
いる。

3

ワンポイント

大きな前方後円墳をつ
くるためには，強い権力
が必要である。

⑪ 聖徳太子の政治と大化の改新

試験の要点

年	おもなできごと
574	聖徳太子が生まれる
593	推古天皇の摂政になる
603	冠位十二階の制度を定める
604	十七条の憲法を定める
607	小野妹子らを隋に送る
622	聖徳太子が死ぬ

▲聖徳太子

◆聖徳太子の一生　蘇我馬子と協調して政治を行い，遣隋使を派遣するなどして大陸の進んだ文化をとり入れ，天皇中心の政治制度を整えようとした。

---

1. 和を第一とし，争ってはなりません。
2. 仏教の教えをあつく敬いなさい。
3. 天皇の命令には必ず従いなさい。
4. 役人は，礼儀正しくしなさい。
5. 裁判は，公平に行いなさい。
12. 役人は，かってに税をとってはいけません。すべての人民は，天皇のものです。

◆十七条の憲法(一部)　和を大切にすることや，仏教を信じること，天皇の命令を守ることなど，役人としての心構えが定められた。

◆法隆寺　奈良県斑鳩町にある，**現存する世界最古の木造建築物**。1993年に世界文化遺産に登録された。

1. 聖徳太子の政治 ★★★

❶ **摂　政**…**聖徳太子**は，593年(6世紀末)，女帝**推古天皇**の摂政となって国の政治を行った。（厩戸皇子ともいう／天皇の代わりに政治を行う役職／聖徳太子のおば）

❷ **冠位十二階**…**603年**，朝廷の役人の位を12に分け，冠の色で表すようにした。これを**冠位十二階**という。家がらによらず，才能のある人を重く用いようとしたもので，能力のある人が高い位につける道を開いた。

❸ **十七条の憲法**…**604年**，役人の守るべき心得を十七条にまとめて制定した。豪族の争いをやめ，仏教を信じ，天皇の命令に従い，公正な政治を行うよう説いている。天皇中心の国家をつくろうとした聖徳太子の理想がよく表れている。

❹ **遣隋使**…**607年**，小野妹子を**遣隋使**として大国の隋(中国)に送り，対等につき合おうとした。

❺ **仏教を広める**…聖徳太子は厚く仏教を信じ，仏教を広めてその精神を政治に生かそうとした。法隆寺(奈良県)・四天王寺(大阪府)などの寺を建てた。

2. 飛鳥文化 ★

❶ **飛鳥時代**…7世紀を中心とする約100年間を**飛鳥時代**といい，聖徳太子が政治を行っていたころの文化を**飛鳥文化**と呼ぶ。

❷ **飛鳥文化**…聖徳太子は仏教を深く信仰し，これを広めて日本の文化を高めようとした。そのため，そのころ都の置かれていた飛鳥地方(奈良盆地南部，今の明日香村一帯の地域)を中心に，仏教を中心とした文化が栄えた。法隆寺の建築をはじめ，**法隆寺にある**釈迦三尊像，**京都の広隆寺の弥勒菩薩像**など，当時の文化を伝えるすぐれた仏像が今も残されている。寺院や仏像などの多くは渡来人によってつくられ，中には**ギリシャ文化**とのつながりを示すものもある。（鞍作鳥(止利仏師)によりつくられた／国宝第1号／渡来人の秦河勝が創建）

3. 大化の改新 ★★

❶蘇我氏がほろぶ…聖徳太子の死後，天皇をしのぐ力
をもった蘇我氏を中大兄皇子（のちの天智天皇）と中
臣鎌足（のちの藤原鎌足）が **645 年**にたおした。
<small>蘇我蝦夷とその子の入鹿</small>

❷大化の改新…645 年，中大兄皇子は中臣鎌足らと
ともに，豪族などがもっていた土地や人民を国の所
有とする**公地公民**などの改革（**大化の改新**）を行った。
<small>中国にならって初めて制定された年号</small>
天智天皇（中大兄皇子）の死後の後継者争い（壬申の
乱）では大海人皇子が勝ち，**天武天皇**となった。
<small>↳天智天皇の弟　　　　　↳このころ「天皇」の称号が使われはじめた　　　↳672 年</small>

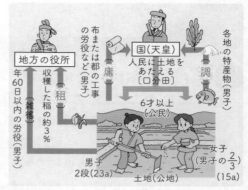

↟農民が負担するおもな税　農民に口分田を
あたえるかわりに，税や労役・兵役を課した。

4. 律令国家の成立 ★

　701 年，中国の**唐**の律令にならった**大宝律令**が
<small>↳隋がほろんで唐が中国を統一した</small>
制定され，全国を支配するしくみが細かく定められ
た。**律**は刑法，**令**は政治や制度のことをまとめた法
で，律令による政治を**律令政治**という。

❶国・郡・里の制　全国を国・郡・里に分け，国には
<small>↳中央の豪族　　　↳地方の豪族</small>
国司，郡には**郡司**，里には**里長**を任命した。

❷班田収授法　戸籍をつくり，それをもとに **6 才以**
上の男女に田（口分田）をあたえた。

❸農民が負担するおもな税・労役・兵役

・**租**…収穫した稲の約 3 %を納める。

・**調**…各地の特産物を納める。

・**庸**…年に 10 日，労役につくか，布を納める。

・**雑徭**…国司のもとで，年に 60 日以内の労役につ
<small>土木工事など↲</small>
　く。

・**防人**…3 年間，九州北部の警備をする。

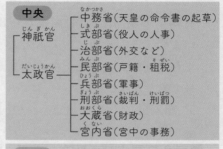

↟大宝律令のしくみ　刑部親王と藤原不比等に
よってつくられた。中央に二官八省がある。二官と
は，祭りを行う神祇官と，一般の政治を行う太政官
である。太政官は太政大臣・左大臣・右大臣などで
構成された。

要点チェック

□①聖徳太子は，政治の理想と役人の心得を何にまとめたか。
□②聖徳太子が家がらによらず，才能のある人を用いた制度は何か。
□③607 年に遣隋使としてつかわされた人物はだれか。
□④聖徳太子が 7 世紀初めに建てた，現存する世界最古の木造建
　　築物である寺は何寺か。
□⑤大化の改新を行った中心人物は，中臣鎌足ともう 1 人はだれか。
□⑥大宝律令は，中国の何という国の律令を手本としたか。

①十七条の憲法
②冠位十二階
③小野妹子
④法隆寺
⑤中大兄皇子
⑥唐

文章で
Answer

Q　なぜ九州北部に防人が置かれたのか，説明しなさい。
A　（例）663 年に日本は白村江の戦いで唐・新羅の連合軍に敗れたため，唐・新羅の攻撃に備
　　える必要があったから。

実力問題

❶【飛鳥時代】資料1・2について，それぞれを説明した文の空欄（　①　），（　②　）にあてはまる語句を入れ，あとの各問いに答えなさい。　西大和学園中—改

資料1の写真は，奈良県飛鳥地方にある（　①　）古墳の壁画です。この壁画は，1972年の発掘調査によって発見され，美しくすぐれた色使いやえがかれている人物の服装などから，大陸の様式が伝わったものと考えられています。

資料1

□(1) 資料1の壁画は，7世紀末から8世紀初めにかかれたといわれています。この時期に，天香久山・畝傍山・耳成山の大和三山に囲まれた地に完成された都の名まえを次のア〜エから1つ選び，記号で答えなさい。

　ア　藤原京　　イ　平城京　　ウ　長岡京　　エ　平安京

資料2の写真は，外交・軍事の要地である北九州に置かれた役所である（　②　）の跡地です。外国からの使節の接待や海辺の防備などをおもな役割としましたが，九州の国々の行政管理も行ったので，「遠の朝廷」と呼ばれていました。

資料2

□(2) 資料2の役所が設置された時代を説明した文として正しいものを次のア〜エから1つ選び，記号で答えなさい。

　ア　地方は，国・郡・里に分けられ，国司には都の貴族が任命されたが，郡司には地方の豪族が任命された。

　イ　戸籍が毎年作成され，これにもとづいて，6才以上の男女に一定の口分田があたえられ，その口分田は永久に私有させるしくみであった。

　ウ　農民には，租・調・庸・雑徭などの重い税がかけられており，これらはすべて農民の手で都に運ばれ，中央政府の財源となった。

　エ　成年男子には兵役も課せられ，各地の軍団で訓練を受けると，その一部は都へ上って朝廷を警備する防人となった。

❶

①＿＿＿＿＿＿

②＿＿＿＿＿＿

(1)＿＿＿＿＿＿

(2)＿＿＿＿＿＿

ワンポイント

(1)の都は，694年につくられ，710年まで都として続いた。

(2)の選択肢は，部分的にまちがっているので，よく読んで考えること。

❷ 【大化の改新】次の文を読んで，あとの各問いに答えなさい。

高田中一改

蘇我氏をせめほろぼした①中大兄皇子と中臣鎌足は，中国の政治のしくみを学んできた留学生らと②新しい国づくりを始めました。

□(1) 下線部①の人物は，のちに即位して何天皇と呼ばれたか，答えなさい。

□(2) 下線部②について，この改革について説明した文として正しいものを次のア～エから1つ選び，記号で答えなさい。

　ア 土地や人々を国のものとし，有力豪族が貴族として政治に参加するしくみをつくった。

　イ 天皇が神のお告げを伝えることで，人々を支配するしくみをつくった。

　ウ 役人を12の位に分け，家がらではなく，能力に応じてとり立てる制度をつくった。

　エ 隋に使者や留学生をつかわして，中国との対等な関係をつくろうとした。

❸ 【飛鳥時代】次の文を読んで，あとの各問いに答えなさい。

関東学院中

6世紀の終わりから7世紀にかけて，推古天皇の時代は，①政治や外交，文化などでさまざまな新しい面が見られました。推古天皇の皇太子で，摂政となった　②　は，③法隆寺を建立したり，十七条の憲法を制定したりと活躍をしました。

□(1) 下線部①について，この時代のこととしてあてはまるのはどれですか。次のア～エから1つ選び，記号で答えなさい。

　ア 中国にならって律令を制定した。

　イ 日本最大の前方後円墳がつくられた。

　ウ 公地公民の考えにもとづいて班田収授を行った。

　エ 隋に使者を送り対等な外交を求めた。

□(2) 空欄　②　に入る，もっとも適当な人物の名まえを漢字で答えなさい。

□(3) 下線部③の法隆寺を建てた理由として適切でないものを次のア～エから1つ選び，記号で答えなさい。

　ア 日本古来の伝統文化を守りたかったから。

　イ 推古天皇や蘇我氏も仏教を重視していたから。

　ウ 中国や朝鮮で仏教がさかんになっていたから。

　エ 仏教の教えはすばらしいと思っていたから。

右欄（ワンポイントなど）

❷
(1)
(2)

ワンポイント
(1)中大兄皇子が即位したときの名と，弟の大海人皇子が即位したときの名（**天武天皇**）はよく似ている。また，中臣鎌足は**藤原**の姓をもらい，藤原鎌足となった。その後，藤原氏は代々政治に力をもつようになった。

❸
(1)
(2)
(3)

ワンポイント
(2)この人物は推古天皇の摂政となり，**冠位十二階**，**十七条の憲法**を定めた。そして，**小野妹子**らを隋に送り，政治のしくみや学問・文化などを学ばせた。

12 貴族の政治

試験の要点

↑**平城京**　東西約 4.3 km，南北約 4.8 km の広さ（外京をのぞく）で，中央北部に皇居や役所があり，中央には道はばが 70 m ほどある朱雀大路が南北に通っている。

↑**聖武天皇**（左上）**と東大寺の大仏**　聖武天皇は743 年に大仏造立の 詔 を出し，大仏は 752 年に完成した。高さ約 16 m の大仏づくりには，全国から運ばれた約 500 t の銅が使われ，のべ 260 万人の人々が働いた。

↑**校倉造の正倉院**　校倉造は，柱を使わずに断面が三角形の木材（校木）を井の字型に並べてかべにしたつくり。

1. 奈良時代の人々のくらし ★

❶**奈良時代**…710 年，唐の都である**長安**にならった**平城京**が奈良につくられた。この平城京が長岡京・平安京に移されるまでを**奈良時代**という。 ←元明天皇のとき

❷**律令制のもとでのくらし**…災害で田畑があれ，重い負担からのがれようとする農民が増え，さらに人口が増えたこともあり，**班田収授法**による口分田が不足してきた。そのため，朝廷は 723 年に**三世一身の法**を出して新しく土地を開墾すれば 3 代にわたってその土地を私有できるようにし，743 年には**墾田永年私財法**を出し，新しく開いた土地を永久に自分のものにしてよいとした。そこで，貴族・寺院などは農民を使って土地を開き，私有地（**荘園**）を広げた。←逃亡や偽籍（戸籍をいつわる）など

❸**貨幣**…都では**和同開珎**が流通していたが，それ以前に**富本銭**が使われていたという説もある。
←7 世紀後半につくられた日本最初の貨幣だと考えられる

2. 天平文化 ★★

❶**天平文化**…朝廷は遣唐使を送り，唐の文化や制度をとり入れたため，仏教や唐の文化のえいきょうを受け，国際色豊かな文化（**天平文化**）が栄えた。

❷**聖武天皇**…聖武天皇は仏教の力で国家を守ろうとし，国ごとに**国分寺・国分尼寺**を建て，都には大仏を祭る**東大寺**を建てた。東大寺の**正倉院**には聖武天皇の身のまわりの品が納められているが，中には**シルクロード**を通じて伝わったインドや西アジアの文化のえいきょうを受けたものがある。

❸**奈良時代の僧**…**行基**は民衆に仏教を広め，橋や用水路をつくる社会事業を行った。唐僧の**鑑真**は，日本に来て仏教の決まりを伝え，**唐招提寺**を建てた。←大僧正になった　←6 度目の航海で来日　←戒律という

❹**『万葉集』と歴史書**…天皇・貴族や農民などの和歌を集めた『**万葉集**』がつくられた。また，国のおこりや天皇の歴史などを説明した『**古事記**』や『**日本書紀**』などの歴史書がつくられ，諸国の地名の由来や伝説・産物をまとめた『**風土記**』もつくられた。←720 年，舎人親王が中心となってまとめた　←713 年

3. 平安京と摂関政治 ★

❶ **平安時代**…桓武天皇は **794 年**，都を京都に移して **平安京**と名づけた。これ以後，鎌倉幕府ができるまでの約 400 年間を**平安時代**という。

❷ **摂関政治**…藤原氏は，むすめを天皇のきさきとして生まれた子を天皇にし，天皇が年少のときは**摂政**，成長すると**関白**について実権をにぎり，天皇にかわって政治を行った（**摂関政治**）。藤原氏の勢力は**道長**「この世をば わが世ぞと思う 望月の かけたることも なしと思えば」と歌った♪ とその子**頼通**のときにもっとも栄えた。

↑**平等院鳳凰堂** 世界文化遺産に登録されている。現在の 10 円玉にえがかれている。

4. 平安時代の文化 ★★

❶ **平安時代の仏教**…9 世紀初め，**最澄**は**比叡山**に**延暦寺**を建て**天台宗**を，**空海**は**高野山**に**金剛峯寺**を建て**真言宗**を広めた。平安時代の中ごろには，阿弥陀仏にすがる**浄土信仰**が広まった。藤原頼通は宇治に阿弥陀堂の代表である**平等院鳳凰堂**を建てた。

❷ **国風文化**…日本風の文化が発達した。**かな文字**を使い，**紫式部**は『**源氏物語**』，清少納言は『**枕草子**』を書いた。また，紀貫之は『**古今和歌集**』をまとめた。貴族は**寝殿造**と呼ばれる屋敷に住んだ。

↑**寝殿造** 庭園を囲むようにコの字型に建てられ，渡殿と呼ばれる建物でつながっている。

5. 武士のおこりと平清盛 ★

❶ **武士のおこり**…10 世紀ごろ，地方の豪族が武装を始めて武士がおこり，やがて**源氏**と**平氏**が力をもった。

❷ **平清盛**…**保元の乱**で力を認められ，**平治の乱**で源氏を破り，武士として初めて**太政大臣**となった。清盛は兵庫の港を整備し，**日宋貿易**に力を入れた。

1183年のころの源氏と平氏の勢力範囲 ☐ 源氏 ☐ 平氏

倶利伽羅峠の戦い 1183年
平泉
一ノ谷の戦い 1184年
木曽
壇ノ浦の戦い 1185年
鎌倉
伊豆
大宰府
京都
石橋山の戦い 1180年
屋島の戦い 1185年
富士川の戦い 1180年
── 源頼朝の進路 ── 源義経の進路
── その他の源氏の進路 ✕ おもな戦場

↑**源平の戦い** 1180 年，源頼朝が挙兵し，1185 年に源義経が**壇ノ浦の戦い**で平氏をほろぼした。

要点チェック

☐ ①都が平城京に移されたのはいつか。
☐ ②聖武天皇が使っていた品物や宝物が納められている建物は何か。
☐ ③諸国をまわって仏教を広め，土木工事を進めた僧はだれか。
☐ ④苦心して日本にわたり，唐招提寺を建てた中国の僧はだれか。
☐ ⑤奈良時代につくられた，日本でもっとも古い和歌集は何か。
☐ ⑥ 794 年，京都に都を移した天皇はだれか。

①710 年
②正倉院
③行 基
④鑑 真
⑤万葉集
⑥桓武天皇

文章で Answer

Q 平安時代になぜ荘園が広がったのか，説明しなさい。

A （例）有力な貴族や寺社は，朝廷や国司に税を納めなくてよい権利や，国司の立ち入りをこばむ権利をもっていた。開発した土地の税や国司の使者の立ち入りをのがれるために，自分の土地を有力な貴族や寺社に寄付し，自分はその管理者になろうとする農民が増えたから。

実力問題

よく出る

1 【奈良・平安時代】次の文と資料を見て，あとの各問いに答えなさい。

法政大中

　7世紀から8世紀にかけて，日本はようやく国家としてのしくみが整い，大きな都が整備されるようになる。710年には，（　**A**　）京に都が移された。この都は，中国の唐の都（　**B**　）を手本にして建設されたといわれ，建物や通りの配置などに，そのえいきょうを見ることができる。

　その後，疫病がはやり，政治が乱れると，　**X**　天皇は，「鎮護国家」の考えにもとづき，地方には（　**C**　）寺を建てるとともに，都にその中心として（　**D**　）寺を建てた。

　しかし，8世紀末になり，争いが多くなると，　**Y**　天皇は都を移そうとした。794年には，（　**E**　）京に都が移され，以後，政治の中心となった。この都は，その後，戦乱により荒廃した時期もあったが，（　**F**　）時代になり，天皇が東京に移るまでの1000年以上にわたり栄えた。

資料1　都の平面図

ア

右京		左京
	西寺卍	東寺卍

イ

卍　卍　卍

外京

右京		左京
	西市	東市

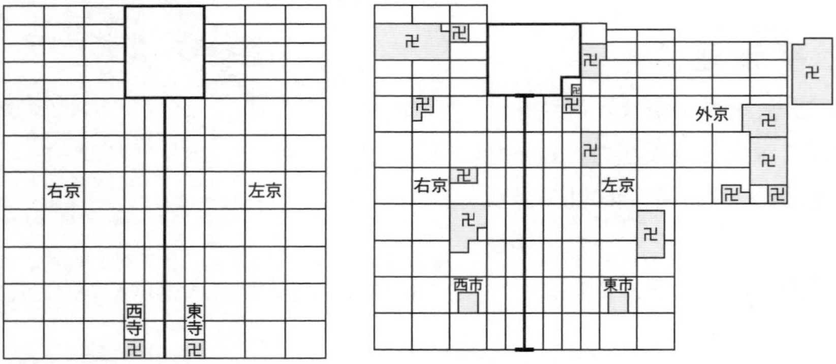

資料2　8世紀なかば以降の事件

757年　貴族の勢力争いがおこり，有力貴族の藤原仲麻呂が勢力を広げる。

764年　太政大臣となった藤原仲麻呂が，天皇の信任を得て勢力を広げた僧の道鏡に対して反乱をおこしたが，敗れる。＝藤原仲麻呂（恵美押勝）の乱

765年　僧の道鏡が政治の要職につき，権勢をふるう。

769年　貴族の和気清麻呂が，僧の道鏡が天皇になることを阻止したが，流罪にされる。

1

(1)A＿＿＿＿＿

　　B＿＿＿＿＿

　　C＿＿＿＿＿

　　D＿＿＿＿＿

　　E＿＿＿＿＿

　　F＿＿＿＿＿

(2)X＿＿＿＿＿

　　Y＿＿＿＿＿

(3)＿＿＿＿＿＿

＿＿＿＿＿＿＿

＿＿＿＿＿＿＿

(4)＿＿＿＿＿＿

(5)A＿＿＿＿＿

　　E＿＿＿＿＿

(6)＿＿＿＿＿＿

＿＿＿＿＿＿＿

＿＿＿＿＿＿＿

□(1) （　**A**　）～（　**F**　）に適する語句，地名などを答えなさい。

□(2) ┃**X**┃と┃**Y**┃の天皇の名まえを次の**ア**〜**エ**から１つ選び，記号で答えなさい。
　　ア 天智　**イ** 桓武　**ウ** 聖武　**エ** 天武

□(3) 下線部とは，どのような考えですか。説明しなさい。

□(4) 次の①〜④の文は，この時代に活躍した僧について述べたものです。それぞれ，だれのことですか。正しい組み合わせを，あとの**ア**〜**エ**から１つ選び，記号で答えなさい。

① 仏教を学んだのちに諸国をめぐり，橋や堤防を築くなどの社会事業を行い，民衆を教え導いて敬われた。はじめは弾圧されたが，やがて，その功績が認められ，朝廷による大仏の造営に力をつくした。

② ５回の渡航失敗と失明を乗りこえて来日した中国の僧で，朝廷による寺院の造営に力をつくし，都にも寺院を築いた。

③ 中国で仏教を学び，朝廷の保護を受け，比叡山延暦寺を中心に天台宗を広め，のちに「伝教大師」と呼ばれた。

④ 中国で仏教を学び，高野山金剛峯寺を開いて真言宗を広めるとともに，朝廷から都に寺をあたえられて信仰を広め，のちに「弘法大師」と呼ばれた。

　　ア ①空海　②鑑真　③最澄　④行基
　　イ ①鑑真　②行基　③空海　④最澄
　　ウ ①行基　②空海　③最澄　④鑑真
　　エ ①行基　②鑑真　③最澄　④空海

□(5) （　**A**　）京と（　**E**　）京の「平面図」を，**資料1**の**ア・イ**から，それぞれ選び，記号で答えなさい。

□(6) ┃**Y**┃天皇が，（　**A**　）京から（　**E**　）京へと都を移した理由を，**資料1・2**を参考に説明しなさい。

ワンポイント
(4)①この人物は，朝廷の命令にそむいて民間で布教したため弾圧されていた。しかし，のちに大仏づくりに協力し，高い地位をあたえられた。

□ ❷【平安時代】平安時代に関して述べた次の**ア**〜**エ**のうち，誤っているものを１つ選び，記号で答えなさい。 〔広島大附中—改〕

ア 寝殿造の建物には，障子やふすまがあり，冬でも暖かく過ごすことができた。

イ 和歌は，貴族の男性ばかりでなく，朝廷に仕える貴族の女性たちによってもよまれた。

ウ 貴族の中で藤原氏は，次々とむすめを天皇のきさきにして，朝廷の高い官職を独占した。

エ 貴族が行っていた行事の中から，現在の節分やひな祭り・七夕などの季節の行事が受けつがれた。

❷
ワンポイント
障子やふすまは，いつの時代の何という建築様式にとり入れられたかを考える。

鎌倉幕府の成立と元寇

〔　月　日〕

試験の要点

年	おもなできごと
1180	頼朝，平氏打倒の兵をあげる
1185	壇ノ浦の戦いで平氏がほろびる
	守護・地頭を置く
1192	頼朝，征夷大将軍となる
1203	北条氏が執権となる
1221	承久の乱がおこる
1274・81	元がせめてくる

◆源頼朝と鎌倉幕府の年表 源頼朝は鎌倉に幕府を開き，承久の乱の後，北条氏が**執権政治**を確立した。

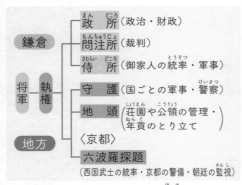

◆鎌倉幕府のしくみ 将軍の補佐役として**執権**が置かれた。また，承久の乱の後に京都に**六波羅探題**が設置された。

◆将軍と御家人の関係 土地を仲立ちとして**ご恩と奉公**の関係で結ばれた主従関係にもとづく社会制度を**封建制度**という。

◆元軍との戦い（「蒙古襲来絵詞」） 元軍（左）と戦う御家人（右）のようすがえがかれている。

1. 鎌倉幕府の成立 ★★

❶**源 頼朝**…源頼朝は 1185 年，全国に**守護**（国ごとに置かれた）・**地頭**（荘園や公領に置かれた）を置いて自分の勢力をのばした後，**1192 年，征夷大将軍**に任じられた。頼朝が鎌倉に開いた政府を**鎌倉幕府**（初めての武家政権）という。

❷**ご恩と奉公**…将軍と**御家人**（将軍に仕えた家来の武士）は，ご恩と奉公の主従関係で結ばれていた。
- **ご恩** 将軍は御家人のもつ領地の支配を認めたり，功労のあった者に領地をあたえたりした。
- **奉公** 御家人は将軍に従い，もし戦いがおこれば一族を率いて将軍のために命をかけて戦った。

2. 北条氏による執権政治 ★

❶**北条政子**…頼朝の死後，政治の実権は頼朝の妻，**北条政子**と実家の**北条氏**に移った。（源氏の将軍は 3 代で絶えた）

❷**執権政治**…北条氏は幼い名ばかりの将軍（摂関家の子）を立て，自らは**執権**となって政治の実権をにぎった。

❸**朝廷の反抗**…**1221 年**，朝廷（後鳥羽上皇ら）は幕府をたおすために兵をあげたが，幕府軍に敗れた（**承久の乱**）。

❹**北条泰時**…3 代執権。**1232 年**に武士の裁判の基準となる**御成敗式目**（貞永式目ともいう）を定めた。武士がつくった最初の法律である。

3. 元との戦い（元寇）・幕府のおとろえ ★★

❶**元**…13 世紀，**モンゴル**（チンギス＝ハンがモンゴル帝国をつくった）が中国などの周辺国をせめて，**元**という国をつくった。元は朝鮮半島の高麗（コリョ）を属国とし，日本も従えようと使いを送ってきた。（チンギス＝ハンの孫のフビライ＝ハンが国名を元と定めた）

❷**北条時宗**…8 代執権**北条時宗**は，元の要求に応じず九州の守りを固めさせた。

❸**元 寇**…元軍は 2 度（1274・1281 年）にわたり北九州にせめてきた。（モンゴル帝国の襲来／文永の役／弘安の役）御家人たちは元軍の**集団戦法**や**火薬兵器**になやまされながらも，激しく戦った。元軍は武士たちの抵抗や暴風雨などもあって兵を引きあげたが，幕府の財政は苦しくなった。

❹幕府のおとろえ

- 幕府は元との戦いに多くの戦費を使い，財政が苦しくなった。
- 戦いで手がらを立てた御家人に，恩賞としてあたえる土地がなく，御家人の心が幕府からはなれた。
- 戦いの負担が大きく，しかも恩賞が十分でなかったので御家人の生活が苦しくなり，借金をする者が増えた。
- **徳政令**　御家人の借金の帳消しを命じる法令を出したために，かえって世の中が混乱した(1297年，永仁の徳政令)。

4. 武士のくらし，産業 ★

❶武士の生活

- **農村生活**　自分の領地に一族と住み，家来や農民を使って田畑を耕した。
- **武芸**　「いざ鎌倉」に備えて，**やぶさめ・かさがけ・犬追物**などで武芸をみがいた。

❷農業の発達…稲と麦の二毛作が行われるようになった。牛や馬を使った耕作(牛馬耕)が行われ，肥料(草・木の灰など)を使って収穫高を増やした。
↳刈敷　　↳草木灰

❸商工業の発達…農産物や手工業品の生産技術が発達し，年貢を納めた後に残った作物をほかのものと交換する市が開かれるようになった。
↳三斎市
借上と呼ばれる金融業者や，問(問丸)や馬借と呼ばれる運送業者が現れた。また，宋との貿易がさかんになって宋銭が輸入されるようになり，広く全国で使われるようになった。
港湾や都市の運送業者↗　馬で荷物を運んだ↗
↳南宋(1127年〜1279年)
↳銅銭

▲**金剛力士像**
運慶・快慶らの作

◆**新しい仏教**

浄土宗	法然
浄土真宗	親鸞
時宗	一遍
日蓮宗	日蓮
臨済宗	栄西
曹洞宗	道元

◆**文学**

平家物語	作者不明
方丈記	鴨長明
徒然草	兼好法師

◆**彫刻**

◆**和歌**

新古今和歌集	藤原定家ら

◆**建築**
東大寺南大門

◆**鎌倉時代の文化**　武士の時代を反映して，簡素で力強い文化が生まれた。また，浄土真宗や禅宗(臨済宗や曹洞宗)など，より多くの人々にとってわかりやすく，実行しやすい仏教が生まれ，武士や民衆の間に広まった。

◆**武士の館**　武士は，まわりを板べいで囲み，堀をめぐらせた質素な館に住んだ。

要点チェック

- ☐①鎌倉幕府は，中央に政所と侍所ともう１つ何を置いたか。
- ☐②頼朝の死後，尼将軍と呼ばれ，実権をにぎった人物はだれか。
- ☐③北条氏が行った政治を何というか。
- ☐④元寇のときの執権はだれか。
- ☐⑤浄土真宗(一向宗)を開いたのはだれか。

- ①問注所
- ②北条政子
- ③執権政治
- ④北条時宗
- ⑤親鸞

文章で Answer

Q　幕府が開かれた鎌倉の地形は敵にせめこまれにくいといわれる。その理由について説明しなさい。

A　(例)一方が海に面し，残り三方が山に囲まれているため，鎌倉に入るには切り通しと呼ばれるはばのせまい道しかなかったから。

実力問題

よく出る

1【鎌倉時代】次の文は，征夷大将軍に任じられ，鎌倉幕府の次の幕府を開設した人物が，これからの政治の方針を明らかにしたものです。これを読んで，あとの各問いに答えなさい。

大阪女学院中一改

　①鎌倉に幕府を置くのか，それとも別の場所にするのか，ということ。……鎌倉は，かつて②源頼朝が初めて幕府を置いた場所で，③北条義時のときにもっともさかんになった。武家にとっては縁起のよい土地というべきであろう。……なので，幕府をどこに置くかは，政治上とても重要な問題である。ただし，幕府を別の場所に移した方がよいという意見が多ければ，考慮されなければならない。

□(1) 下線部①の鎌倉は，現在の都道府県ではどこですか。

□(2) 下線部②の人物が1185年に国ごとに置いた役職で，御家人が任命されたものを何といいますか。漢字で答えなさい。

□(3) 承久の乱により，隠岐に流された上皇はだれですか。また，承久の乱ののち，鎌倉幕府が朝廷や西国の有力な武士の監視のために京都に置いた役所を何といいますか。それぞれ漢字で答えなさい。

□(4) 下線部③の人物の子で，頼朝のころからのとり決めやしきたりをもとに，1232年に新しい法律をつくった人物はだれですか。

□(5) (4)の法律を何といいますか。漢字で答えなさい。

□(6) 将軍にかわって政治の実権をにぎっていた役職で，下線部③の人物がついていた役職を答えなさい。

2【鎌倉の地形】次の文を読んで，あとの各問いに答えなさい。

開成中一改

　朝廷から幕府をたおせという命令が鎌倉に伝えられました。おどろいて集まった武士たちに（　　　　）は，「これが最後のことばなので，みんな心を一つにしてよく聞きなさい。頼朝どのが平氏をほろぼして幕府を開いた後，おまえたち武士の位や収入を考えると，そのご恩は，山よりも高く，海よりも深い。このご恩に感謝し，名誉を大切にする武士ならば，敵の武士をうちとり，幕府を守るべきである。」といいました。これを聞いて感激した武士たちは，命をかけてご恩にむくいようと，京都にせめのぼりました。

□(1) 上の文の「　」の部分は，鎌倉時代に幕府と朝廷が戦うときに，幕府のある人物が述べたことばの一部をわかりやすく書き直したものです。文中の（　　　　）に入る人物の名まえを漢字で答えなさい。

□(2) 鎌倉は三方を山で囲まれた守りやすい地形でした。さらに，敵の

1

(1) _____

(2) _____

(3) 上皇 _____

　　役所 _____

(4) _____

(5) _____

(6) _____

ワンポイント

(2)の役職は国ごとに置かれたが，荘園や公領には**地頭**が置かれた。

2

(1) _____

(2) _____

(3) _____

ワンポイント

(1)この人物は**尼将軍**と呼ばれ，幕府の実権をにぎっていた。

侵入を防ぐために，鎌倉に入る道はせまく険しくつくられていました。この道は現在も鎌倉各地にそのあとを残しています。これらの道は何と呼ばれているか，答えなさい。

□(3) この文に見られるように，鎌倉幕府の武士たちは，戦いがおこると「いざ鎌倉」といって鎌倉にかけつけました。関東地方の各地には鎌倉に向かう道のあとが残されています。これらの道は一般に何と呼ばれているか，答えなさい。

③【元　寇】次の文を読んで，あとの各問いに答えなさい。

青山学院中一改

右の絵は，初めて国内に大規模な外国の軍隊がせめこんできたときのようすをえがいた絵巻の一部です。日本の武士たちは，外国の軍隊の戦術や兵器の前に苦戦をしいられました。この国の支配者は，北方の遊牧民族の出身でしたが，中国を支配して①大都に都を置きました。日本をせめるにあたっては，②朝鮮半島の国にも協力をさせました。

□(1) 下線部①の現在の名まえを漢字で答えなさい。

□(2) 下線部②の当時の国名を次のア～エから1つ選び，記号で答えなさい。
　ア　新羅（シルラ）　イ　朝鮮　ウ　高麗（コウライ）　エ　韓国（かんこく）

□④【武士のくらし】次の文を読んで，あとの問いに答えなさい。

大阪星光学院中一改

右の図は鎌倉時代の地方の館をえがいたものです。このような館を所有していた人々は，一般にどんな生活をしていたのでしょうか。次のア～エから正しいものを1つ選び，記号で答えなさい。

ア　家来や農民を指図して農業を営み，年貢をとって生活していた。

イ　いくさに備えて日ごろから身体をきたえるとともに，鉄砲の手入れをおこたらなかった。

ウ　社会の中で指導的な役割を果たす者のたしなみとして，能のけいこにはげんだ。

エ　名主（庄屋）として村の運営の中心となり，五人組というしくみを用いながら村を治めた。

③
(1) _____
(2) _____

🔗 ワンポイント

(1)大都の場所は，現在の中国の首都と同じ。
(2)朝鮮半島を統一し，支配した国は，新羅→高麗→朝鮮と移りかわる。

④

プラスα

この館は，家のまわりを板べいや土べいで囲み，堀をめぐらせた質素で実用的なつくりの家である。

14 足利義満と室町文化

試験の要点

年	おもなできごと
1338	尊氏が征夷大将軍になる
1392	南朝と北朝が1つになる
1397	義満が**金閣**を建てる
1467	**応仁の乱**がおこる(〜77)
1489	義政が**銀閣**を建てる

⬆**室町幕府の年表**　応仁の乱で戦国の世になり、戦国大名が領国を支配した。

⬆**倭寇**(左が明軍、右が倭寇)　九州北部や瀬戸内海沿岸の人々は中国や朝鮮にわたって貿易をしていたが、貿易を強要する者や海賊となる者が現れ、**倭寇**と呼ばれるようになった。

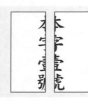

⬅**勘　合**　倭寇と区別するため、日本の貿易船は左半分の割札をもち、明の原簿にある右半分と照らし合わせた。

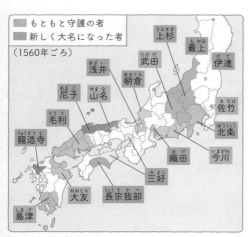

もともと守護の者
新しく大名になった者
(1560年ごろ)

上杉　最上　伊達　浅井　武田　朝倉　佐竹　尼子　山名　北条　毛利　龍造寺　織田　今川　三好　長宗我部　大友　島津

⬆**おもな戦国大名の分布**　守護大名から戦国大名になった者もいたが、守護大名の有力な家臣(守護代)や国人から戦国大名に成長した者も多かった。

1. 室町幕府の成立 ⭐

❶建武の新政…元寇の後に鎌倉幕府がおとろえると、後醍醐天皇は政権を朝廷にとりもどそうと計画し、**足利尊氏・楠木正成**らの協力を得て、1333年に鎌倉幕府をたおした。そして、天皇中心の新しい政治を目ざした。これを建武の新政という。
↳源氏の出身　↳河内(大阪府)の国の土豪

❷足利尊氏と南北朝時代…建武の新政の中心は公家であったため、武士の間で不満が高まり、尊氏が天皇に兵をあげると、建武の新政は2年余りでくずれた。尊氏が京都で別の天皇を立てる(**北朝**)と、後醍醐天皇は吉野(奈良県)にのがれた(**南朝**)。尊氏は**征夷大将軍**に任じられ京都に幕府を開いた。
↳武家政治の復活を望んだ　↳光明天皇　↳武家政治を行うため

2. 足利義満の政治 ⭐⭐

❶室町時代…1378年、3代将軍**足利義満**は京都の室町に屋敷(**花の御所**)をつくり、そこで政治を行った。そのため、足利氏の幕府を室町幕府と呼ぶ。

❷南北朝の統一…義満は南朝と北朝とを統一させた。
1392年

❸守護大名を弱める…義満は、一国を支配する領主にまで成長した守護(**守護大名**)の勢力をおさえた。

❹倭寇と勘合貿易…南北朝時代のころ、九州北部などの武士や商人らは、倭寇と呼ばれる海賊になって大陸沿岸をおそっていた。義満は倭寇を禁じ、**明**(中国)との正式な貿易船には倭寇と区別するために勘合という割札をもたせた(**勘合貿易**)。日本は銅・刀剣などを輸出し、銅銭・生糸などを輸入した。

3. 民衆の成長と戦国大名 ⭐

❶村の自治…農村では、有力な農民を中心に、村ごとに**惣**(**惣村**)という自治的な組織がつくられていた。
↳寄合を開いて村のおきてを決めた

❷代表的な一揆…1428年に近畿地方でおきた**正長の土一揆**は借金帳消しの**徳政令**を求めるものであった。
↳農民による一揆
1485年におきた**山城国一揆**や、1488年におきた**加賀の一向一揆**では支配者を破り、自治を行った。
↳農村に住む国人と農民が自治を行った
↳浄土真宗(一向宗)の信者である農民が自治を行った

❸ <ruby>応仁<rt>おうにん</rt></ruby>の<ruby>乱<rt>らん</rt></ruby>…8代将軍義政のときに，将軍のあとつぎをめぐって<ruby>守護大名<rt>しゅごだいみょう</rt></ruby>の<ruby>細川氏<rt>ほそかわ</rt></ruby>と<ruby>山名氏<rt>やまな</rt></ruby>が，**1467年**から11年間，京都で争った。
└細川勝元　└山名持豊（宗全）

❹ **<ruby>戦国大名<rt>せんごく</rt></ruby>の登場**…応仁の乱後，力のある下の地位の者が上の地位の者に打ち勝つ<ruby>下剋上<rt>げこくじょう</rt></ruby>の<ruby>風潮<rt>ふうちょう</rt></ruby>が広がり，各地に**戦国大名**が登場した。
└<ruby>領国<rt>むろまち</rt></ruby>を支配するために分国法（家法）を定めた

◆金閣（左）**と銀閣**（右）　はなやかな金閣と質素な銀閣は当時の幕府（将軍）の力を<ruby>象徴<rt>しょうちょう</rt></ruby>している。

4. <ruby>室町<rt>むろまち</rt></ruby>時代の産業と文化 ★★

❶ **商工業**…定期市が月6回開かれるようになった。職人や商人は同業者組合（<ruby>座<rt>ざ</rt></ruby>）を結成し，営業を<ruby>独占<rt>どくせん</rt></ruby>した。また，<ruby>土倉<rt>どそう</rt></ruby>や<ruby>酒屋<rt>さかや</rt></ruby>が高利貸しを営んだ。

❷ **室町文化の特色**…公家と武家の文化がとけ合い，<ruby>禅宗<rt>ぜんしゅう</rt></ruby>のえいきょうを受けている。

❸ **<ruby>北山<rt>きたやま</rt></ruby>文化**…<ruby>足利義満<rt>あしかがよしみつ</rt></ruby>の時代のはなやかな文化。義満が京都の北山に建てた<ruby>金閣<rt>きんかく</rt></ruby>（1階は<ruby>寝殿造<rt>しんでんづくり</rt></ruby>風，3階は禅宗<ruby>様<rt>よう</rt></ruby>）は公家と武家の文化が<ruby>融合<rt>ゆうごう</rt></ruby>している。
　　　　　　　　　　　　　　　　　└<ruby>貴族風<rt>きぞくふう</rt></ruby>

- **<ruby>能<rt>のう</rt></ruby>（<ruby>能楽<rt>のうがく</rt></ruby>）**　<ruby>猿楽<rt>さるがく</rt></ruby>や<ruby>田楽<rt>でんがく</rt></ruby>などの芸能は，<ruby>観阿弥<rt>かんあみ</rt></ruby>・<ruby>世阿弥<rt>ぜあみ</rt></ruby>親子によって**能**として大成した。
└能の合間には狂言という喜劇が演じられた

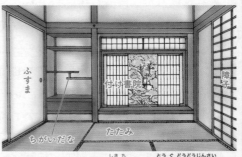

◆書院造　銀閣と同じ<ruby>敷地<rt>しきち</rt></ruby>にある<ruby>東求堂同仁斎<rt>とうぐどうじんさい</rt></ruby>が有名。ちがいだな，障子，ふすま，たたみ，付け書院など，現在もその形が続いている。

（図中：ふすま／付け書院／障子／ちがいだな／たたみ）

❹ **<ruby>東山<rt>ひがしやま</rt></ruby>文化**…<ruby>足利義政<rt>あしかがよしまさ</rt></ruby>の時代における，禅宗の精神にもとづいた<ruby>簡素<rt>かんそ</rt></ruby>な文化で，義政が京都の東山に建てた<ruby>銀閣<rt>ぎんかく</rt></ruby>（1階は<ruby>書院造<rt>しょいんづくり</rt></ruby>，2階は禅宗様）が代表的である。

- **書院造**　ふすまや障子でしきり，床の間をもち，たたみをしく**書院造**という建築様式が発達した。
- **<ruby>水墨画<rt>すいぼくが</rt></ruby>（すみ絵）**　禅僧の<ruby>雪舟<rt>せっしゅう</rt></ruby>が<ruby>大成<rt>たいせい</rt></ruby>させた。
- **芸能**　生け花や茶の湯の土台がつくられた。

❺ **<ruby>民衆<rt>みんしゅう</rt></ruby>文芸の流行**…『<ruby>一寸法師<rt>いっすんぼうし</rt></ruby>』『<ruby>浦島太郎<rt>うらしまたろう</rt></ruby>』などの<ruby>お伽草子<rt>とぎぞうし</rt></ruby>が親しまれ，**<ruby>連歌<rt>れんが</rt></ruby>**もよまれた。

◆能　能をはじめ，今に伝えられる室町文化は多い。正月，<ruby>節句<rt>せっく</rt></ruby>，<ruby>七夕<rt>たなばた</rt></ruby>，<ruby>盆<rt>ぼん</rt></ruby>おどりなどの年中行事は，このころから行われている。

要点チェック

- □①建武の<ruby>新政<rt>しんせい</rt></ruby>を行った<ruby>天皇<rt>てんのう</rt></ruby>はだれか。
- □②<ruby>南北朝<rt>なんぼくちょう</rt></ruby>が統一されたのは，だれが将軍のときか。
- □③足利義満は明との貿易の際，貿易船に何という<ruby>割札<rt>わりふだ</rt></ruby>をもたせたか。
- □④京都が焼け野原となった約11年間の争いを何というか。
- □⑤観阿弥・世阿弥親子によって芸術にまで高められた芸能は何か。
- □⑥室町時代の建築で，今日の日本<ruby>住宅<rt>じゅうたく</rt></ruby>のもとになった造りは何か。

①<ruby>後醍醐天皇<rt>ごだいご</rt></ruby>
②足利義満
③<ruby>勘合<rt>かんごう</rt></ruby>
④応仁の乱
⑤能（能楽）
⑥書院造

文章でAnswer

Q₁ 建武の新政が2年あまりで失敗したのはなぜか，その理由を<ruby>簡単<rt>かんたん</rt></ruby>に説明しなさい。
A₁ （例）後醍醐天皇の政治が公家を優先したことに対して，武士が不満をもったため。
Q₂ <ruby>勘合<rt>かんごう</rt></ruby>貿易において，勘合と呼ばれる割札が使われた理由を簡単に説明しなさい。
A₂ （例）倭寇と呼ばれる海賊と正式な貿易船とを<ruby>区別<rt>くべつ</rt></ruby>するため。

❶【建武の新政・室町幕府】次の文を読んで，あとの各問いに答えなさい。

千葉日本大第一中—改

　1300年代前半，鎌倉幕府への反感が強まるのを見て，**a当時の天皇**は朝廷に実権をとりもどそうと倒幕をはかった。天皇は有力御家人の足利尊氏，悪党の楠木正成らの力が加わったことで幕府をほろぼすに至った。その後，天皇は**b元号を改めて天皇中心の新しい政治**を始めた。しかし，この政治はわずか2年でくずれ，反乱をおこした足利尊氏は天皇を奈良へ追いやった。尊氏は京都で新しい天皇を即位させたので，この後60年間**c朝廷が2つに分かれた時代**が続くことになる。足利尊氏は京都に室町幕府を開き，**d3代目将軍**の時代に補佐職を置いて政治を行った。将軍は，**e中国との貿易**を行って資金を得た。このころ朝鮮半島では**f朝鮮国**が半島を統一していた。また，**g蝦夷地**や琉球王国も日本との交易を行っていた。

□(1) 下線部**a**について，当時の天皇だった人物はだれですか。

□(2) 下線部**b**について，この政治を何といいますか。

□(3) 下線部**c**について，次の問いに答えなさい。

　① 奈良の朝廷が本拠地とした場所はどこですか。

　② この時代のようすとしてまちがっているものを次の**ア～エ**から1つ選び，記号で答えなさい。

　ア 守護が年貢を集めるようになり，守護大名としての土台をつくった。

　イ 九州では南朝の勢力が強まり，中国から「日本国王」の称号をもらっていた。

　ウ 政治的には安定しており，二条河原落書からも政治がすばらしかったことがわかる。

　エ 南朝側の北畠親房が京都の政府に対抗し，『神皇正統記』を記した。

□(4) 下線部**d**について，この将軍の建てた建築物を次の**ア～エ**の絵から1つ選び，記号で答えなさい。

ア

イ

❶
(1) _____

(2) _____

(3)① _____

　② _____

(4) _____

ワンポイント

(4)**ア**は京都の**北山**に建てられた鹿苑寺金閣。**イ**は京都の**東山**に建てられた慈照寺銀閣。

ウ 　**エ**

実力強化編

地理　政治　歴史　国際

実戦力強化編

思考力・記述問題強化編

入試完成編

□(5) 下線部 **e** について，次の問いに答えなさい。

① 日本と中国の船が，右の絵のような「あいふだ」を使って行うこの貿易を何といいますか。「あいふだ」の名まえを入れて答えなさい。

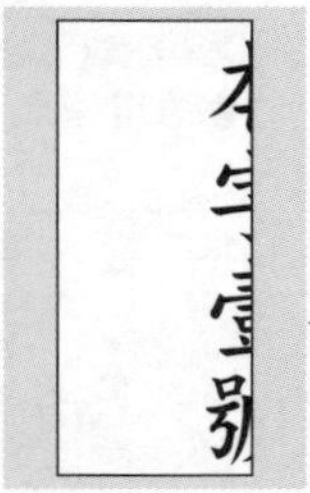

② この貿易はなぜ「あいふだ」を使って行う必要があったのか，当時の海外への渡航状況を考えて答えなさい。

□(6) 下線部 **f** について，高麗をたおして 14 世紀末に朝鮮国を建てた人物はだれですか。

□(7) 下線部 **g** について，蝦夷地でくらしていた現地の人々を何と呼びますか。

（右側の枠内：縦書き）
本字壹号別

(5)①_____

②_____

_____

_____

_____

_____

(6)_____

(7)_____

2　【室町時代の文化】現在の日本の伝統文化の多くは，室町時代に生まれました。この時代の文化・くらしについて，次の各問いに答えなさい。

［広島女学院中―改］

□(1) この時代におこった，今の和風建築のもとになった造りを何といいますか。

□(2) (1)の造りの特色を次から2つ選び，記号で答えなさい。

ア かわら屋根　　**イ** 板の間
ウ 障子　　　　　**エ** たたみじき

□(3) (1)の造りをもつ建築物を次から1つ選び，記号で答えなさい。
ア 銀閣（慈照寺）　　**イ** 平等院鳳凰堂
ウ 東大寺　　　　　　**エ** 金閣（鹿苑寺）

□(4) この時代の生活のようすをえがいたものを次から1つ選び，記号で答えなさい。

ア 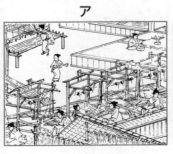　　**イ** 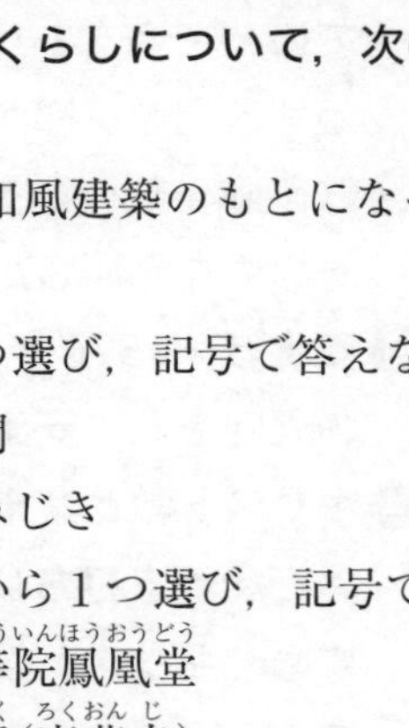 　　**ウ**

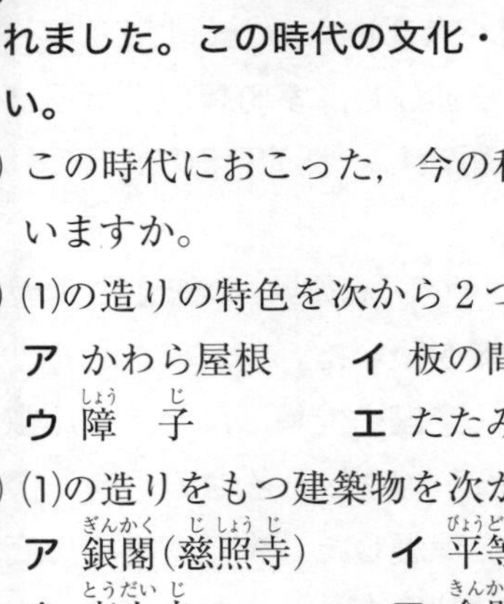

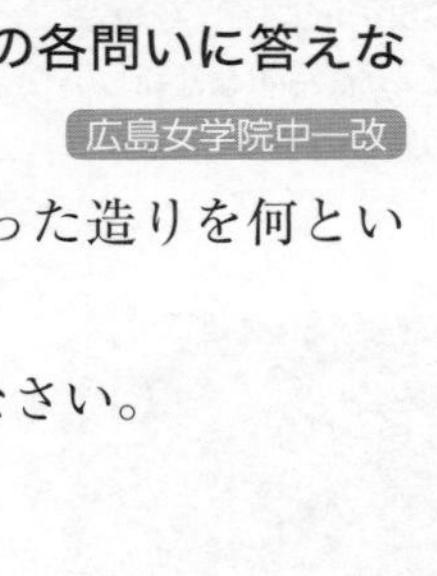

2

(1)_____

(2)_____

(3)_____

(4)_____

ワンポイント

(2)室町時代の文化の中で今日まで続いているものとして，床の間，たたみじき，障子などの部屋の様式や，茶道，生け花，能，狂言，お伽草子などがある。

15 信長・秀吉・家康と全国統一

↑織田信長

↑豊臣秀吉

↑徳川家康

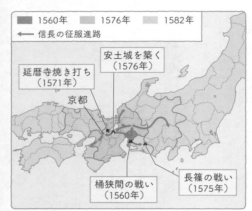

| ■ 1560年 | ■ 1576年 | □ 1582年 |

← 信長の征服進路

- 延暦寺焼き打ち（1571年）
- 安土城を築く（1576年）
- 京都
- 桶狭間の戦い（1560年）
- 長篠の戦い（1575年）

↑信長の勢力の広がり　信長が天下統一を進めることができた理由→①信長の軍事的才能。②尾張が京都に近く，地理的に有利。③鉄砲隊など新しい戦法を用いた。④濃尾平野の豊かな農業や商業などで経済力に富んでいた。

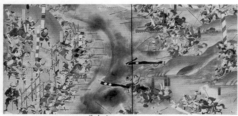

↑「長篠合戦図屏風」　当時最強といわれた武田氏の騎馬隊（右側）を鉄砲隊によって打ち破った。

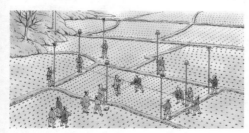

↑検地のようす（想像図）　農民は土地をもつことを認められたが，年貢を納めることを義務づけられた。これによって荘園制は完全にくずれることになった。

試験の要点

1. 鉄砲とキリスト教の伝来 ☆

❶ **鉄砲が伝わる**…**1543年**，ポルトガル人の乗った中国船が**種子島**に流れ着き，このとき日本に**鉄砲**が伝えられた。この鉄砲は織田信長ら**戦国大名**に使われ，戦術や城のつくりに変化をもたらした。
└足軽鉄砲隊の登場

❷ **キリスト教が伝わる**…**1549年**，スペイン人の宣教師**フランシスコ＝ザビエル**が鹿児島に上陸し，キリスト教を広めた。
└イエズス会（耶蘇会）

❸ **南蛮貿易**…日本はポルトガル人やスペイン人といった**南蛮人**と貿易をした。日本からは銀が輸出され，日本は鉄砲・時計・ガラス・**生糸**を輸入した。

2. 織田信長 ☆

❶ **織田信長**…尾張（愛知県）の小大名であったが，1560年に駿河（静岡県）の**今川義元**を桶狭間の戦いで破って名をあげ，京都に入った。1573年，将軍
└1568年
足利義昭を京都から追放し，**室町幕府**をほろぼした。

❷ **鉄砲隊**…鉄砲隊を組織し，1575年の**長篠の戦い**でその力を発揮した。
└武田勝頼を破った

❸ **安土城**…1576年，近江（滋賀県）の**安土**に5層7階の天守をもつ**安土城**を築いた。

❹ **キリスト教と楽市・楽座**…信長は反発する比叡山延暦寺を焼き打ち（1571年）し，各地の一向一揆をしずめ，**キリスト教**を保護した。また，自由に商売ができる**楽市・楽座**の制度をつくった。

❺ **本能寺の変**…信長は全国統一を目前に，京都の本能寺で家来の**明智光秀**にせめられて自害した。
└1582年

3. 豊臣秀吉と桃山文化 ☆☆

❶ **全国統一**…本能寺の変後，明智光秀をたおし，信長の後継者となった。1585年に**関白**，翌年に**太政大臣**となり，1590年に全国を平定した。
↗山崎の戦い

❷ **大阪城**…1583年，石山本願寺あとに5層の天守をもつ**大阪城**を築きはじめ，ここを本拠地とした。

③ **太閤検地**…秀吉はものさしやますを統一し，全国の
田畑の面積，土地のよしあし，耕作者，石高による
生産量を調べ，**検地帳**を作成した。検地帳をもとに
年貢を納めさせ，確実に年貢をとろうとした。

④ **刀　狩**…一揆やむほんを防ぐため，**1588年**に農民
のもつ刀や鉄砲などをとりあげる**刀狩**を行った。検
地と刀狩の結果，武士と百姓（農民や漁民など）とが
はっきり区別された（**兵農分離**）。

⑤ **朝鮮侵略**…秀吉は明（中国）に進出しようと2度朝
鮮に兵を出したが，2度とも失敗した。
（文禄の役・慶長の役）

⑥ **桃山文化**…信長・秀吉の時代には，大名の勢いや町
衆の経済力と気風を反映し，豪華・雄大で活気にあ
ふれた**桃山文化**が生まれた。堺の商人の千利休は，
茶の湯を大成した。また，**出雲の阿国**が始めた**かぶ
き踊り**が人気を集めた。（茶の湯を茶道へと高めた）

4. 徳川家康と江戸幕府の成立 ★★

① **関ヶ原の戦い**…家康は秀吉の死後，豊臣氏を守ろう
とする**石田三成**らと対立し，**1600年**，**関ヶ原**（岐阜
県）で戦った。この戦いで，家康の軍（東軍）は石田
三成の率いる軍（西軍）に大勝した。この戦いを「**天
下分け目の戦い**」と呼ぶ。

② **江戸幕府**…**1603年**，家康は征夷大将軍になり江戸
に幕府を開いた。以後約260年間を江戸時代という。

③ **豊臣氏をほろぼす**…家康は**大阪冬の陣**（1614年）と
大阪夏の陣（1615年）で豊臣氏をほろぼした。

> 一，百姓が刀・弓・やり・鉄砲などの武器を
> もつことを禁止する。その訳は百姓が不
> 必要な道具をもつと年貢を出ししぶり，
> 一揆をくわだて，罰せられて田畑の耕作
> ができなくなるからだ。
> 一，とりあげた刀は，新しく大仏をつくるく
> ぎやかすがいに使うから，仏のめぐみで
> 来世まで百姓は助かる。

↑秀吉の刀狩令　方広寺（京都府）に大仏をつくる
ことを口実にした。

▲「唐獅子図屏風」　　▲姫路城
（狩野永徳筆）　　　（大天守）

↑桃山文化　大阪城や姫路城など雄大な**天守**をも
つ城がつくられた。城のふすまや屏風には，はなや
かな障壁画がえがかれた。

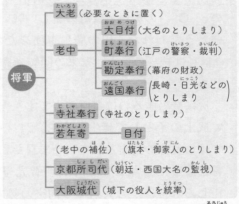

↑江戸幕府のしくみ　将軍の下に数名の**老中**が
いて，交代しながら政治を行った。

Q　織田信長はどのようにして商業をさかんにしようとしたか，2つの点から説明しなさい。

A　（例）通行料をとっていた関所を廃止し，物資の流通をさかんにした。また，安土城の城下
町などで同業組合（座）に入らなくても自由に商売ができる楽市・楽座を行い，商業を発展
させた。

文章で
Answer

① 【信長・秀吉・家康】次の文を読んで，あとの各問いに答えなさい。

関東学院六浦中一改

あなたのいちばん好きな歴史上の人物はだれですか。いろいろな名まえがあがるかと思いますが，次の3人は，中でも人気の高い人物といえるのではないでしょうか。その3人は，尾張または三河といった今の愛知県の出身者です。そしてほぼ同時代を生き，応仁の乱以後約100年間続いた戦国時代を終わらせ，全国を統一し，新しい時代を切り開いた3人の武将です。

最初に活躍する織田信長が，歴史の表舞台に登場するきっかけは1560年，27才のときに，（　Ａ　）の戦いで駿河（静岡県）の今川義元を破ったことでした。1573年には足利義昭を京都から追放し，（　Ｂ　）幕府をほろぼしました。①このころ信長は城下町でだれでも商売ができるようにして，経済活動をさかんにしました。②1575年の（　Ｃ　）の戦いではその新しい戦い方が効果的に発揮され，戦国最強とうたわれた武田の騎馬軍団をたおすことに成功します。しかし③信長は統一の途中，家来の明智光秀におそわれ，道なかばでなくなりました。

次に登場するのは豊臣秀吉です。秀吉は尾張の村に住む，身分の低い武士の子として誕生します。24才のときにおきた（　Ａ　）の戦いでは信長方の兵士として戦いました。その後，信長に仕えて有力な武将となった秀吉は1582年に明智光秀をたおすと朝廷から（　Ｄ　）に任じられ，ほかの大名や一向宗の勢力をおさえ，10年たらずで全国統一を成しとげました。秀吉は平定した国々で（　Ｅ　）を行い，田畑の広さや土地のよしあし，耕作している人物などを調べました。また（　Ｆ　）令を出し，百姓たちが一揆をおこすことができないようにするため，（　Ｇ　）づくりの材料にするという名目で，百姓たちから武器をとりあげました。この（　Ｅ　）と（　Ｆ　）によって，武士と，百姓・町人（商人や職人）という身分が区別され，武士と町人は城下町に住み，百姓は農村や漁村，山村で農業や漁業，林業などに専念するようになりました。こうして武士が支配する社会のしくみが整えられていったのです。

最後に登場するのが，徳川家康です。19才のときにおこった（　Ａ　）の戦いでは今川方の武将として戦いました。はじめ秀吉の全国統一に協力していましたが，秀吉が62才で病死したのち，多くの大名を味方につけて勢いを強めると，1600年，（　Ｈ　）の戦いで自

①
(1) ___
(2) ___
___
___
___
(3) ___
(4) ___
(5) ___
(6) ___
(7) ___
(8) ___
(9) ___
(10) ___
(11) ___
(12) ___
(13) ___
(14) ___

分に反対する大名たちを破り，全国支配を確かなものにしました。そして1603年，朝廷から（　**Ｉ**　）に任じられ，約260年もの長きにわたって全国を支配し続ける，江戸幕府をつくりあげたのです。1616年，75才で病死した家康は，その後下野(栃木県)の（　**Ｊ**　）に「東照大権現」という江戸幕府を守る神としてまつられるようになりました。

□(1) 波線部①について，この制度を何というか，漢字4字で答えなさい。

□(2) 波線部②について，この戦いで信長は，どのような戦法をとったのか簡単に説明しなさい。

□(3) 波線部③について，このできごとを何というか，答えなさい。

□(4) （　**Ａ**　）に入る語句として正しいものを次の中から選びなさい。
　　ア 山崎　イ 長篠　ウ 姉川
　　エ 関ヶ原　オ 桶狭間　カ 小牧・長久手

□(5) （　**Ｂ**　）に入る語句を答えなさい。

□(6) （　**Ｃ**　）に入る語句として正しいものを次の中から選びなさい。
　　ア 山崎　イ 長篠　ウ 姉川
　　エ 関ヶ原　オ 桶狭間　カ 小牧・長久手

□(7) （　**Ｄ**　）に入る語句として正しいものを次の中から選びなさい。
　　ア 摂政　イ 関白　ウ 征夷大将軍　エ 執権

□(8) （　**Ｅ**　）に入る語句を漢字4字で答えなさい。

□(9) （　**Ｆ**　）に入る語句を答えなさい。

□(10) （　**Ｇ**　）に入る語句として正しいものを次の中から選びなさい。
　　ア 大仏　イ つり鐘　ウ 大砲　エ 船

□(11) （　**Ｈ**　）に入る語句として正しいものを次の中から選びなさい。
　　ア 山崎　イ 長篠　ウ 姉川
　　エ 関ヶ原　オ 桶狭間　カ 小牧・長久手

□(12) （　**Ｉ**　）に入る語句として正しいものを次の中から選びなさい。
　　ア 摂政　イ 関白　ウ 征夷大将軍　エ 執権

□(13) （　**Ｊ**　）に入る地名を答えなさい。

□(14) 信長・秀吉について述べた次のＩ・Ⅱの正誤の組み合わせとして正しいものを，あとの中から選びなさい。

> Ｉ 信長は，キリスト教勢力が全国統一のさまたげになると考え，南蛮寺を焼き打ちするなど徹底的に弾圧を行った。
> Ⅱ 秀吉は，キリスト教の国との関係について貿易だけでなく布教活動も完全に禁止し，この考えは家康にも受けつがれた。

　　ア Ｉ―正　Ⅱ―正　　イ Ｉ―正　Ⅱ―誤
　　ウ Ｉ―誤　Ⅱ―正　　エ Ｉ―誤　Ⅱ―誤

実力強化編　地理　政治　歴史　国際

実戦力強化編

思考力・記述問題強化編

入試完成編

プラスα

　秀吉は1591年に**身分統制令**を出し，低い身分の武士が町人(職人・商人)・農民になることや，農民が商業を行うことなどを禁じた。

ワンポイント
(14)秀吉は1587年に**バテレン追放令**を出して，キリスト教宣教師の国外追放を命じた。

⑯ 江戸幕府の政治

試験の要点

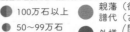

- ● 100万石以上
- ● 50～99万石
- ● 20～49万石
- ● 親藩（徳川氏の親類の大名）
- ● 譜代（古くからの家来の大名）
- ● 外様（関ヶ原の戦いのころに家来になった大名）

黒田（福岡）　前田（金沢）　細川（熊本）　毛利（萩）　伊達（仙台）　徳川（水戸）　島津（鹿児島）　徳川（和歌山）　徳川（名古屋）　江戸

↑おもな大名の配置　大名の領地とその支配のしくみを藩といい，幕府の下に藩があって，幕府が全国を治める体制を**幕藩体制**という。

- 一，文武弓馬の道にはげむこと。
- 一，大名は毎年4月に参勤すること。*
- 一，新しい城を築いてはいけない。
  　　修理するときは届けること。
- 一，大名は，かってに結婚してはいけない。
- 一，大きな船をつくってはいけない。*
　　　　　（*は家光の時代に加えられたもの）

↑武家諸法度（一部）　家康は将軍職を子の秀忠にゆずっており，秀忠の名で発布された。以後，将軍がかわるごとに修正されながら出された。

▲ふみ絵
◀絵ふみ

↑絵ふみとふみ絵　幕府はキリスト教信者を見つけるため，人々にキリストやマリアの像（**ふみ絵**）をふませ，信者かどうかを確かめた（**絵ふみ**）。

厳しく差別された人々1.5
町人　僧など1.5
武士　5
7
全人口約3200万人
百姓85％
（江戸時代の終わりごろ）

◀江戸時代の身分ごとの人口割合　百姓は五人組を組まされ，年貢の納入や犯罪に連帯責任を負わされた。

1. 江戸幕府の政策 ★

❶幕府の全国支配…幕府は全国の石高の**約4分の1**を領地とし，その他の土地を諸大名の領地（**藩**）とした。重要な地方に**親藩**や**譜代大名**を置き，江戸から遠い地方に**外様大名**を置いた。**1615年**，**武家諸法度**を定め，大名に対する支配を強化した。

❷参勤交代…大名は1年おきに江戸へのぼり，大名の妻子は江戸に置くことが定められた。この結果，大名は参勤交代に多額の費用を使ったため経済力が弱まり，幕府に反抗する力を失った。一方，地方の産業や文化が交流し，交通や**街道・宿場**が発達した。

❸身分制度…幕府は支配体制を強めるため，人々を武士と百姓（農民など）・町人の身分に分けた。百姓や町人とは別に厳しく差別された人々もいた。

2. キリスト教の禁止と鎖国 ★

❶キリスト教の禁止…信者が増えてくると，幕府の統治をさまたげるという考えからキリスト教の布教・信仰を禁じた。**徳川家光**はスペイン船の来航を禁じ，日本人の海外渡航や帰国も禁止した。

❷キリスト教徒の反乱…**1637年**，キリスト教徒や農民は，**島原・天草一揆**をおこした。幕府は反乱をしずめ，キリスト教のとりしまりを強めた。

❸鎖　国…幕府は，**1641年**に**平戸**のオランダ商館を長崎の**出島**に移し，**鎖国**を完成させた。しかし，キリスト教の布教をしない**オランダ・中国（清）**とは，**長崎**でのみ貿易を認めた。また，**朝鮮**とは17世紀の初めに国交が回復し，その後，将軍がかわるごとに**朝鮮通信使**と呼ばれる使節団が江戸を訪れた。

3. 三大改革 ★★

❶享保の改革…8代将軍**徳川吉宗**は，大名の参勤交代をゆるめるかわりに米を幕府に献上させた。また，**公事方御定書**という法令集をつくり，裁判の基準と

した。さらに，**目安箱**を設けて民衆の意見を聞いた。

❷ **田沼意次**…田沼意次は，商工業者が**株仲間**を結ぶことをすすめたが，わいろにより政治が乱れた。

❸ **寛政の改革**…老中**松平定信**はききんに備えて米をたくわえさせた。また，御家人らの借金を帳消しにし，武士に**朱子学**以外の学問を教えることを禁止した。
（囲米）（棄捐令）（寛政異学の禁）

❹ **天保の改革**…**大塩平八郎の乱**の後，老中**水野忠邦**は百姓の都市への出かせぎを禁じ，株仲間を解散させ，
（幕府の元役人で大阪で反乱をおこした）（人返しの法）
出版・風俗をとりしまった。また，江戸・大阪周辺の大名や旗本の領地を幕府領にしようとした。
（上知令）

4. 江戸幕府の終わり ★★★

❶ **ペリーの来航**…1853年，アメリカの**ペリー**が軍艦（黒船）4せきで**浦賀**に来て開国を求めた。
（神奈川県）

❷ **日米和親条約**…1854年，ペリーが再来航した。幕府は**日米和親条約**を結び，**下田**・**函館**を開港した。

❸ **日米修好通商条約**…さらにアメリカの**ハリス**が貿易を行うよう強く求め，**1858年**，大老**井伊直弼**は朝廷の許可を得ないまま**日米修好通商条約**を結んだ。この条約で，**函館・横浜・長崎・新潟・神戸**の5港が開かれたが，アメリカに**領事裁判権**を認め，日本に**関税自主権がない**という不平等な条約であった。
（治外法権ともいう）
（イギリス・オランダ・ロシア・フランスとも同様の条約を結んだ）

❹ **桜田門外の変**…1860年，井伊直弼は**尊王攘夷**を唱える水戸藩などの浪士に暗殺された。
（みとはん）（ろうし）

❺ **薩長同盟**…1866年，**長州藩**と**薩摩藩**は**坂本龍馬**の仲立ちで薩長同盟を結び，倒幕を進めた。
（山口県）（倒幕）（鹿児島県）（土佐藩（高知県）出身）

❻ **大政奉還**…15代将軍**徳川慶喜**は，これ以上幕府の政治を続けることはできないとして，**1867年**，政権を天皇に返し，江戸幕府はほろんだ。
（けん）（てんのう）

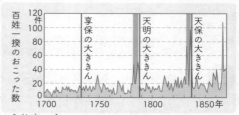

↑**百姓一揆** ききんのときには，特に一揆がおこった。江戸時代の終わりには，都市の貧しい人々が米屋や高利貸しをおそった（**打ちこわし**）。
（こうりがし）

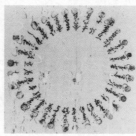

←**からかさ連判状**
百姓は，一揆の中心となる人物がわからないように，円形に署名をするというくふうをこらした。
（しょめい）

日米修好通商条約で開港した港
函館（両方の条約）で開港
新潟
長崎
神戸
横浜
下田
日米和親条約で開港した港
（日米修好通商条約を結んだのち，下田は閉港）

↑**開港地** 日米和親条約で開国したことにより，鎖国の時代が終わった。

↑**ペリー**（左）**と横浜に上陸するペリー一行**
ペリーはアメリカ東インド艦隊の司令長官。

要点チェック

☐①大名をとりしまるために，1615年に出された法令は何か。
☐②鎖国後，長崎で貿易を認められた国はどことどこか。
☐③1854年，幕府がアメリカと結んだ条約は何か。
☐④③の条約で開いた港はどことどこか。
☐⑤大政奉還を行った江戸幕府の15代将軍はだれか。

①武家諸法度
②オランダ・中国（清）
③日米和親条約
④下田・函館
⑤徳川慶喜

文章でAnswer

Q 領事裁判権と関税自主権とはどのような権利か，説明しなさい。

A （例）領事裁判権は，外国人が罪をおかしたとき，自国の裁判所ではなく，その国の領事が裁判を行う権利。関税自主権は，貿易の際に商品にかける関税を自主的に決めることができる権利。

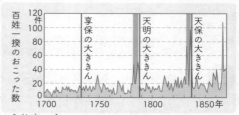

実力問題

❶【江戸時代初期】 次の文を読んで，あとの各問いに答えなさい。

帝塚山学院中―改

　1603年，徳川家康は（　①　）となり，江戸に幕府を開くとともに，全国200以上の大名を②親藩・譜代・外様に区分した。また，（　③　）という決まりを定めて，厳しく大名を統制した。さらに，第3代将軍の徳川家光は大名に対し，④1年ごとに江戸と領地を行き来させ，妻子を人質として江戸に住まわせるよう定めた。

□(1) 空欄①にあてはまる役職を何というか，次の中から選びなさい。
　　ア 摂政　　**イ** 関白　　**ウ** 征夷大将軍　　**エ** 太政大臣

□(2) 下線部②について，親藩・譜代・外様の説明として正しい組み合わせを次の中から選びなさい。

	親　藩	譜　代	外　様
ア	関ヶ原の戦い以前からの家来	関ヶ原の戦いのころに従った大名	将軍のあと継ぎを出せる家がら
イ	関ヶ原の戦い以前からの家来	将軍のあと継ぎを出せる家がら	関ヶ原の戦いのころに従った大名
ウ	徳川氏の一族	関ヶ原の戦いのころに従った大名	関ヶ原の戦い以前からの家来
エ	徳川氏の一族	関ヶ原の戦い以前からの家来	関ヶ原の戦いのころに従った大名

□(3) 空欄③にあてはまる法令を何というか答えなさい。

□(4) 下線部④の制度を何というか答えなさい。

❷【鎖国】 次の文を読んで，あとの各問いに答えなさい。

関西大第一中―改

　3代将軍徳川家光のとき，島原・天草一揆がおこり，幕府はキリスト教のとりしまりを徹底させるため，ポルトガル船の来航を禁じ，この後，約200年もの間，鎖国体制をとりました。

□(1) 徳川家康はキリスト教を禁止しましたが，貿易に対してはどのような態度をとりましたか。次の中から正しいものを選びなさい。
　　ア 天龍寺船による貿易をした。
　　イ 亀甲船による貿易をした。
　　ウ 朱印船による貿易をした。
　　エ ヨーロッパの国とだけ貿易をした。

□(2) 下線部の鎖国中も貿易を許されたヨーロッパの国はどこですか。

❶
(1) _____
(2) _____
(3) _____
(4) _____

ワンポイント
(2)親藩・譜代・外様の順に，重要な土地や江戸から近い土地に配置された。

❷
(1) _____
(2) _____

ワンポイント
(2)キリスト教を布教しない国とだけ貿易を行った。

☞よく出る **3** 【江戸時代の政治・経済】江戸時代の政治と経済に関するカードを見て，あとの各問いに答えなさい。

慶應義塾湘南藤沢中

1	**x**徳川綱吉は，金銀の量を減らした貨幣をつくらせ，物価が大きく上昇することになりました。
2	（　**A**　）は，大名が江戸に滞在する期間を短くするかわりに，**y**諸藩に米を納めさせました。
3	儒学者である（　**B**　）は，海外への金銀の流出をおさえるために，長崎での貿易を制限しました。
4	（　**C**　）は，江戸や大阪周辺の重要な土地を幕府が直接治めることにしましたが，反発が強まる中，老中を辞めることになりました。
5	（　**D**　）は，**z**株仲間の結成をすすめ，長崎での貿易を積極的に行いましたが，わいろへの批判が高まるなどして，老中を辞めることになりました。
6	（　**E**　）は，旗本や御家人の借金を帳消しにしました。しかし，厳しい節約の命令が人々の不満を買うなどして，老中を辞めることになりました。

□(1) 空欄（　**A**　）～（　**E**　）にあてはまる人名を選びなさい。

ア 徳川吉宗　　**イ** 井伊直弼　　**ウ** 田沼意次　　**エ** 水野忠邦
オ 新井白石　　**カ** 杉田玄白　　**キ** 松平定信　　**ク** 徳川家光

□(2) 下線部**x**の人物の政策を説明した文として正しいものを選びなさい。

ア 目安箱を設置して，人々の意見に耳をかたむけた。
イ 江戸に出てきた農民をもとの村に帰らせた。
ウ 儒学を大切にし，湯島に聖堂を建てた。
エ オランダ商館を平戸から出島に移した。

□(3) 下線部**y**の政策として正しいものを選びなさい。

ア 上知令　　**イ** 上米の制　　**ウ** 囲米の制　　**エ** 人返しの令

□(4) 下線部**z**の説明として正しいものを選びなさい。

ア 複数の農家を一組として，農作業を共同で行った。
イ 貨幣の交換だけではなく，貸付けなども行い，大名ととり引きをする場面もあった。
ウ さまざまな商品を全国に運ぶとともに，重要な手紙を届けた。
エ 商工業者が組合をつくって，幕府に税を納めるかわりに，保護を受けた。

✒ □(5) 江戸幕府は財政難にしばしば苦しめられました。その理由を「米」ということばを用いて50字以内で説明しなさい。

□(6) **1**～**6**のカードを古い順に並べなさい。

3

(1)A _____
　 B _____
　 C _____
　 D _____
　 E _____

(2) _____

(3) _____

(4) _____

(5) _____
_____
_____
_____
_____

(6) ___ → ___ → ___
___ → ___ → ___

プラス **α**

　享保の改革は18世紀前半，寛政の改革は18世紀末，天保の改革は19世紀半ばに行われた。

徳川吉宗は，つねに米の値段を気にかけていたことから，「米将軍」とも呼ばれた。

江戸時代の社会と文化

試験の要点

↑**江戸時代の都市と交通**　海上交通では，江戸と大阪の間を菱垣廻船や樽廻船が運航した。また，米や特産物を運ぶために東まわり航路・西まわり航路が整備された。

地図内の表記：
- 日光道中（江戸〜日光）
- 中山道（江戸〜草津）
- 東まわり航路
- 西まわり航路
- 奥州道中（江戸〜白河）
- 京都
- 江戸「将軍のおひざもと」
- 東海道（江戸〜京都）
- 大阪「天下の台所」
- 甲州道中（江戸〜下諏訪）

1. 産業・都市・交通の発達 ★

❶農　業…新田開発が進められた。また，備中ぐわや千歯こきなど新しい農具が広まった。

❷商　業…商人は**株仲間**という同業者組合をつくって営業を独占（どくせん）するようになった。

❸都市・交通…江戸は「**将軍のおひざもと**」と呼ばれた。大阪は「**天下の台所**」と呼ばれ，商業が発達した。また，江戸の日本橋を起点に**五街道**が整備された。
＊諸藩の蔵屋敷が多く置かれた

2. 新しい学問のおこり ★★

←**本居宣長**　伊勢松阪（三重県）の出身。34才のときに賀茂真淵に会って教えを受けた。30年以上にわたって『古事記』を研究し，『古事記伝』を書いた。

❶儒　学…5代将軍**徳川綱吉**は，上下の秩序を重んじる儒学（特に朱子学）をすすめた。その後，朱子学は広がりを見せ，**新井白石**などの学者が出た。
＊生類憐みの令を出し，「犬公方」と呼ばれた
＊ほかに林羅山，木下順庵，雨森芳洲など

❷国　学…江戸時代中期から『万葉集』『古事記』などから日本古来の精神を学ぶ**国学**が発達した。**本居宣長**は18世紀後半に『**古事記伝**』を書き，国学を大成させた。国学は天皇をうやまう尊王論と結びつき，幕末の尊王攘夷運動にえいきょうをあたえた。

❸蘭　学…8代将軍**徳川吉宗**が，キリスト教に関係しない漢訳の洋書の輸入を許してから，**オランダ語**で西洋の文化を学ぶ**蘭学**がさかんになった。

↑**杉田玄白**（左）と『**解体新書**』のとびら（右）　翻訳作業での玄白らの苦心は蘭学を学ぶ人々にえいきょうをあたえ，蘭学発展のもととなった。

・**杉田玄白・前野良沢**　1774年，玄白らはオランダ語の人体解剖書『**ターヘル-アナトミア**』を翻訳して『**解体新書**』を出版した。

・**伊能忠敬**　伊能忠敬は西洋の測量技術をとり入れて全国の沿岸の測量を始め，19世紀初期に正確な日本全図（「**大日本沿海輿地全図**」）をつくった。

❹教　育…江戸時代中期より，農民や町人の子どもたちに「読み・書き・そろばん」などを教える**寺子屋**が増えてきた。また，諸藩では**藩校**が設けられた。
＊幕府は昌平坂学問所をつくり，武士に朱子学を講義した

3. 元禄文化 ★★

↑**寺子屋**　寺子屋は各地につくられ，庶民の教育水準を高めるために大きな役割を果たした。

❶元禄文化の特色…17世紀末から18世紀前半に栄えた。**上方**（京都・大阪）中心の文化で，裕福な町人
＊5代将軍綱吉のころ

が文化のにない手であった。

❷ 小　説…当時の世相や町人・武士の生活を小説に書いた井原西鶴の作品は，浮世草子と呼ばれた。代表作は『日本永代蔵』『世間胸算用』など。

❸ 脚　本…近松門左衛門は，義理と人情の世界に生きる男女の気持ちを人形浄瑠璃の台本に書いた。
代表作は『曽根崎心中』　にんぎょうじょうるり　現在では文楽とも呼ばれている

❹ 俳諧（俳句）…松尾芭蕉は，俳諧を芸術にまで高め，『奥の細道』という紀行文を書いた。

❺ 絵　画…俵屋宗達は「風神雷神図屏風」，尾形光琳は「燕子花図屏風」など，大和絵風のはなやかな装飾画をえがいた。菱川師宣は，町人の風俗をえがいた浮世絵を始め，「見返り美人図」などを残した。

▲「見返り美人図」（菱川師宣筆）　▲役者絵（東洲斎写楽筆）

4. 化政文化 ★★

❶ 化政文化の特色…19世紀初め，江戸の町人を中心に栄えた。政治を皮肉った川柳や狂歌もよまれた。

❷ 小　説…十返舎一九は，こっけいな小説である『東海道中膝栗毛』，滝沢馬琴は長編小説である『南総里見八犬伝』を書いた。
　こっけい本　　　↳読本

❸ 俳　諧…与謝蕪村や小林一茶は俳諧を民衆に広めた。一茶は『おらが春』という句文集を残した。

❹ 絵　画…浮世絵の技術が進歩し，鈴木春信が多色刷りの美しい版画（錦絵）を始めると，多くの浮世絵師が出た。喜多川歌麿は美人画，東洲斎写楽は役者絵をえがき，葛飾北斎は「富嶽三十六景」，歌川広重は「東海道五十三次」といった風景画をえがいた。

▲「富嶽三十六景」（葛飾北斎筆）

▲「東海道五十三次」（歌川広重筆）

⬆浮世絵　日本の浮世絵は海外にも伝わり，ヨーロッパの画家にも大きなえいきょうをあたえた。

❺ その他…かわら版という新聞が発行された。また，年中行事や，寺社参詣などが民衆の間に広まった。
街頭で読みあげて売り歩いた
↳節句行事が一般にふきゅう　↳特にさかんだったのは伊勢神宮への参詣

要点チェック

☐①商業が発達した大阪は何と呼ばれたか。
☐②『古事記伝』をあらわし，国学を大成したのはだれか。
☐③前野良沢らと『解体新書』をあらわしたのはだれか。
☐④全国を測量し，初めて正確な日本地図をつくったのはだれか。
☐⑤江戸時代，農民や町人の子どもたちが学んだ施設を何というか。
☐⑥人形浄瑠璃や歌舞伎の脚本を書いた代表的な人物はだれか。

①天下の台所
②本居宣長
③杉田玄白
④伊能忠敬
⑤寺子屋
⑥近松門左衛門

文章でAnswer

Q 元禄文化と化政文化のちがいを簡潔に説明しなさい。

A （例）元禄文化は上方が中心で，裕福な町人が文化のにない手だった。一方，化政文化は江戸が中心で，一般の町人が文化のにない手だった。

実力問題

よく出る

1 【江戸時代の学問・文化】 次の各問いについて，それぞれア～エから1つずつ選び，記号で答えなさい。

久留米大附中―改

□(1) 江戸時代の学者についての説明で，正しいものを選びなさい。

ア 医者で蘭学者の杉田玄白や前野良沢らは，オランダ語で書かれた人体解剖書を翻訳して『解体新書』を出版した。

イ 武士で儒学者の大塩平八郎は，ききんで苦しむ人を救おうとして江戸で米商人などをおそったが，1日でおさえられた。

ウ 伊勢(三重県)の国学者平田篤胤は，古代の日本人の考えを明らかにしようとして，『古事記伝』を出版した。

エ 天文学や測量術を学んだ伊能忠敬は，北海道の沿岸の地図を作成し，忠敬の死後，むすこや弟子が全国を測量して日本全体の地図を完成させた。

□(2) 右の絵はだれの何という絵ですか。

その組み合わせを選びなさい。

ア 歌川広重―「富嶽三十六景」

イ 歌川広重―「東海道五十三次」

ウ 葛飾北斎―「富嶽三十六景」

エ 葛飾北斎―「東海道五十三次」

2 【江戸時代の学問】 次の資料を見て，あとの各問いに答えなさい。

高槻中―改

右の絵は，江戸時代の**a**蘭学者として有名な**b**渡辺崋山がえがいたもので，**c**農民や町人の子どもが「読み・書き・（ ① ）」を習った（ ② ）のようすがよくわかります。よく見ると，先生の前では子どもはまじめに授業を

受けていますが，先生の目の届かない右の方(先生から見て左の方)では机をひっくり返してのけんかが始まっており，今とかわらない子どものやんちゃぶりがうかがえます。

□(1) 文中の（ ① ）・（ ② ）にあてはまることばを，それぞれ答えなさい。

□(2) 下線部**a**のうち，前野良沢らとともにオランダ語の医学書を翻訳し，『解体新書』として出版した小浜藩の医者はだれですか。

□(3) 下線部**b**とともに蘭学を研究し，幕府の外国船打ちはらいを批判

1

(1)

(2)

 ワンポイント

(2)「富嶽三十六景」は富士山の風景をえがいたもので，「東海道五十三次」は東海道の街道沿いや宿場の風景をえがいたものである。

2

(1)①

　　②

(2)

(3)

(4)

プラス α

(4)藩校では上下の秩序などを重んじた，幕府の支配につごうのよい学問を教えた。

して処罰された水沢藩出身の医者を次の**ア〜エ**から選びなさい。

ア 高野長英　　**イ** 橋本左内　　**ウ** 吉田松陰　　**エ** 坂本龍馬

□(4) 下線部**c**とはちがい，武士の子どもは藩校に通いましたが，そこでいちばん大事であるとされた学問は何ですか。

❸【江戸時代の文化】次の(1)・(2)の各文の（　　　）にあてはまる作品名を**A群**から選び，記号で答えなさい。また，各文に関係の深い人物名を**B群**から選び，記号で答えなさい。
　　　　　　　　　　　　　　　　　　　　　大阪女学院中

□(1) 江戸時代後期の小説家で，江戸の町人弥次郎兵衛と喜多八が，旅行中におこすいろいろなできごとや失敗をえがき，見たり聞いたりした事件や諸国の風俗などもとり入れた，『（　　　）』という小説を書き，多くの人に読まれました。

□(2) 江戸時代前期の俳人で，元上野藩(三重県)の武士であったが俳諧を学び，江戸に出て本格的にとり組みました。東北・北陸地方を旅して書いた『（　　　）』という紀行文は有名です。

[**A群**]　**ア** 奥の細道　　**イ** 風土記
　　　　　ウ 徒然草　　　**エ** 東海道中膝栗毛

[**B群**]　**カ** 小林一茶　　**キ** 松尾芭蕉
　　　　　ク 滝沢馬琴　　**ケ** 十返舎一九

❹【江戸時代の都市】次の文を読んで，あとの各問いに答えなさい。
　　　　　　　　　　　　　　　　　　　　　山手学院中一改

　江戸時代，江戸には幕府が置かれ，18世紀初めには人口が100万人をこえる世界一の都市であったといわれています。江戸は日本の政治の中心地であり，「（　①　）のおひざもと」と呼ばれました。一方，大阪は18世紀初めには人口が35万人にのぼる商人の町として栄え，「（　②　）の台所」と呼ばれました。大阪には**a**蔵屋敷が並び，商業の中心地となりました。

□(1) 文中の（　①　）・（　②　）にあてはまるもっともふさわしい語句を漢字で答えなさい。

□(2) 下線部**a**について，蔵屋敷とはどのような場所であったか，正しいものを次の**ア〜エ**から1つ選び，記号で答えなさい。

ア 蔵屋敷とは，大名が大阪に滞在するときにくらす住居である。

イ 蔵屋敷とは，幕府の人質となった大名の妻や子どもが生活する場所である。

ウ 蔵屋敷とは，年貢米をはじめ諸国の特産物が集まり，とり引きされた場所である。

エ 蔵屋敷とは，財政の苦しい幕府や大名にお金を貸した場所である。

実力強化編
地理　政治　歴史　国際
実戦力強化編
思考力・記述問題強化編
入試完成編

❸
(1)A群　＿＿＿＿＿
　　B群　＿＿＿＿＿
(2)A群　＿＿＿＿＿
　　B群　＿＿＿＿＿

ワンポイント
　A群には奈良時代と鎌倉時代のものが混ざっている。

❹
(1)①　＿＿＿＿＿
　　②　＿＿＿＿＿
(2)　＿＿＿＿＿

プラス**α**
　江戸時代には，産業や五街道など交通の発達により，城下町・港町・宿場町・門前町などの町が栄えた。

18 明治維新と自由民権運動

〔　　月　　日〕

一、政治は会議を開き、みんなで決めよう。
一、国民みんなが心を合わせて、新政策を
　さかんに実行しよう。
一、役人も民衆も、すべての国民の願いが
　かなえられるような政治をしよう。
一、悪い習わしをやめて、道理に合ったや
　り方をしよう。
一、新しい知識を世界から学び、天皇中心
　の国をさかんにしよう。

↑五か条の御誓文　明治天皇が神々にちかうとい
う形で示された。

↑西郷隆盛　**↑大久保利通**　**↑木戸孝允**

交通・通信	1869年	東京・横浜間に電信が開通
	1871年	郵便事業が始まる
	1872年	新橋・横浜間に鉄道が開通
	1882年	東京に鉄道馬車が開業
衣・食・住	1871年	西洋料理店ができる
	1871年ごろ	西洋風建築が建ち、テーブルやいすが使われる
	1872年ごろ	ビールを飲むようになる
その他	1870年	日刊の新聞が発行される
	1871年	散髪脱刀令が出る
	1872年	太陽暦を採用する
	1876年	廃刀令が出る

↑文明開化の年表（上）と明治時代初期の東京（下）　文明開化は国民の生活に大きな変化をあたえた。赤れんがの西洋館が建ち、町にはガス灯がついた。洋服を着た人々が現れ、牛肉を食べるようになるなど、明治に入ってからわずか十数年で、都市に住む人々の生活は大きく変わった。

1. 明治維新 ★★

❶五か条の御誓文…1868年、公家の**岩倉具視**や、江戸幕府をたおすのに功労のあった**西郷隆盛・大久保利通・木戸孝允**らを中心とする新政府は、新しい政治の方針として五か条の御誓文を示した。
　↳庶民に対しては五榜の掲示を示した

❷新政府の政治

・**版籍奉還**　1869年、大名は領地と人民を天皇に返した。　↳版　↳籍

・**廃藩置県**　1871年、藩をやめて**府・県**を置き、中央から府知事や県令（のちの県知事）を派遣した。

・**四民平等**　江戸時代の士農工商（四民）という身分制を改め、公家・大名を**華族**、武士を**士族**、百姓・町人を**平民**とし、天皇の一族である**皇族**以外は平等とした。身分による結婚・職業などの制限をなくし、平民も名字（姓）を名のれるようになった。

・**富国強兵**　政府は徴兵令を出し、満20才以上の男子に士族と平民の区別なく兵役の義務を負わせた。　↳1873年　　　　各地で徴兵反対の一揆がおこった↲
また、群馬県の**富岡製糸場**などの官営工場を建て、外国の機械や技術をとり入れて産業をさかんにしようとした（**殖産興業**）。　↳世界文化遺産に登録された

・**地租改正**　1873年、財政の安定をはかるため、地価を決めて地券を発行し、地価の3％（のちに2.5％）を地租として**現金**で納めさせるようにした。
　　　　　　↳各地で地租改正反対一揆がおこった

2. 文明開化 ★

❶文明開化…西洋の制度や文化、衣食住の仕方をとり入れたことによる社会の変化を**文明開化**という。

❷教育・思想…**学制**により、すべての国民が小学校教育を受けることになった。福沢諭吉は『**学問のすゝ**　↳1872年　　　　　　　　　　　　　　
め』を書いた。また、キリスト教の信仰が認められた。
↳義務教育

❸通信・交通…**郵便制度**ができ、1872年に新橋・横浜間に**鉄道**が開通した。　↳前島密らによる

❹新聞・雑誌の発行…活字印刷術が発達し、新聞や雑誌が次々に刊行された。
　　　1870年創刊の『横浜毎日新聞』は日本最初の日刊紙↲

3. 自由民権運動 ★★

❶西南戦争…徴兵令や帯刀を禁止した法律により，特権を失った士族は政府に不満をもち，各地で反乱をおこした。西郷隆盛は，1877年，**西南戦争**をおこ
↳佐賀の乱(1874年)など　　　　　　最大にして最後の士族の反乱↵
したが，政府軍にしずめられた。

❷国会開設の要求…**板垣退助**らが「議会を開いて政治
↳民撰議院設立の建白書を提出(1874年)からはじまる
をせよ」と自由民権運動を全国に広げた。政府は1881年に**国会開設の勅諭**を出して，1890年に国会を開く約束をした。

❸政党の結成…国会の開設に備え，板垣退助が自由党，
↳1882年　　　　　　　　　　　　　　　　1881年↵
大隈重信が**立憲改進党**をつくった。

4. 大日本帝国憲法 ★★

❶憲法の発布…伊藤博文は君主権の強い**ドイツ**(プロイセン)の憲法を学び，憲法の草案を作成した。**内閣制度**ができると，伊藤は初代の**内閣総理大臣**に就任した。**1889年2月11日**，天皇が国民にあたえ
↳欽定憲法という　　　　↳国の政治を最終的に決める権利
るという形で，大日本帝国憲法が発布された。大日本帝国憲法では，天皇に主権があった。

❷帝国議会の開設…憲法制定の翌年の1890年に最初の衆議院議員の選挙が行われ，**第1回帝国議会**が開かれた。議会は，皇族や華族を中心とした**貴族院**と，国民から選挙された議員からなる**衆議院**の二院制で，選挙権のある国民は**直接国税15円以上を納める満25才以上の男子**だけであった。このため，有権者は総人口の1%ほどであった。

政党	中心人物	特色	支持者
自由党	板垣退助 後藤象二郎 植木枝盛	フランス流で急進的	士族 地主 貧農
立憲改進党	大隈重信 犬養毅 尾崎行雄	イギリス流で穏健	資本家 大地主 知識人

⬆政党の結成　こうした政党は，立憲君主制のもとで政党政治の実現を目ざすという点では，おおむね一致した考えをもっていた。

⬆大日本帝国憲法の発布式　当時の内閣総理大臣は黒田清隆。

⬆大日本帝国憲法のしくみ　天皇が国の元首として国の統治権をもち，軍隊を統率した(統帥権)。宣戦や講和，外国と条約を結ぶことも天皇の権限で，議会に決定権がなかった。国民の自由や権利は法律の範囲内に制限された。

☐①明治政府が近代的な軍隊をつくるために出した法令は何か。	①徴兵令
☐②明治の初め，地租は何で納めるように改正されたか。	②現金
☐③自由民権運動の中心となった人物で1881年に自由党をつくったのはだれか。	③板垣退助
☐④大日本帝国憲法の草案をつくった中心人物はだれか。	④伊藤博文
☐⑤大日本帝国憲法は，どこの国の憲法を手本につくられたか。	⑤ドイツ(プロイセン)
☐⑥大日本帝国憲法が発布されたのは何年か。	⑥1889年
☐⑦帝国議会は二院制であったが，衆議院ともう1つは何か。	⑦貴族院

文章でAnswer

Q 大日本帝国憲法の天皇の地位について，日本国憲法と比較して説明しなさい。

A （例）日本国憲法では国民に主権があり，天皇は日本国および日本国民統合の象徴であるのに対して，大日本帝国憲法では天皇に主権があり，天皇は国家の元首であった。

実力問題

❶【国会の開設と自由民権運動】次の文を読んで，あとの各問いに答えなさい。

成蹊中―改

　1868年，江戸幕府にかわって天皇を中心とした新政府が生まれました。新政府をつくるのに活躍した**A薩摩藩，長州藩，土佐藩**出身の政治家たちは，西洋を手本にして社会全体を大きく変えていこうとしました。すなわち明治維新の始まりです。そのころ，欧米の国々では憲法を定めて国民の自由と権利を認め，国会を通じて国民を政治に参加させる立憲政治が行われていました。日本でも立憲政治を目ざす動きが出てきます。では，日本の立憲政治はどのように始められ，どのような歩みをたどるのでしょうか？

　明治維新によるさまざまな改革は社会のしくみや人々の生活に大きなえいきょうをあたえました。改革を行う政府に対し国民の不満は高まりました。特に士族の反発は強く，彼らの一部は西南戦争などの武力反乱をおこしました。しかし，他方で言論にうったえて政治を変えていこうとする士族もいました。1874年，政府を退いた土佐出身の（　①　）らは政府に意見書を提出し国会を開くよう主張しました。これがきっかけとなって立憲政治を目ざす国民の側からの政治改革の動き，すなわち自由民権運動が始まったのです。

　自由民権運動は士族の運動として出発しましたが，しだいに豪農と呼ばれる地方の有力農民たちも参加するようになり，国会開設を要求する全国組織も結成されました。また，立憲政治に欠かすことのできない憲法を国民に相談してつくろうとして，多くの憲法案も作成しました。政府は言論や集会をとりしまる法律でこうした運動をおさえようとしましたが，運動はますます高まりました。1881年，政府は，国会開設についての考えを天皇の勅諭（さとすことば）として国民に発表しました。そして，自由民権の側は，（　①　）が自由党を，大隈重信が立憲改進党という政党を結成して，国会開設に備えることとなりました。

　国会開設を約束した政府は憲法作成のために，（　②　）をヨーロッパへ派遣しました。彼は君主の権限が強い国である（　③　）の憲法を中心に調査し，帰国後，憲法草案の作成を政府のごくわずかな人たちだけで行いました。また，（　②　）は自ら初代内閣総理大臣になって政府を強化しようとしました。1889年2月11日，明治天皇が国民にあたえるという形で大日本帝国憲法が発布されました。発布された憲

❶

(1)薩摩藩　＿＿＿＿＿

　　長州藩　＿＿＿＿＿

　　土佐藩　＿＿＿＿＿

(2)①　＿＿＿＿＿＿＿

　　②　＿＿＿＿＿＿＿

　　③　＿＿＿＿＿＿＿

　　④　＿＿＿＿＿＿＿

(3)a　＿＿＿＿＿＿＿

　　b　＿＿＿＿＿＿＿

法は，主権は（　④　）にあるとして絶大な権限を（　④　）にあたえ，国民の自由や権利は制限付きでしか認められませんでした。

□(1) 下線部**A**において，薩摩藩，長州藩，土佐藩は，地図中のどこに位置するのか，地図中の**ア～ス**からそれぞれ選び，記号で答えなさい。

注）**ア～ス**は県を指す。

□(2) 本文中の（　①　）～（　④　）に適する語句を答えなさい。

□(3) 民権運動に参加した植木枝盛という人物は，1877年に**資料1**の文章を書いています。この文章を読んで，植木がこの文章で使用している**a 第一の変革**，**b 第二の変革**という表現は，何という歴史的なできごとを指しているのか，本文の中からもっとも適する語句を選び，それぞれ答えなさい。

資料1

> 徳川政府をくつがえし，天皇を中心とする政治にし，藩を廃止して県を置いたりしたのは，いうまでもなくこれは**a 第一の変革**です。…しかしながら，この変革は政府と政府との変換，すなわち支配者が交代しただけの関係で，われわれ人民には関係がないのです。決して人民の幸福を増したわけでもなく，人民の利益となったわけでもなく，権利も拡大せず，自由も増しません。今の人民には，今のような政治のあり方は必要ではありません。…要するに，今すぐ**b 第二の変革**を行い，政治のあり方を改める必要があるのです。
>
> （「明治第二の改革を希望するの論」『海南雑誌』第五号より）

プラス
α

植木枝盛は憲法草案（私擬憲法）を作成した。千葉卓三郎の五日市憲法など，日本の各地で憲法草案がつくられた。

19 日清・日露戦争と日本の動き

〔　月　日〕

試験の要点

木戸孝允　伊藤博文　大久保利通
岩倉具視

↑岩倉使節団　不平等条約の改正はできなかったが、欧米の進んだ政治・産業などを学んで帰国した。また、当時7才の津田梅子は使節団に随行してアメリカに留学し、のちに女子教育に尽力した。

↑日清戦争の風刺画　東アジアにおける日本・清・朝鮮・ロシアの関係をフランス人のビゴーが風刺してえがいた。魚は朝鮮を表し、日本と清の対立とロシアの野心を示している。

ロシア
清（中国）　樺太
遼東半島　千島列島
（のちに返還）　（1875年）
旅順
朝鮮（韓国）
大連
日本
台湾
沖縄（1879年）

明治初期
日清戦争後（1895年）
日露戦争後（1905年）
韓国併合後（1910年）

↑日本の領土の広がり　日清・日露戦争に勝利し、日本の国際的地位が上がり、不平等条約の改正に成功した。また、大陸に進出して市場を広げ、原料を確保しようと考えるようになった。

1. 不平等条約の改正 ★

❶岩倉使節団…1871年、政府は不平等条約を改正するため、使節団（**岩倉使節団**）を欧米に派遣した。

❷鹿鳴館…政府は鹿鳴館を建て、舞踏会を開くなど欧化政策を進めたが、批判を浴び、条約改正は失敗。

❸ノルマントン号事件…和歌山県沖で**ノルマントン号事件**がおこった。領事裁判の結果、イギリス人船長は軽い罰ですみ、条約改正の声がさらに高まった。
↳イギリス人の船長や船員はボートでのがれたが、日本人乗客は救助されなかった
↳禁固3か月

❹不平等条約の改正…1894年、外務大臣陸奥宗光はイギリスとの間で**領事裁判権の撤廃**に成功した。**関税自主権の完全な回復**は、1911年に外務大臣小村寿太郎が達成し、不平等条約はすべて改正された。
↳日英通商航海条約

2. 日清戦争と三国干渉 ★★

❶日清戦争…**1894年**、朝鮮で農民の反乱がおこった。日本と清はこれをしずめるために朝鮮に出兵し、**日清戦争**が始まった。戦争は日本が勝利し、1895年に**下関条約**が結ばれ、清が朝鮮の独立を認め、遼東半島や台湾などを日本にゆずり、多額の賠償金を支はらうことなどが決められた。
↳甲午農民戦争（東学党の乱）

❷三国干渉…満州（中国東北部）への進出をねらっていた**ロシア**は、**ドイツ・フランス**をさそって**遼東半島**を清に返還するよう日本に要求した。日本はこれに対抗できず、遼東半島を清に返還した（**三国干渉**）。

3. 日露戦争と韓国併合 ★★

❶日英同盟…イギリスは、ロシアの南下をおさえるため日本に接近し、1902年に**日英同盟**を結んだ。

❷日露戦争…1904年、日本は満州に進出していたロシアと対立し、**日露戦争**が始まった。日本は**東郷平八郎**らの活躍もあり、戦争に勝利した。1905年、アメリカの仲立ちで**ポーツマス条約**が結ばれ、ロシアは、韓国に対する日本の優越権を認め、旅順・大連を清から借りる権利、北緯50度以南の樺太を日
↳日本海戦でロシアのバルチック艦隊を破った
↳1897年に朝鮮から改名
↳サハリン

本にゆずることなどが決められた。しかし，日本は
賠償金を得られず，国民は不満をもった。↳日比谷焼き打ち事件がおこった

❸ **韓国併合**…1909年，初代韓国統監の**伊藤博文**が韓国の民族運動家安重根(アンジュングン)に暗殺されると，**翌年**，日本は韓国を併合し，朝鮮総督府を置いて支配した。
↳以後，韓国は朝鮮と改称

4. 近代産業の発達 ★

❶ **軽工業**…日清戦争のころから，生糸・綿糸・綿織物などの軽工業が発達した。

❷ **重工業**…日清戦争の賠償金を使って北九州に官営の**八幡製鉄所**がつくられ，重工業が発達した。

❸ **公　害**…栃木県で**足尾銅山鉱毒事件**がおこった。衆議院議員の**田中正造**が公害の解決に尽力した。
↳渡良瀬川流域

5. 第一次世界大戦と民主主義の高まり ★

❶ **第一次世界大戦**…**1914年**，連合国と同盟国が戦う**第一次世界大戦**がおこった。日本は日英同盟を理由に連合国側で参戦。大戦は連合国が勝利し，1919年に**ベルサイユ条約**が結ばれた。大戦後，世界平和を守るために**国際連盟**が設立された。
↳1915年，日本は中国に二十一か条の要求をつきつけた
↳ウィルソン米大統領の提案だが，アメリカは議会の反対で不参加

❷ **米騒動**…シベリア出兵を見こした商人が米を買いしめ，値段が上がった。1918年，富山県の漁村で米の安売りを求める**米騒動**がおこり，全国に広がった。
↳1917年におこったロシア革命に対して圧力をかけようとした
↳米騒動の後，原敬による日本初の本格的な政党内閣が成立した
↳政府は軍隊を出動してこれをしずめた

❸ **普通選挙**…**1925年**には満**25才以上の男子**に衆議院議員の選挙権が認められ，有権者数は4倍に増えた。一方で，政府は政治や社会を変えようとする運動をとりしまる**治安維持法**を制定した。
↳大正時代に広まった民主主義を求める風潮を大正デモクラシーという

❹ **社会運動**…差別に苦しんできた人々が**全国水平社**を結成した。**平塚らいてう**は女性の解放を主張した。
↳1922年
↳青鞜社や新婦人協会を設立した

◀**八幡製鉄所**
　清からの賠償金は2億両(当時の日本円で約3億1000万円)もあり，その一部は八幡製鉄所をつくる費用にあてられた。

文学者	おもな作品
森鷗外	『舞姫』『阿部一族』
樋口一葉	『たけくらべ』『にごりえ』
島崎藤村	『若菜集』『破戒』『夜明け前』
夏目漱石	『吾輩は猫である』『坊っちゃん』
石川啄木	『一握の砂』
与謝野晶子	『みだれ髪』,詩「君死にたまふことなかれ」

画家	おもな作品
黒田清輝	「湖畔」「読書」

音楽家	おもな作品
滝廉太郎	「荒城の月」「花」

科学者	おもな研究
北里柴三郎	破傷風の血清療法の発見,ペスト菌の発見
志賀潔	赤痢菌の発見
野口英世	黄熱病の研究
高峰譲吉	アドレナリンの抽出,タカジアスターゼの創製

▲**明治時代の文化**　**与謝野晶子**は「君死にたまふことなかれ」で日露戦争に従軍する弟を案じた。また，欧米の学問をとり入れて科学が進歩し，世界的な学者が多く出た。教育では，1890年に**教育勅語**が出され,教育の基本方針が示された。1907年には義務教育の期間が4年間から6年間に延長された。

要点チェック

□①領事裁判権の撤廃に成功した外務大臣はだれか。
□②日清戦争後に結ばれた条約は何か。
□③日露戦争後に結ばれた条約は何か。
□④「君死にたまふことなかれ」という詩を発表したのはだれか。

①陸奥宗光
②下関条約
③ポーツマス条約
④与謝野晶子

文章でAnswer

Q　日露戦争の講和条約が結ばれると，各地で反対集会が開かれ，東京では日比谷焼き打ち事件のような暴動がおこった。なぜ，人々はこのような行動をおこしたのか説明しなさい。

A　(例)増税など国民の負担が大きく，また，多くの戦死者を出したのに，賠償金を得ることができなかったから。

実力問題

❶【明治時代の条約】 A・Bは，明治時代に日本が外国と結んだ条約の一部を要約して，やさしく書き直したものです。条約文中の（　　　）に入るもっとも適当な語句を答え，あとの各問いに答えなさい。なお，同じ番号の（　　　）にはすべて同じ語句が入ります。 神戸女学院中

❶
①＿＿＿＿＿＿
②＿＿＿＿＿＿
③＿＿＿＿＿＿
④＿＿＿＿＿＿
⑤＿＿＿＿＿＿
(1)＿＿＿＿＿＿
(2)＿＿＿＿＿＿
(3)＿＿＿＿＿＿
(4)＿＿＿＿＿＿

ワンポイント
Aは鉄道の権利をゆずり受けたこと，Bは多額の賠償金を得たことがポイント。

A

第二条　（　①　）政府は，日本が（　②　）において軍事・政治・経済上の利益をもっていることを承認し，日本が（　②　）に対して指導・保護することをさまたげてはならない。

第六条　（　①　）政府は，（　③　）の鉄道とそれに付属する炭鉱などを，（　④　）政府の承諾を得て，日本にゆずる。

第九条　（　①　）政府は，（　⑤　）南部とその付近の島々，またその地方の建物や財産を日本にゆずる。

B

第一条　（　④　）は，朝鮮が完全な独立自主の国であることを確認すること。

第二条　（　④　）は，次の地方を日本にゆずる。
一　［中国大陸の一部］
二　台湾全島とその付属の島々
三　澎湖列島（ポンフー）

第四条　（　④　）は，庫平銀2億両（こへいぎん・テール）を日本に支はらう。

□(1) **A**の条約について，日本とその相手国以外に関係の深い国を次のア〜エから1つ選び，記号で答えなさい。

　　ア ドイツ　　　イ オランダ

　　ウ フランス　　エ アメリカ

□(2) **A**の条約が結ばれた背景として適当なものを次のア〜エから選び，記号で答えなさい。なお，答えは1つとは限りません。

　　ア 相手国が別の国にもせめられ，日本との講和を望んだ。

　　イ 日本はこれ以上戦争に軍事力や物資をつぎこむことができなくなった。

　　ウ 日本はイギリスを戦争に参加させる約束をとりつけた。

　　エ 相手国で革命がおこった。

□(3) **B**の条約の[＿]部分がこの後どうなったかを考えて，そのことと関係の深い国を次のア〜エから1つ選び，記号で答えなさい。

　　ア イギリス　　イ オランダ

　　ウ フランス　　エ アメリカ

□(4) Bの条約の下線部分ともっとも関係の深いものを次のア～エから
1つ選び，記号で答えなさい。
　　ア　八幡製鉄所　　　イ　富岡製糸場
　　ウ　足尾銅山　　　　エ　北海道開拓

② 【明治時代の戦争】次の文を読んで，あとの各問いに答えなさい。

青雲中一改

　明治政府の近代化のもと，日本はアジア方面での勢力を拡大しよう
と1894年にa日清戦争をおこし，講和会議を（　①　）で行いました。
この戦争で得た賠償金の一部を使って（　②　）が建設され，b日露戦
争後には造船や機械などの重工業も発達しました。産業の急速な発達
の一方で，深刻なc公害問題がおこりました。

□(1) （　①　）にあてはまる地名を答えなさい。

□(2) （　②　）にあてはまることばを次のア～エから1つ選び，記号で
答えなさい。
　　ア　富岡製糸場　　　イ　鹿鳴館
　　ウ　八幡製鉄所　　　エ　東海道新幹線

□(3) 下線部aについて述べた文として正しいものを次のア～エから1
つ選び，記号で答えなさい。
　　ア　伊藤博文が韓国の青年に暗殺され，日本が朝鮮に軍隊を派遣し
　　　　たことで戦争が始まった。
　　イ　清から獲得した遼東半島（リアオトン）は，ロシア・イギリス・フランスの要
　　　　求によって清に返還された。
　　ウ　台湾などを領土にしたほか，清に朝鮮の独立を認めさせた。
　　エ　アメリカ大統領ローズベルトの仲立ちで，講和条約が結ばれた。

□(4) 下線部bに関して，このころのできごとについて述べた文として
正しいものを次のア～エから1つ選び，記号で答えなさい。
　　ア　商品が値上がりして，全国各地で「世直し」を求める一揆や打
　　　　ちこわしがおこった。
　　イ　米の値段が急激にあがり，富山県から米騒動と呼ばれる民衆運
　　　　動がおきた。
　　ウ　外務大臣の陸奥宗光は，日本が輸入品に自由に税をかける権利
　　　　を確立した。
　　エ　与謝野晶子は「君死にたまふことなかれ」という作品を発表
　　　　した。

□(5) 下線部cについて，足尾銅山の鉱毒による被害を国会でうったえ，
政府に対策を求めた人物はだれですか。

②
(1) ＿＿＿＿＿＿

(2) ＿＿＿＿＿＿

(3) ＿＿＿＿＿＿

(4) ＿＿＿＿＿＿

(5) ＿＿＿＿＿＿

ワンポイント

(1)・(3)日清戦争・日露戦
争の開戦理由，それぞれ
が終結した後に結ばれた
条約の名称と内容を混同
しないようにする。日露
戦争は，アメリカのポー
ツマスで講和条約が結ば
れた。

20 15年にわたる戦争

試験の要点

西暦	昭和	おもなできごと
1927	2	日本の不景気が深まる
1929	4	**世界恐慌**がおこる
1931	6	**満州事変**がおこる
1932	7	満州国ができる
		五・一五事件がおこる
1933	8	日本が国際連盟を脱退する
1936	11	二・二六事件がおこる
1937	12	**日中戦争**がおこる（〜45）
1939	14	第二次世界大戦がおこる（〜45）
1940	15	日独伊三国同盟が結ばれる
1941	16	**太平洋戦争**がおこる（〜45）
1945	20	広島・長崎に原子爆弾が投下
		日本が**ポツダム宣言**を受諾する

↑戦争への歩み　満州事変から日中戦争，太平洋戦争に進んでいった。

↑満州事変と日中戦争　不景気が続く中，政党政治に不満をもった軍人らは，満州を「日本の生命線」として満州侵略を主張し，満州事変をおこした。その後，日中戦争がおこると南方へ戦線を広げた。

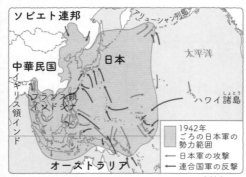

↑太平洋戦争　日本は石油などの資源を獲得するために東南アジアに進出した。

1. 満州事変から日中戦争へ ☆☆

❶昭和の不景気…昭和初期，日本は不景気となり，さらに1929年にアメリカでおきた株価の大暴落により，世界中が不景気となった（世界恐慌）。

❷満州事変…一部の軍人や政治家はすでに中国にもつ権益を守るだけでなく，資源と広大な農地をもつ満州を支配し，低調な日本経済を立て直そうと考えた。**1931年**，日本軍（←関東軍）は柳条湖（←リウティアオフー）における南満州鉄道の爆破事件を口実に出兵し，満州を占領した（満州事変）。1932年，日本は満州国をつくり，政治の実権をにぎった。しかし，**国際連盟**は調査団を送って満州事変を調査し（←団長はリットン），1933年の総会で満州国の建国を認めなかったため，日本は**国際連盟を脱退**した。

❸軍人の力が強まる…一部の軍人が軍の力で政治をかえようとし，1932年に**五・一五事件**（←海軍青年将校らが犬養毅首相を殺害。政党政治が終わった），1936年に**二・二六事件**（←陸軍青年将校らが大臣などを殺害）をおこし，軍人の発言力を強めた。

❹日中戦争…**1937年**，北京郊外の盧溝橋（←ルーコウチアオ）で日本軍と中国軍がぶつかり，これがきっかけで戦争が始まった。日本軍は南京（←ナンキン）を占領したが，中国の人々は強く反発し，長期戦となった。

❺戦時体制…1938年，政府は国民・資源を戦争に動員できるよう**国家総動員法**を制定した。1940年には政党はほぼ解散して大政翼賛会に合流した。

2. 第二次世界大戦 ☆☆

❶第二次世界大戦…イタリアと協定を結んだドイツは，**1939年**，イギリス・フランスと戦争を始め，**第二次世界大戦**が始まった。日本は1940年，**ドイツ・イタリア**と**日独伊三国同盟**を結んだ。

❷太平洋戦争…日本は石油・ゴムなどを手に入れるため，インドシナ半島に軍隊を送り，アメリカやイギリス（←現在のベトナム，ラオス，カンボジア）と対立を強めた。**1941年**，日本軍はイギリス領のマレー半島やハワイの真珠湾（←アメリカ軍港）を攻撃し，**太平洋戦争**が始まった。

❸ **連合国軍の反撃**…1942 年のミッドウェー海戦で日本軍が敗れると，連合国軍の反撃は強まった。
↑国内で激しい空襲を受けるようになった

❹ **日本の降伏**…1945 年 4 月，**沖縄島**にアメリカ軍が上陸し，**8 月 6 日**に**広島**，**8 月 9 日**には**長崎**に原子爆弾が投下された。また，8 月 8 日にはソ連が日本に宣戦した。こうした中で，日本は 8 月 14 日にポツダム宣言を受け入れて降伏を決め，**8 月 15 日**に天皇が国民にラジオ放送で降伏を伝えた。
↑日ソ中立条約を破って満州などに侵攻

3. 戦時中のくらしと戦争による被害 ★

❶ **国民のくらし**…戦争中，アジアの人々が労働力として日本に連れてこられた。また軍需品の生産が優先され，日用品や食料品が不足した。男子大学生の**学徒出陣**，中学生や女学生の工場での労働（**勤労動員**），学童の**集団疎開**が行われた。
↑おもに朝鮮や中国の人
↑配給制・切符制になった

❷ **空襲を受けた都市**…アメリカ軍は，日本軍を破って太平洋の島々を占領すると，そこを拠点に日本への空襲を行った。1945 年 3 月 10 日，アメリカ軍は**東京大空襲**を行った。その後，空襲は大阪・名古屋などの大都市や地方都市に広がり，全国で 30 万人もの人がなくなった。

❸ **沖縄の戦い**…1945 年 4 月，アメリカ軍が沖縄島に上陸してきた。激しい戦いは 3 か月ほど続き，日本軍の兵士約 9 万人と沖縄県民約 12 万人が命を失い，沖縄はアメリカ軍に占領された。
↑ひめゆり部隊など女子生徒も犠牲となった

❹ **広島と長崎**…アメリカ軍は，1945 年 8 月 6 日に広島，9 日には長崎に原子爆弾を投下した。原爆は，人類が経験したことのない悲惨な被害をもたらした。
↑犠牲者は数週間のうちに両市あわせて約 21 万人

年	おもなできごと
1938	**国家総動員法**が出される
	ガソリンの使用が制限される
1939	（第二次世界大戦が始まる）
	兵器などをつくるために，鉄製品の回収が始まる
1940	全国で**隣組**が組織される
	政党が解散し，**大政翼賛会**が発足する
	さとう・塩などが切符制になる
1941	（太平洋戦争が始まる）
	米が配給制になる
	言論・出版・集会のとりしまりが厳しくなる
1942	みそ・しょうゆ・衣料品が切符制になる
1943	大学生が戦場へ行く（**学徒出陣**）
1944	学童の**集団疎開**が始まる
	中学生が戦争のために勤労動員される
1945	主食の配給が 1 割減る
	小学校を除いて，授業が停止になる

↑**戦時中の国民のくらし**　戦争がすべての国民生活に優先されるようになっていった。

↑**空襲を受けたおもな都市**　大都市や軍需工場のある都市がねらわれた。

広島　東京　長崎　大阪

空襲による死者数
• 999人以下
• 1000〜9999人
• 10000人以上

※広島と長崎は原爆による死者をふくむ。

要点チェック

☐ ① 1929 年，世界恐慌はどこの国から始まったか。
☐ ② 1931 年，日本軍が中国東北部を攻撃して始まったできごとを何というか。
☐ ③ 満州からの日本軍の引きあげを勧告した国際機関を何というか。
☐ ④ 太平洋戦争が終わるにあたって，日本が受け入れた宣言は何か。
☐ ⑤ 1945 年 8 月，原子爆弾が投下された市はどことどこか。

①アメリカ
②満州事変
③国際連盟
④ポツダム宣言
⑤広島市・長崎市

文章でAnswer

Q　1938 年に定められた国家総動員法の内容と国民へのえいきょうについて説明しなさい。
A　（例）議会の承認がなくても政府が人や物資などを戦争のために使えるようにし，国民はこの法律によって家や財産をうばわれ，軍需工場で強制的に働かされるようになった。

実力問題

よく出る

1 【昭和時代の戦争】右の年表を見て，次の各問いに答えなさい。

親和中―改

□(1) ①・②にあてはまる数字を答えなさい。

□(2) A・Bにあてはまるできごとを次の**ア〜オ**から1つずつ選び，記号で答えなさい。

ア アメリカ軍が沖縄島に上陸する。

イ 日本が国際連盟を脱退する。

ウ 満州国ができる。

エ ソ連軍が満州にせめ入る。

オ ドイツがポーランドを攻撃する。

年	月	できごと
①	9	満州事変が始まる
1933	3	A
1934	3	満州国に皇帝を就任させ，日本が実権をにぎる
1937	7	a日本軍と中国軍がぶつかり，日本と中国の全面戦争となる
	12	日本軍がb中国の首都を占領し，多くの中国人を殺害する
②	12	日本がcイギリス領の□□□半島とハワイのアメリカ軍港を攻撃し，太平洋戦争が始まる
1945	3	アメリカ軍が東京・大阪などの都市へ空襲を行う
	4	B
	8	d6日に□□，9日には□□にアメリカ軍が原爆を投下する
		15日に日本が降伏し，アジア・太平洋を戦場とした戦争が終わる

□(3) 下線部**a**がおこった場所を右の地図の**ア〜オ**から1つ選び，記号で答えなさい。

□(4) 下線部**b**について，このときの中国の首都の名まえを答えなさい。

□(5) 下線部**c**の半島の名まえを答えなさい。

□(6) 下線部**d**について，アメリカ軍が6日に原爆を投下した都市の名まえを答えなさい。

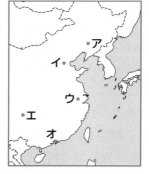

1

(1)①＿＿＿＿＿＿＿

　②＿＿＿＿＿＿＿

(2)A＿＿＿＿＿＿＿

　B＿＿＿＿＿＿＿

(3)＿＿＿＿＿＿＿＿

(4)＿＿＿＿＿＿＿＿

(5)＿＿＿＿＿＿＿＿

(6)＿＿＿＿＿＿＿＿

ワンポイント

(3)日本軍と中国軍が衝突をおこしたことを盧溝橋事件と呼んでいる。盧溝橋は北京郊外。

2 【昭和時代の戦争】次の文を読んで，あとの各問いに答えなさい。

西大和学園中―改

　a九月十八日午後十時から十時半の間に鉄道線路上またはその付近で爆発があったのは疑いない。しかし，鉄道の損害はあったとしても長春から南行する列車の定刻到着に支障が出るほどではなかったから，それだけで軍事行動を正当化することはできない。同夜における日本軍の軍事行動は自衛手段とは認めることはできない。…(中略)…bわれわれ調査団は，「（　　　）政府」は同地方の中国人から日本の手先と見られていて，中国人一般の支持を受けていないとの結論に達した。

（日本外交文書より訳出）

□(1) 下線部 **a** の事件がおこった位置を右の地図中の**ア〜オ**から1つ選び, 記号で答えなさい。

□(2) 下線部 **b** の調査団名を答えなさい。

□(3) 文中の(　　　)が成立した年よりも前のできごとを次の**ア〜ウ**から選び, 記号で答えなさい。あてはまるものがない場合には**エ**と答えなさい。

ア 日本軍は盧溝橋(ルーコウチアオ)で中国軍と衝突し, 宣戦布告のないまま戦争が始まった。

イ 軍部の政権を立てようとする日本陸軍の青年将校らが, 一時東京の中心部を占領した。

ウ 日本・ドイツ・イタリアが日独伊三国同盟を結んだ。

□(4) この文の後におこった太平洋戦争に関するできごとについて, 次の**ア〜エ**を古い順に並べかえて記号で答えなさい。

ア 東京大空襲　　**イ** ミッドウェー海戦
ウ 真珠湾攻撃　　**エ** ポツダム宣言の受諾

3 【日本の降伏】次の文を読んで, あとの各問いに答えなさい。

埼玉栄中

　　1945年7月, **a** 連合国は, (　①　)を発表し, 日本に無条件降伏を求めました。アメリカは, (　②　)を8月6日に(　③　)に, 9日には(　④　)に投下しました。また, **b**(　⑤　)が, アメリカ・イギリス両国との(　⑥　)での秘密協定にもとづき, **c** 8月8日に参戦しました。ようやく日本は降伏することを決め, 8月15日に(　⑦　)がラジオ放送で国民に知らせ, 第二次世界大戦が終わりました。

□(1) 文中の空欄(　①　)〜(　⑦　)にあてはまる語句を次の**ア〜サ**から選び, 記号で答えなさい。

ア 原子爆弾　　　**イ** マルタ会談　　**ウ** ヤルタ会談
エ ポツダム宣言　**オ** 昭和天皇　　**カ** 明治天皇　　**キ** 長　崎
ク 広　島　　　**ケ** オランダ　　**コ** ソ　連　　**サ** 水素爆弾

□(2) 下線部 **a** の連合国に属さない国を次から選び, 記号で答えなさい。
ア 中　国　　**イ** オーストラリア　　**ウ** フランス　　**エ** ドイツ

□(3) 下線部 **b** の秘密協定を結んだ際のアメリカの代表はだれですか。次の**ア〜エ**から1つ選び, 記号で答えなさい。
ア チャーチル　　　**イ** ヒトラー
ウ ローズベルト　　**エ** スターリン

□(4) 下線部 **c** に参戦とありますが, ある条約を破っての参戦でした。ある条約は何と呼ばれていますか。

右側欄外:

2
(1)
(2)　　　　　　調査団
(3)
(4)　　→　　　→　　　→

ワンポイント
　文中の(　　　)には「**満州国**」が入る。
(2)この文は**満州事変**を調査するために現地を訪れた, 国際連盟の調査団の報告書である。団長はイギリス人。

3
(1)①
　　②
　　③
　　④
　　⑤
　　⑥
　　⑦
(2)
(3)
(4)

⑥の秘密協定のときに戦後発足することになった国際連合の常任理事国の拒否権が認められた。

新しい日本へ

〔　　月　　日〕

西暦	年号	おもなできごと
	昭和	
1945	20	連合国に降伏する
		女性に参政権があたえられる
1946	21	男女平等のもとでの総選挙
		農地改革が行われる
		日本国憲法が公布される
1947	22	教育基本法ができる
		日本国憲法が施行される
1950	25	朝鮮戦争がおこる（〜 53）
1951	26	**サンフランシスコ平和条約**
		日米安全保障条約
1956	31	**日ソ共同宣言**
		国際連合に加盟する
1964	39	東海道新幹線が開通する
		東京オリンピック
1965	40	日韓基本条約
1970	45	日本万国博覧会（大阪）
1972	47	冬季オリンピック札幌大会
		沖縄が日本へ返還される
		中国との国交が正常化
1973	48	石油危機がおこる
1978	53	**日中平和友好条約**
	平成	
1990	2	東西のドイツが統一される
1991	3	ソ連の解体
1995	7	阪神・淡路大震災がおこる
1997	9	地球温暖化防止京都会議
1998	10	冬季オリンピック長野大会
2001	13	アメリカ同時多発テロ事件
2002	14	日韓共催サッカーワールドカップ
		日朝首脳会談が開かれる
2003	15	イラク戦争がおこる
2005	17	京都議定書が発効する
2008	20	世界金融危機がおこる
2011	23	東日本大震災がおこる
2015	27	選挙権の年令が満 18 才以上になる
		パリ協定
	令和	
2020	2	新型コロナウイルスが世界的に大流行する（パンデミック）

◆戦後の日本と世界の歩み

1. 戦後の改革と日本国憲法 ★★

連合国軍最高司令官総司令部（ＧＨＱ）は，日本の
↳最高司令官はマッカーサー
民主化を進めるために，さまざまな改革を指令した。

❶ **社会・経済の民主化**

- **農地改革**　政府が大地主の土地を買いあげ，小作
人に安く売った（農地改革）。これにより，多くの
農家が自分の農地をもつようになった（自作農）。
- **労働者の権利**　**労働組合法**や**労働基準法**などが定
　　　　　　　　　↳1945 年　　　　↳1947 年
められ，労働者の権利が守られるようになった。
- **財閥解体**　政治にも大きな力をもっていた三井・
三菱・住友などの財閥を解体し，経済の民主化を
　　　　　　　　　　　　　　　　独占禁止法の制定（1947 年）↳
はかった。

❷ **政治の民主化**…1945 年，満 20 才以上のすべての
男女に選挙権があたえられ，翌年の総選挙では 39
名の女性が国会議員に当選した。政党も復活した。
　　　　　　　　　　　　　　　　↳日本自由党，日本社会党など

❸ **教育制度の改革**…小学校 6 年間，中学校 3 年間が
　　　　　　　　　　　　　　　　↳教育基本法の制定（1947 年）
義務教育となり，**男女共学**になった。
↳国民主権・平和主義・基本的人権の尊重が三原則

❹ **日本国憲法の制定**…**1946 年 11 月 3 日**に公布され，
1947 年 5 月 3 日から施行された。

2. 国際社会への復帰と経済の復興 ★

❶ **冷戦と朝鮮戦争**…大戦後，アメリカを中心とする勢
　　　　　　　　　　　　　　↳資本主義国家群
力とソ連を中心とする勢力の対立が激しくなった。
↳社会主義国家群　　　　　　　　朝鮮民主主義人民共和国↳
これを**冷戦**という。朝鮮半島では，韓国と北朝鮮が
↳冷たい戦争ともいう　　　　　大韓民国↳
対立し，1950 年には**朝鮮戦争**がおこった。これに
↳日本では警察予備隊（のちの自衛隊）が設立された
より，日本ではアメリカ軍から大量の物資の注文を
受けて産業が活発になり，復興が早まった。

❷ **日本の独立**…**1951 年**，サンフランシスコの講和会
議で，日本は 48 か国と**サンフランシスコ平和条約**
　　　　　　　　　　　　　　　　　　　　　　　吉田茂首相↳
を結び，翌年，独立を回復した。また，同時にアメ
リカと日米安全保障条約を結び，日本の独立後もア
メリカ軍が日本の基地にとどまることになった。

❸ **国際社会への復帰**…1956 年，ソ連と**日ソ共同宣言**
に調印して国交が回復し，国際連合への加盟が認め

られ，国際社会への復帰が実現した。

❹ **高度経済成長**…科学技術の発達，工業設備の近代化などにより，重化学工業が発達し，日本は世界有数の経済大国に成長した。1964年には**東海道新幹線**が開業し，直後にアジアで初めてのオリンピックが東京で開かれた。高度経済成長は1973年の石油危機で終わり，その後は安定成長の時代となった。
↳一方で公害が発生した
↳1968年には日本は資本主義諸国の中で世界第2位の経済大国となった
↳1970年には大阪で万国博覧会が開かれた　　オイルショックともいう♪

❺ **沖縄の返還**…1952年に日本が独立を回復した後も沖縄はアメリカによる統治が続いていたが，**1972年**に返還された。しかし，今でも沖縄にはアメリカ軍基地が残され，問題となっている。
↳奄美群島は1953年に，小笠原諸島は1968年に返還された

3. これからの日本 ☆

❶ **世界の平和**…1989年にアメリカとソ連の**冷戦**は終わった。しかし，今なお地域紛争やテロが発生している。日本は国連の**平和維持活動（PKO）**に協力している。また，発展途上国の産業や生活の向上のために**政府開発援助（ODA）**を行っている。

❷ **まわりの国と日本**

• **韓国**　1965年に国交を正常化した。**竹島**を不法占拠しており，日本は抗議を続けている。
↳日韓基本条約

• **北朝鮮**　日本と国交はないが，2002年に**日朝首脳会談**が初めて開かれた。だが，日本人拉致の問題や核開発など多くの問題が残されている。

• **中国**　1972年に国交を正常化。1978年には**日中平和友好条約**を結んだ。日本との関係が深まる一方で，**尖閣諸島**の領有権を主張している。
↳日中共同声明

• **ロシア**　北方領土を不法占拠しており，日本はロシアに返還を求めている。
↳ほっぽうりょうど

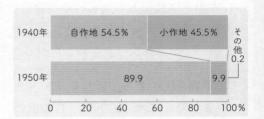

▲**戦後の民主化**　戦後，日本は民主化を目ざしていろいろな改革を行った。

| 教育の民主化 | 教育基本法の制定 6・3・3・4制の実施（1947年） |

| 社会・経済の民主化 | 農地改革（1946年） 自作地54.5%（1940年）→89.9%（1950年） 財閥解体（1945年） 労働者を守る法律の制定 労働組合法（1945年） 労働関係調整法（1946年） 労働基準法（1947年） |

| 政治の民主化 | 選挙法の改正（1945年） 満20才以上の男女に選挙権が認められる 日本国憲法の公布（1946年） |

1940年	自作地 54.5%	小作地 45.5%

その他 0.2

| 1950年 | 89.9 | 9.9 |

0　20　40　60　80　100%

▲**農地改革の前と後**　自作地が全国の約90%となり，農村の民主化が進んだ。

▲**北方領土**　第二次世界大戦後，ソ連が北方領土を占領し，1991年にソ連が解体してからはロシアが引き続き不法占拠している。

要点チェック

□①政府が農村の民主化を行うために行った改革を何というか。
□②女性に初めて参政権があたえられたのは，何年のことか。
□③日本が平和条約と同時に，アメリカと結んだ条約は何か。
□④日本の復興のきっかけとなった，1950年におきた戦争は何か。
□⑤沖縄が日本に復帰したのは何年のことか。
□⑥2011年3月，東日本をおそった大きな災害を何と呼ぶか。

①農地改革
②1945年
③日米安全保障条約
④朝鮮戦争
⑤1972年
⑥東日本大震災

文章でAnswer

Q　沖縄のアメリカ軍基地はどのような問題をかかえているか説明しなさい。

A　（例）基地の移転問題や騒音，アメリカ軍兵士がおこす事件や事故などが問題となっている。

実力問題

❶【戦後の日本】 次の文を読んで，あとの各問いに答えなさい。

東大寺学園中・奈良教育大附中・金城学院中―改

　1958年に発売された「チキンラーメン」は，その5年後には韓国で，①10年後には台湾などでも製造されるようになり，世界各地で愛好されています。清朝最後の皇帝であった愛新覚羅溥儀が晩年，好物にしていたのは「チキンラーメン」だったそうです。1971年に発売された「②カップヌードル」も，今や世界各地で食べられています。そして，私たちの食生活を大きく変えた食品として「③3分間，待つのだぞ。」のキャッチコピーが流行語にもなった大塚食品の「ボンカレー」があります。世界初のレトルト食品として，現在，この食品は日本赤十字社などの災害の救援物資に使用されています。④1991年，雲仙普賢岳が大噴火したとき，被災地を見舞われた天皇陛下も被災者と同じ「ボンカレー」をめしあがったそうです。

□(1) 下線部①のころ，新しく「3C」と呼ばれたものが各家庭に広まりました。この「3C」は「自動車（カー）」「カラーテレビ」とあと1つは何ですか，答えなさい。

□(2) 下線部①の年，国は工場廃水が原因であることを認め，その後の裁判では会社側に責任があるという判決が出されました。原因が化学工場（チッソ）からの廃水にふくまれる水銀によっておこった公害病名を答えなさい。

□(3) 下線部②は，1972年に武装した集団が人質をとって山荘に立てこもった事件の際に，機動隊員の食事となったことで有名になりました。この事件がおこったころのできごとについて述べた文として正しいものを次の**ア～エ**から1つ選び，記号で答えなさい。

ア 日本と中国との国交が正常化され，その記念として中国からパンダがおくられた。

イ 日本と韓国・北朝鮮との間で基本条約が締結され，自由に渡航できるようになった。

ウ サンフランシスコ平和条約にソ連が調印しなかったため，日ソ間は戦争状態が続いていたが，日ソ共同宣言を調印して，国交を回復した。

エ 札幌でオリンピックが開催されるのに合わせて，東北新幹線や青函トンネルが開通した。

❶
(1) _____

(2) _____

(3) _____

ワンポイント
(2)熊本県の八代海沿岸で発生した四大公害病の1つである。

□(4) 下線部③は 1973 年に放映されたテレビコマーシャルのせりふです。この年には石油危機（ほうえい）がおこり，世界の経済（けいざい）に大きなえいきょうをおよぼしました。これについて述べた次の文中の**ア〜エ**から誤（あやま）っているものを 1 つ選び，記号で答えなさい。

> 1973 年におこった戦争では，**アサウジアラビア**などの中東の産油国が石油を減産したり，**イイスラエル**を支持する国ぐにへの輸出を制限したりしました。そのえいきょうによって**ウ石油の価格が上**がったので，日本だけでなく，**エアメリカや中国**をはじめとする先進諸国（しょこく）の経済は大きく混乱しました。

(4) _____

(5) _____

□(5) 下線部④について，当時の天皇陛下（てんのうへいか）は 2019 年に退位されました。1989 年 1 月 8 日から始まったこの天皇陛下の在位期間中におこったできごとを次の**ア〜エ**から 2 つ選び，記号で答えなさい。

ア 奄美群島（あまみぐんとう）について，小笠原諸島（おがさわらしょとう）もアメリカから返還（へんかん）された。
イ 大阪で万国博覧会（ばんこくはくらんかい）が開催（かいさい）され，世界から多くの人が来場した。
ウ 東日本大震災（だいしんさい）が発生し，福島第一原子力発電所が大きな被害（ひがい）を受けた。
エ アイヌ民族の独自の文化を守るアイヌ文化振興法（しんこうほう）が制定された。

❷ _____

□ ❷ 【政治の民主化】右の写真は，戦後，新しい憲法（けんぽう）を制定することになった国会の議場のようすを写したものです。戦前の国会の議場と異（こと）なるところは何ですか。説明しなさい。
奈良教育大附中

_____
_____
_____
_____

❸ 【戦後の改革（かいかく）】次の文を読んで，あとの各問いに答えなさい。
開成中一改

　アジア・太平洋戦争（たいへいよう）に敗れた日本を占領（せんりょう）した連合国軍（れんごうこく）は，日本の①民主化政策（せいさく）を進めました。経済の民主化としては，戦前の日本の経済や産業を独占的（どくせん）に支配してきた②財閥（ざいばつ）を解体しました。また，農村では，戦前の日本の農地の約 47 ％を所有していた地主（じぬし）から農地を買いあげ，それまで地主から農地を借りて耕作し，（　③　）と呼ばれていた農民に安く売りわたしました。

□(1) 下線部①の民主化政策にあてはまらないことを次の**ア〜エ**から 1 つ選び，記号で答えなさい。
ア 労働組合の結成を保障（ほしょう）　**イ** 女性に選挙権（けん）を保障
ウ 教育基本法の制定　　　**エ** 自衛隊の発足（ほっそく）

□(2) 下線部②の「財閥」で，17 世紀後半，江戸（えど）の日本橋（にほんばし）に開店した越後屋呉服店（えちごやごふく）に始まる財閥の名を答えなさい。

□(3) （　③　）にあてはまることばを漢字で答えなさい。

❸ _____
(1) _____
(2) _____ 財閥
(3) _____

プラス
α
(2)三井（みつい）・住友（すみとも）・三菱（みつびし）・安田（やす だ）が四大財閥と呼ばれていた。

日本と関係の深い国々

試験の要点

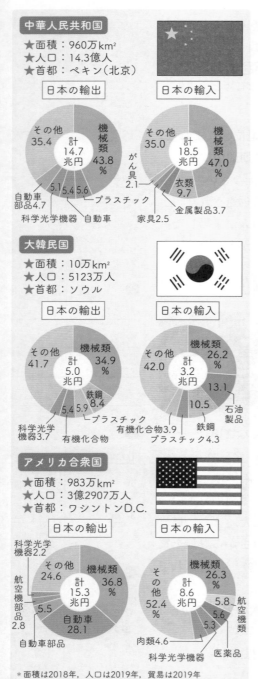

中華人民共和国
- ★面積：960万km²
- ★人口：14.3億人
- ★首都：ペキン(北京)

日本の輸出 / 日本の輸入

その他 35.4　計14.7兆円　機械類43.8%
自動車部品4.7　科学光学機器　自動車　プラスチック　5.1 5.4 5.6

その他 35.0　計18.5兆円　機械類47.0%　がん具2.1　衣類9.7　金属製品3.7　家具2.5

大韓民国
- ★面積：10万km²
- ★人口：5123万人
- ★首都：ソウル

日本の輸出 / 日本の輸入

その他41.7　計5.0兆円　機械類34.9%　科学光学機器3.7　有機化合物　プラスチック　鉄鋼8.4　5.4 5.9

その他42.0　計3.2兆円　機械類26.2%　13.1　10.5　石油製品　鉄鋼　プラスチック4.3　有機化合物3.9

アメリカ合衆国
- ★面積：983万km²
- ★人口：3億2907万人
- ★首都：ワシントンD.C.

日本の輸出 / 日本の輸入

科学光学機器2.2　その他24.6　計15.3兆円　機械類36.8%　航空機部品2.8　自動車部品　自動車28.1　5.5

その他52.4%　計8.6兆円　機械類26.3%　5.8 航空機類　5.6　5.3 科学光学機器　肉類4.6　医薬品

*面積は2018年，人口は2019年，貿易は2019年
(2020/21年版「日本国勢図会」)

↑日本と貿易のさかんな国々　日本と貿易額がいちばん多いのは中国で，2位がアメリカ合衆国，3位が韓国である。

1. 日本のおもな貿易相手国 ★★

　日本の最大の貿易相手国は中国で，以下，**アメリカ合衆国，韓国，台湾**などと続いている。かつては，アメリカ合衆国やヨーロッパ諸国との貿易が中心だったが，日本企業の生産拠点の海外移転やアジア地域の経済発展にともない，対アジア貿易がさかんになった。日本は，複数の国や地域と**FTA**(**自由貿易協定**)や**EPA**(**経済連携協定**)を結んだり，交渉を進めたりしている。また，シンガポールなどと**TPP**(**環太平洋経済連携協定**)を結んでいる。
↳貿易摩擦の対策や人件費を減らすため
↳中国などとのRCEP(地域的な包括的経済連携協定)が合意にいたり，署名された
↳TPP11やCPTPPと呼ばれることもある

2. 中華人民共和国(中国)と大韓民国(韓国) ★★

❶中華人民共和国
- **世界一の人口**　首都は**ペキン**(北京)。面積は日本の約25倍，**人口は約14億人で世界一。**
↳最大の都市はシャンハイ
- **日本との関係**　稲作，仏教・漢字など，日本の文化や伝統に大きなえいきょうをあたえてきた。昭和以降，満州事変・日中戦争と戦争が続いたが，**1978年**に日中平和友好条約が結ばれた。日本固有の領土である尖閣諸島の領有を主張している。
↳稲作　2019年　↳一人っ子政策を行っていた
↳1972年に日中共同声明

❷大韓民国…日本にもっとも近い国。首都は**ソウル**。過去に日本は朝鮮半島を支配したが，日韓基本条約で国交を回復した。**儒教**の教えが根強い。日本とは貿易面でも関係が深い。韓国料理は日本でも食べられ，民族衣装(**チマ−チョゴリ**)や文字(**ハングル**)も知られる。**竹島**(島根県)を不法占拠し続けている。
↳1910年から1945年まで　↳1965年
↳中国・アメリカ合衆国に次ぐ貿易相手国
↳キムチなど　↳せんきょ

3. アメリカ合衆国 ★★

　首都は**ワシントンD.C.**。国際連合の本部があるニューヨークはアメリカ最大の都市で，世界の政治・経済の中心地である。多くの民族がくらす**多民族国家**。大規模な農業を行って「**世界の食料庫**」と呼ばれ，また，**世界最大の工業国**でもある。日本とは政治・経済・文化の面でつながりが深い。
↳近年，ヒスパニックが増加している

4. その他のおもな国々 ☆☆

❶ **ロシア連邦**…ロシアは，かつてソビエト連邦を構成していた国の１つで，ソビエト連邦解体後の最大の国。**世界一広大な国土**をもち，日本の約45倍の広さがある。天然ガス，石油などの豊富な鉱産資源を利用して，工業や経済を発展させた。日本との間に北方領土問題をかかえている。BRICSの１つ。

❷ **ブラジル**…**世界一のコーヒー豆の産地**で，国土は南アメリカ大陸の約半分をしめる。古くから日本からの移住者が多い。2016年にリオデジャネイロで夏季オリンピックが開催された。BRICSの１つ。

❸ **オーストラリア**…羊毛の生産がさかん。日本は，天然ガス・石炭・鉄鉱石・肉類などを輸入している。

❹ **タ　イ**…仏教のさかんな国で，男子は一生に一度は僧の修行をするとされる。工業化に力を入れている。米の輸出量は世界第2位である。

❺ **フランス**…首都はパリで，芸術の都として有名。ドイツとともにＥＵ(ヨーロッパ連合)の中心的役割を果たしている。

❻ **インドネシア**…米づくりがさかんで，**石油・天然ガス・すず**などの鉱産資源も豊かである。日本へは，天然ガス・石炭・衣類・えびなどを輸出している。

❼ **サウジアラビア**…国土の多くが**砂漠**で，国民のほとんどは**イスラム教**を信仰しており，聖地のメッカはこの国にある。**石油の産出量が世界第3位**で，石油で国の経済が成り立っている。日本は石油をこの国からいちばん多く輸入している。

ロシア連邦
- ★面積：1710万km²
- ★人口：1億4587万人
- ★首都：モスクワ

ブラジル
- ★面積：852万km²
- ★人口：2億1105万人
- ★首都：ブラジリア

オーストラリア
- ★面積：769万km²
- ★人口：2520万人
- ★首都：キャンベラ

タイ
- ★面積：51万km²
- ★人口：6963万人
- ★首都：バンコク

フランス
- ★面積：55万km²
- ★人口：6513万人
- ★首都：パリ

インドネシア
- ★面積：191万km²
- ★人口：2億7063万人
- ★首都：ジャカルタ

サウジアラビア
- ★面積：221万km²
- ★人口：3427万人
- ★首都：リヤド

* 面積は2018年，人口は2019年

(2020/21年版「日本国勢図会」)

⬆ **日本と関係の深い国々**　ロシアは世界一広い面積をもつ。

要点チェック

■①面積が日本の約25倍ある中国の正式な国名を何というか。

■②次のＡ～Ｃの各文は，どこの国のことを説明したものか。

Ａ 首都はワシントンＤ.Ｃ.で，工業が発達している。日本のこの国との貿易額は，中国に次いで2番目である。

Ｂ 東南アジアにある仏教国で，米の輸出量が世界第2位である。

Ｃ 世界一のコーヒー豆の産地で，日本からの移住者の子孫も多い。

①中華人民共和国
②Ａ アメリカ合衆国
　Ｂ タ　イ
　Ｃ ブラジル

文章でAnswer

Q 近年，アメリカ合衆国で増加しているヒスパニックとは，どのような人々か，簡単に説明しなさい。

A （例）メキシコやカリブ海の国々からアメリカ合衆国に移住したスペイン語を話す人々。

実力問題

よく出る

1 【日本と関係の深い国々】ハナコさんたちは，日本とつながりの深い国々について調べることにしました。選んだ国は，次の4か国です。あとの各問いに答えなさい。

同志社女子中

| **A** アメリカ合衆国（がっしゅうこく） **B** サウジアラビア **C** 中国（ちゅうごく） **D** ブラジル |

□(1) 最初に，世界地図で国の場所を調べました。4か国**A**〜**D**の場所を次の地図中の**ア**〜**ク**から選び，記号で答えなさい。

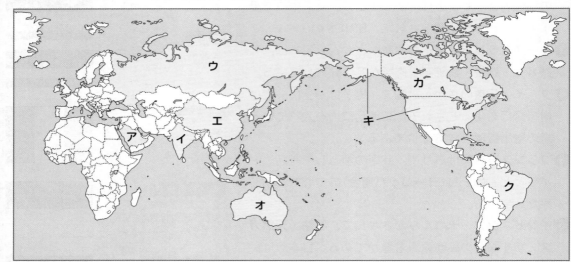

□(2) 次に各国のくらしについてまとめることにしました。4か国**A**〜**D**を説明した文として適当なものを次の**ア**〜**ク**からそれぞれ1つずつ選び，記号で答えなさい。

ア 砂漠（さばく）の国で，ほとんど雨が降（ふ）らない。イスラム教が国の宗教（しゅうきょう）とされている。

イ 儒教（じゅきょう）の教えを大切にし，親や年上の人をよく敬（うやま）う。独自の文字であるハングルが使われている。

ウ 人口は，14億人以上で世界一である。一人（ひとり）っ子政策（せいさく）が行われていたえいきょうで，きょうだいのいない子どもが多い。

エ ワインの原料となるぶどうづくりが各地で行われている。まわりの国と共通のお金を使っている。

オ 南半球にあるため，日本と季節が逆になる。英語を話す人が多く，羊もたくさんいる。

カ 広大な熱帯林がある。サッカーはいちばん人気のあるスポーツで，2014年にはワールドカップ大会が開かれた。

キ 仏教が生まれた国だが，現在は国民の多くがヒンズー教徒であ

1

(1)A _____

B _____

C _____

D _____

(2)A _____

B _____

C _____

D _____

る。サリーという民族衣装を着た女の人が多い。

ク 早くから車社会で，自動車の保有台数は世界一である。この国の映画や遊園地は，世界の多くの人に親しまれている。

□(3) 4か国の中で，日本と同じアジアの国が2つあります。その2つの国の組み合わせを次の**ア〜カ**から1つ選び，記号で答えなさい。また，アジア地域をふくむ大陸の名まえを答えなさい。

ア アメリカ合衆国，サウジアラビア

イ アメリカ合衆国，中国

ウ アメリカ合衆国，ブラジル

エ サウジアラビア，中国

オ サウジアラビア，ブラジル

カ 中国，ブラジル

□(4) 続いて，貿易について調べることにしました。次の表は，日本との貿易額（輸出と輸入を合計したもの）の多い国を，順に並べたものです。この表から読みとれることとして誤っているものをあとの**ア〜エ**から1つ選び，記号で答えなさい。

順位	国名	日本の輸出		日本の輸入	
		（億円）	（％）	（億円）	（％）
1位	**X**	146819	19.1	184537	23.5
2位	**Y**	152545	19.8	86402	11.0
3位	韓国	50438	6.6	32271	4.1
4位	（台湾）	46885	6.1	29276	3.7
5位	オーストラリア	15798	2.1	49576	6.3
6位	タイ	32906	4.3	27651	3.5
7位	**Z**	22051	2.9	27226	3.5

（2019年）　　　　　　　　　　　　　　　（2020/21年版「日本国勢図会」）

ア 日本の輸出額は，上位5か国で50％以上をしめている。

イ 日本の貿易額は，150兆円をこえている。

ウ 日本は**X**国に対して貿易黒字で，**Y**国に対して貿易赤字である。

エ 日本の輸出額の方が多い国は，7か国のうち4か国である。

□(5) (4)の表中の**X**国・**Z**国の組み合わせとして正しいものを次の**ア〜エ**から1つ選び，記号で答えなさい。

	ア	**イ**	**ウ**	**エ**
X国	中国	中国	アメリカ合衆国	アメリカ合衆国
Z国	サウジアラビア	ドイツ	サウジアラビア	ドイツ

(3) _____

_____ 大陸

(4) _____

(5) _____

🐟 **ワンポイント**

(2)**ア**は「砂漠の国」「イスラム教」，**イ**は「儒教」「ハングル」，**ウ**は「人口は〜世界一」「一人っ子政策」，**エ**は「ワイン」「ぶどう」「共通のお金」，**オ**は「南半球」「羊」，**カ**は「熱帯林」「サッカー」，**キ**は「ヒンズー教徒」「サリー」，**ク**は「車社会」「映画」がポイント。

プラス α

(3)アジアは，東アジア，東南アジア，南アジア，中央アジア，西アジアなどの地域に分けられる。

23 国際連合と世界の諸問題

試験の要点

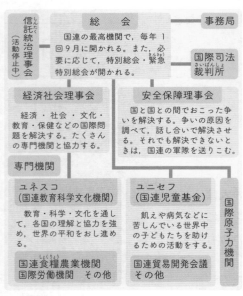

国際連合のしくみ図：

- **総会**…国連の最高機関で、毎年1回9月に開かれる。また、必要に応じて、特別総会・緊急特別総会が開かれる。
- **事務局**
- **信託統治理事会**（活動停止中）
- **国際司法裁判所**
- **経済社会理事会**…経済・社会・文化・教育・保健などの国際問題を解決する。たくさんの専門機関と協力する。
- **安全保障理事会**…国と国との間でおこった争いを解決する。争いの原因を調べて、話し合いで解決させる。それでも解決できないときは、国連の軍隊を送りこむ。
- **専門機関**
- **ユネスコ（国連教育科学文化機関）**…教育・科学・文化を通して、各国の理解と協力を強め、世界の平和をおし進める。
- **ユニセフ（国連児童基金）**…飢えや病気などに苦しんでいる世界中の子どもたちを助けるための活動をする。
- **国連食糧農業機関　国際労働機関　その他**
- **国連貿易開発会議　その他**
- **国際原子力機関**

🔺**国際連合のしくみ**　6つの主要機関と各委員会、専門機関などから成り立っている。

国連分担金の割合：
- その他 42.3
- アメリカ合衆国 22.0%
- 中国 12.0
- 日本 8.6
- ドイツ 6.1
- イギリス 4.6
- フランス 4.4
- 2019～2021年

（2020/21年版「世界国勢図会」）

🔺**国連分担金の割合**　日本はアメリカ合衆国、中国に次ぐ世界第3位の分担金となっている。

おもな国の政府開発援助額：
- その他 27.8
- アメリカ合衆国 22.3%
- ドイツ 16.3
- イギリス 12.7
- 日本 9.2
- フランス 7.9
- スウェーデン 3.8
- 計 1533 億ドル

（2018年、贈与相当額）　（2020/21年版「日本国勢図会」）

🔺**おもな国の政府開発援助額**　先進国の政府による発展途上国への資金援助や技術協力を**政府開発援助（ODA）**という。

1. 国際連合のしくみとはたらき ★★★

❶ **加盟国**…193か国（2020年）。日本は**1956年**に80番目の加盟国となった。
　↳日本は国連中心主義の外交政策をとっている

❷ **総会**…加盟国全体の会議で、毎年1回は開かれる。

❸ **安全保障理事会**…国際平和と安全を守るもっとも重要な機関。**アメリカ合衆国・イギリス・フランス・ロシア・中国**の**5常任理事国**と10か国の非常任理事国とからなる。重要事項の決議は常任理事国のうち1か国でも反対すると決定できない。これを**拒否権**という。
　↳任期2年　五大国一致の原則

❹ **国連平和維持活動（PKO）**…紛争地域に**国連平和維持軍（PKF）**を派遣し、紛争の再発防止や停戦の監視、公正な選挙の実施の支援などを行っている。

❺ **ユネスコ（国連教育科学文化機関）**…教育・科学・文化を通して、人の心に平和を愛する心を育て、世界平和を築く目的でつくられた。発展途上国への教育援助や世界遺産の保護などを行っている。
　↳UNESCO

❻ **ユニセフ（国連児童基金）**…世界の子どもを飢えや病気から守り、子どもの生活や健康を高めるための仕事をし、戦争などで被害を受けた子どもたちを救う活動に努めている。
　↳UNICEF　1989年に国連総会で子ども（児童）の権利条約を採択↲

2. 日本の国際協力 ★★

❶ **核兵器の禁止**…原爆を体験した世界で唯一の国である日本は、核兵器を「**もたず、つくらず、もちこませず**」という**非核三原則**を国会で決議している。

❷ **発展途上国への援助**…発展途上国への援助と協力は世界平和に直結する。世界有数の経済力をもつ日本は発展途上国への積極的な援助を期待されている。

❸ **青年海外協力隊**…日本の**政府開発援助（ODA）**の活動の1つ。発展途上国に青年海外協力隊を派遣し、直接に技術指導を行っている。また、民間の海外協力団体である**非政府組織（NGO）**も平和や人権、環境や医療などの改善のための活動を行っている。
　↳国際協力機構（JICA）が実施　非営利組織はNPO↲

3. 地球を守る ★★

国連では 1972 年に**ストックホルム**で「かけがえのない地球」をテーマとした国連人間環境会議，←スウェーデンの首都
1992 年に**リオデジャネイロ**で**地球サミット**（国連←ブラジルの第 2 の大都市
環境開発会議），2002 年には**ヨハネスバーグ**で**環**←南アフリカ共和国の最大都市
境・開発サミット（持続可能な開発に関する世界首←地球環境を守るための共同行動の必要性を確認
脳会議）が開かれ，環境問題について議論している。

❶**砂漠化**…森林の伐採や過度の焼き畑，過度の放牧が原因で，砂漠化が進んでいる。

❷**酸性雨**…自動車や工場の排出ガスには，雨を強い酸性にする硫黄酸化物や窒素酸化物がふくまれている。酸性雨が降り続くと，森林がかれたり，湖や沼にすむ魚が死んだりする。

❸**地球の温暖化**…地球の温暖化は，地球上の熱を保つ温室効果ガスの濃度が高まり，地球表面の気温が上←二酸化炭素やフロン，メタンなど
がる現象である。平均気温が上がると南極などの氷がとけ，標高の低い地帯が水没する。1992 年の地球サミットでは**気候変動枠組み条約**が成立し，1997←地球温暖化防止条約
年の**地球温暖化防止京都会議**では各国の温室効果ガ←温室効果ガスの削減を定めた
スの削減目標を決めた**京都議定書**が採択された。←アメリカ合衆国は不参加
2015 年には先進国，発展途上国とも温室効果ガス←発展途上国には削減の義務がなかった
の削減に取り組む**パリ協定**が採択された。

❹**オゾン層の破壊**…冷蔵庫などに使用されていた**フロ**←現在は製造・使用とも禁止
ンによってオゾン層が破壊される現象である。破壊←太陽から降り注ぐ人体・生態系に有害な紫外線をさえぎる
されたオゾン層の復活には時間がかかる。

❺**持続可能な開発目標**（ＳＤＧｓ）…2030 年までに持←エスディージーズ
続可能な社会を実現するために必要な 17 の目標で，2015 年に国連の総会で採択された。

■ 砂漠 ■ 現在の熱帯林
■ 砂漠化が進む地域 ■ 失われた熱帯林
◯ 酸性雨の被害が目立つ地域

⬆**地球の環境問題** アフリカの**サハラ砂漠の南側の地域（サヘル）**は砂漠化が，ブラジルの**アマゾン川流域**では熱帯林の伐採がいちじるしい。

1	貧困をなくそう
2	飢餓をゼロに
3	すべての人に健康と福祉を
4	質の高い教育をみんなに
5	ジェンダー平等を実現しよう
6	安全な水とトイレを世界中に
7	エネルギーをみんなに そしてクリーンに
8	働きがいも経済成長も
9	産業と技術革新の基盤をつくろう
10	人や国の不平等をなくそう
11	住み続けられるまちづくりを
12	つくる責任　つかう責任
13	気候変動に具体的な対策を
14	海の豊かさを守ろう
15	陸の豊かさも守ろう
16	平和と公正をすべての人に
17	パートナーシップで目標を達成しよう

⬆**SDGs の 17 の目標** 将来の人々のために，環境保全と開発を両立させた**持続可能な社会**を実現することがめざされている。

要点チェック

■①国際平和と安全を守るための国際連合の理事会を何というか。
■②世界遺産に登録し，世界的に貴重な建物や自然を保護する活動をしている国際連合の機関はどこか。
■③1972 年「かけがえのない地球」をスローガンに地球環境問題をとり上げた最初の国際会議は何か。

①安全保障理事会
②ユネスコ（国連教育科学文化機関）
③国連人間環境会議

文章でAnswer

Q 発展途上国への援助として日本はどのようなことを行っているか，説明しなさい。

A （例）日本は政府開発援助で資金援助や技術協力を行い，また，青年海外協力隊を派遣するなど，発展途上国の援助や人材育成に努めている。

実力問題

国際 解答11ページ

1【環境問題, SDGs】次の文を読んで, あとの各問いに答えなさい。

慶應義塾湘南藤沢中一改

　近年, ①開発途上国を中心に飢餓に苦しむ人は増えています。②開発途上国の食料にかかわる問題は他の地球規模での問題とも結びついています。食料問題は世界全体が取り組むべき課題であり, 国連加盟国が採択した③SDGsでは, 2030年までに飢餓人口をなくすことを約束しています。

□(1) 下線部①に関して, 飢餓の発生する原因や理由についての説明として適当でないものを次の**ア〜エ**から1つ選び, 記号で答えなさい。

　ア 干ばつや洪水などの天候不順により作物を十分につくることができない。

　イ 国際市場で食料の価格が上がり, 十分に買うことができない。

　ウ 穀物が家畜のえさやバイオ燃料として使われてしまうため, 必要な量が出回らない。

　エ 先進国向けの食料だけを生産しているために, 自由に農業が行えない。

□(2) 下線部②に関して, 右の図は, 問題の相互関係の一部を表しています(図中の矢印はえいきょうをあたえている方向を表しています)。図中の**A〜C**にあてはまるものを次の**ア〜オ**から1つずつ選び, 記号で答えなさい。ただし, 関係の一部は省略してあります。

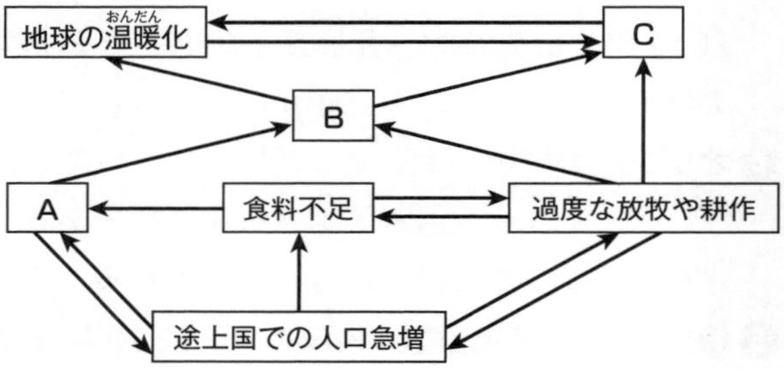

```
地球の温暖化 ⇄ ─────→ C
      ↖      ↗    ↑
        B ─→
  ↗   ↖      ↖
A ⇄ 食料不足 ⇄ 過度な放牧や耕作
      ↑            ↑
    途上国での人口急増
```

　ア 化石燃料の使用　　**イ** 熱帯林の減少　　**ウ** 貧困

　エ 海洋汚染　　　　　**オ** 砂漠化

□(3) 下線部③の日本語での呼び方について, 9文字で答えなさい。

2【国際連合】次の文を読んで, あとの各問いに答えなさい。

鎌倉学園中一改

　国際連盟は1920年, アメリカ大統領の(　①　)の提唱によりつくられましたが, さまざまな欠点があったため崩壊してしまいました。そこで第二次世界大戦中, アメリカ合衆国・イギリスなどのおもな連合国は人類を悲劇的な戦争から救うため, 戦前の国際連盟よりも強力な組織を新たにつくろうと考え, 1945年10月に国際連合が設立され

1

(1) ＿＿＿＿＿＿＿

(2)A ＿＿＿＿＿＿

　　B ＿＿＿＿＿＿

　　C ＿＿＿＿＿＿

(3) ＿＿＿＿＿＿＿

ました。2020年現在，加盟国は（　②　）か国です。国際連合は，総会・安全保障理事会・信託統治理事会・経済社会理事会・国際司法裁判所・事務局からなっています。総会は一国一票制で，議決に関して重要事項は出席投票国の（　③　）以上ですが，一般事項は過半数で表決します。安全保障理事会は，アメリカ合衆国・イギリス・ロシア・中国・フランスの5か国の常任理事国と10か国の非常任理事国からなり，議決は重要事項に関しては全常任理事国をふくむ（　④　）か国以上の賛成が必要です。重要な議題は，常任理事国のうち1か国でも反対すると決定できないことになっていて（五大国一致の原則），常任理事国がもつこの権利を[　A　]といいます。アメリカ合衆国とソ連が対立していた[　B　]時代には，両国による[　A　]のために安全保障理事会は機能しませんでしたが，[　B　]後は，こうした状況は改善されつつあります。国際司法裁判所は，本部を（　⑤　）のハーグに置き，15人の裁判官で構成されています。

　1990年，イラクによるクウェート侵略を発端としておきた[　C　]戦争のとき，国際連合決議にもとづいてアメリカ合衆国を中心とする多国籍軍がイラクに開戦し，クウェートを解放しました。しかし，戦争や武力行使をやめさせることができなかった例も多くあります。一方で，国際連合は，停戦や選挙の監視などの（　⑥　）を着実に展開しています。（　⑥　）は，原則として紛争がおきている国の同意にもとづいて行われるので，国連憲章により侵略国への制裁などを行うとされている国連軍とは異なります。日本も1992年に（　⑥　）協力法を制定し，同年（　⑦　）へ，その後東ティモールなど海外への自衛隊の派遣を行ってきました。

□(1) 文中の空欄[　A　]・[　B　]・[　C　]にあてはまる語句を漢字で答えなさい。

□(2) 文中の空欄（　①　）〜（　⑦　）にあてはまるものを，それぞれア〜エから選び，記号で答えなさい。

① ア ウィルソン　　イ ローズベルト
　 ウ トルーマン　　エ アイゼンハワー

② ア 173　　　　イ 183　　　　ウ 193　　　　エ 203

③ ア 5分の4　　イ 5分の3　　ウ 4分の3　　エ 3分の2

④ ア 7　　　　イ 9　　　　　ウ 11　　　　エ 13

⑤ ア イギリス　　イ フランス　　ウ オランダ　　エ ベルギー

⑥ ア PKF　　　イ PKO　　　ウ PDF　　　エ PPP
　 ピーケーエフ　　ピーケーオー　　ピーディーエフ　　ピーピーピー

⑦ ア モザンビーク　　イ ザイール
　 ウ カンボジア　　　エ 南スーダン

❷
(1)A

B

C

(2)①

②

③

④

⑤

⑥

⑦

ワンポイント
(2)⑥国連平和維持活動と呼ばれる。

① 地形図・地図記号に関する問題

解答 12 ページ

時　間 **30** 分　　得点

合格点 **70** 点　　　　　　点

 1 次の図１のＡ〜Ｄは，国土地理院発行の地形図（２万５千分の１，改変）の一部分です。この図を参考に，あとの各問いに答えなさい。【50 点】

西武学園文理中

図1

A

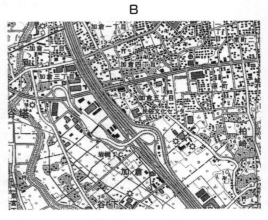

B

C

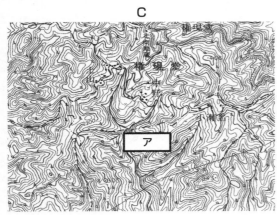

D

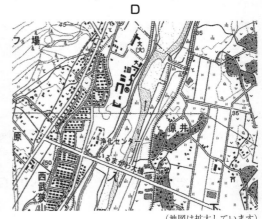

（地図は拡大しています）

(1) **図1**中の地形図**Ａ〜Ｄ**に関して述べた文**ア〜エ**で誤っているものを１つ選び，記号で答えなさい。（25 点）

ア Ａの鐘撞堂山（かねつきどうやま）の頂上（ちょうじょう）には，北，南，東からの登山道が整備されている。

イ Ｂの中央には，高速自動車道のインターチェンジがある。

ウ Ｃの中野周辺には，山の斜面（しゃめん）にわずかに畑地が見られる。

エ Ｄの中央の入間川（いるまがわ）は，南から北に流れている。

(2) 地形図（２万５千分の１，５万分の１）では，実際の地物（ちぶつ）（建物や地形など）を記号に置きかえて表現しています。次の**図2**は，**図1**のＣ中の[**ア**]周辺を拡大（かくだい）したもので，この[**ア**]には**写真**のような光景が入ります。[**ア**]に入る地図記号を，右の図に合わせて書きなさい。（25 点）

上流

下流

図2

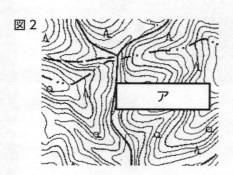

ア

写真

(1)	(2) 図中に記入

2 次の各問いに答えなさい。【50点】

(1) 右の図は横浜市大倉山の地形図です。地図上の**Y**の山頂部分にある建造物として何が読みとれますか。

(25点)

(2) 地図上の**X—Y**の断面図としてもっとも適切なものを次の**ア～エ**から1つ選び，記号で答えなさい。

(25点)

（国土地理院　2万5千分の1地形図「川崎」を144％拡大）

(1)
(2)

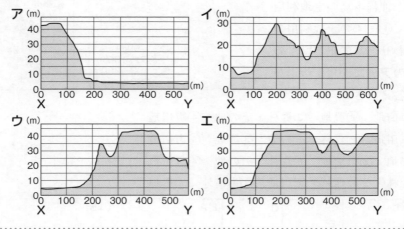

 1 (2)流れている水が急激に落下する部分を表す。高さは5m以上だが，有名なものや目印になるものは，5m未満でも表示している。

② 日本の諸地域 ①
（九州，中国・四国）

解答 12 ページ

よく出る **1** **九州地方について，次の各問いに答えなさい。**【47 点】

日本大第三中・同志社女子中―改

(1) 地図中の **a 〜 d** の県でさかんに栽培される農作物を次の**ア〜カ**から 1 つずつ選び，それぞれ記号で答えなさい。(各 3 点)

　ア ピーマン　　**イ** いちご　　**ウ** パイナップル

　エ しいたけ　　**オ** ぶどう　　**カ** さつまいも

(2) 次の **A 〜 D** の各文は，九州地方の何県のことを説明していますか。あてはまる県名をそれぞれ漢字で答えなさい。

(各 4 点)

　A 半島や島が多く，特に対馬や壱岐の島々で知られる。

　B 火山活動が続く桜島や九州新幹線の終点がある。

　C 世界最大級のカルデラをもつ阿蘇山がある。

　D 県庁所在都市に政府の出先機関や企業の支社・支店が集中している。

(3) 地図中の ▨ で示された平野は，九州地方を代表する米の産地です。この平野の名まえを漢字で答えなさい。(6 点)

(4) (3)の平野では夏を中心に稲作を行い，米の収穫後に温暖な気候を利用して小麦などを栽培しています。このような同じ農地で 1 年間に 2 種類の作物を栽培することを何というか，漢字で答えなさい。(6 点)

(5) 沖縄県について，右の地図は沖縄本島の地形，左の地図は沖縄本島の土地利用を示しています。沖縄本島の土地利用について①〜④の土地利用の組み合わせとして正しいものを，次の**ア〜エ**から 1 つ選び，記号で答えなさい。(7 点)

沖縄本島の地形（標高）

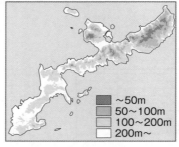

~50m
50〜100m
100〜200m
200m〜

沖縄本島の土地利用

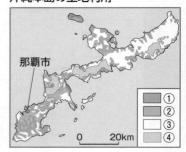

那覇市

0　　20km

①
②
③
④

　ア ①市街地　②農地　③森林・その他　④軍用地

　イ ①軍用地　②森林・その他　③農地　④市街地

　ウ ①農地　②市街地　③森林・その他　④軍用地

　エ ①森林・その他　②軍用地　③市街地　④農地

(1)a	b	c	d	(2)A		B
C		D		(3)	(4)	(5)

2 中国・四国地方の県を1つずつとりあげて調査を行いました。それぞれの人の報告書を読んで、あとの各問いに答えなさい。【53点】

大妻中一改

Aさん　日本海側の（　①　）市は特にa水産業がさかんで、b日本最大級の砂丘では特色ある農業が行われているなど、中国地方では第（　②　）次産業につく人の割合がもっとも大きい県です。また、人口が日本でいちばん少ない県です。

Bさん　全国で面積がもっとも小さい県ですが、たくさんの観光地があります。

Cさん　日本三景の1つの宮島にある（　③　）神社は、1996年に世界文化遺産に登録されました。また、お好み焼きは人気のある食べ物で、県内の広い範囲にお好み焼き屋が分布していました。

Dさん　気候は、（　④　）という暖流が大きなえいきょうをあたえます。この県でもっとも長い（　⑤　）川にも、手つかずの自然が残されていました。

(1) （　①　）～（　⑤　）にあてはまる地名・数字・語句をそれぞれ答えなさい。（各5点）

(2) 下線部aに関して、右の表は水産業のさかんな県（Aさんの調べた県、静岡県、千葉県、青森県）の漁獲量の全国にしめる割合を魚の種類別に示したものです。Aさんの調べた県にあてはまるものを選び、記号で答えなさい。（6点）

（単位：%）

	ア	イ	ウ	エ
まぐろ類	2.8	0.2	18.5	2.4
いわし類	—	9.8	4.0	3.0
あじ類	0.0	1.8	0.4	4.0
かに類	1.7	0.1	0.1	15.5
いか類	21.5	0.6	0.2	3.8

（2018年）　　（2021年版「データでみる県勢」）

(3) 下線部bについて説明した文として正しいものを1つ選び、記号で答えなさい。（6点）

　　ア 砂丘のけいしゃ地では、果実の生産が行われている。

　　イ かんがいを行い、米の二期作がさかんである。

　　ウ 冷涼な夏にはレタスやキャベツを栽培している。

　　エ 広い砂丘を利用して、牛の放牧がさかんである。

(4) Aさんが調べた県の山間部では、人口の減少がはげしく[　　　]化が深刻な問題になっています。[　　　]にあてはまる語句を答えなさい。（8点）

(5) Bさんが調べた県への観光客数は1988年に大幅に増えました。その理由を「～から」の形に合わせて10字程度で答えなさい。（8点）

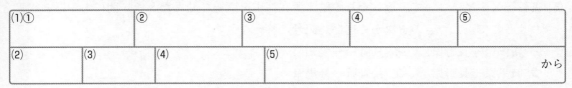

(1)①	②	③	④	⑤

(2)	(3)	(4)	(5)	
				から

2 それぞれの人が調べた県は、**A**さんは日本最大級の砂丘、**B**さんは面積がもっとも小さい県、**C**さんは日本三景の宮島とお好み焼き、**D**さんは暖流と手つかずの自然が残された川があることがヒントとなる。

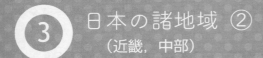

1 じょうくんの旅行日記を読んで，あとの各問いに答えなさい。【52点】　同志社香里中―改

　ゴールデンウィークにX富山県に行った。まず富山市でおいしい海産物を食べた。（　①　）半島の付け根にある富山湾は「a天然のいけす」と呼ばれ，ホタルイカやブリなどがたくさんとれるそうだ。

　次の日，県東部にある高さ日本一の　A　ダムへ向かった。ここは日本アルプスの1つ（　②　）山脈の北部に位置している。

　夏休みはY静岡県に行った。県西部のうなぎの養殖で有名な　B　湖へ行った。湖に面したb浜松市には工場がたくさんあった。その後，静岡市へ向かう途中，かつおの水あげが日本一となっている（　③　）港に立ち寄った。

　次の日，静岡市の清水港からフェリーに乗って（　④　）湾をわたり，伊豆半島へ向かった。伊豆半島では日米和親条約で開港された　C　港を見学し，熱海温泉に宿泊した。

(1) （　①　）～（　④　）にあてはまる語を次から選び，記号で答えなさい。（各5点）

　　ア 伊勢　　イ 焼津　　ウ 銚子　　エ 能登
　　オ 房総　　カ 赤石　　キ 飛驒　　ク 駿河

(2) 　A　～　C　にあてはまる語を漢字2字で答えなさい。（各6点）

(3) 下線部aについて，なぜ「天然のいけす」と呼ばれているか，正しいものを次から選び，記号で答えなさい。（5点）

　　ア 対馬海流と水深300m以下の冷たい海水により，暖流系と冷水系の両方の魚が生息できる環境になっているから。
　　イ 八甲田山系の深いぶな林から栄養豊富な水が注がれているため，えさとなる植物プランクトンが豊富だから。
　　ウ 日本最大の干潟が広がっており，豊かな栄養分がふくまれているから。
　　エ 北からの親潮と南からの黒潮がぶつかる潮目（潮境）になっているから。

(4) 下線部bについて，浜松市で生産がさかんなものを次から選び，記号で答えなさい。（4点）

　　ア めがね枠　　イ オートバイ　　ウ タオル　　エ セメント

(5) 下線部X・Yについて，それぞれの県庁所在都市を直線で結んだとき，間にある県の組み合わせとして正しいものを次から選び，記号で答えなさい。（5点）

　　ア 新潟県―長野県　　イ 長野県―愛知県
　　ウ 岐阜県―長野県　　エ 長野県―群馬県

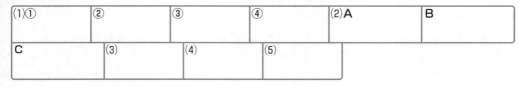

(1)①	②	③	④	(2)A	B
C	(3)	(4)	(5)		

2 近畿地方には，ア 大阪府，イ 兵庫県，ウ 京都府，エ 滋賀県，オ 奈良県，カ 三重県，キ 和歌山県があります。近畿地方について，次の各問いに答えなさい。【48点】 　　学習院中―改

(1) 次の①～④にもっとも適する府県名を**ア，イ，ウ，キ**から1つずつ選び，記号で答えなさい（人口は2019年10月現在のもの）。(各3点)
　① 面積　8401 km²，人口　約547万人
　② 面積　4725 km²，人口　約93万人
　③ 面積　4612 km²，人口　約258万人
　④ 面積　1905 km²，人口　約881万人

(2) 次の①～④にもっとも適する府県名を**ア～キ**から1つずつ選び，記号で答えなさい。(各3点)
　① 面積の大部分は平野で，海岸線はほぼうめ立てられている。
　② 南部は盆地で，北部は日本海に接している。
　③ 瀬戸内海と日本海の両方に接している。
　④ 海にまったく接しておらず，面積の約80％は山地である。

(3) 次の①～④にもっとも適する府県名を**ア～キ**から1つずつ選び，記号で答えなさい。(各3点)
　① 近畿地方で第一の農業府県で，たまねぎ，レタスの生産量やブロイラーの飼育数が特に多いことで有名。
　② 耕地面積の約80％は水田だが米の収穫量は少なく，かぶ・茶の生産量が特に多いことで有名。
　③ みかん・はっさく・かき・うめの生産量が特に多いことで有名。
　④ 春菊の生産量が特に多いことで有名であり，ぶどうなどの果樹も栽培されている。

(4) 次の①～④にもっとも適する府県名を**ア～キ**から1つずつ選び，記号で答えなさい。(各3点)
　① 東部の半島では真珠の養殖がさかんで，南部ではかつお・まぐろの沖合漁業がさかんに行われている。
　② 北部では松葉がに(ずわいがに)の漁が有名であり，南部ではのりの養殖量が特に多いことで有名である。
　③ 湖でのあゆ・ふな・こいの漁がさかんで，すし・甘露煮・佃煮が有名である。
　④ 関西のまぐろ水あげ基地となっている大漁港が南東部にある。

(1)①	②	③	④	(2)①	②	③	④
(3)①	②	③	④	(4)①	②	③	④

1 (5)長野県は共通しているので，もう1つの県は中部地方で内陸の県はどこかで考える。
2 (1)大阪府は人口が多いが，面積は非常にせまい。
　(2)近畿地方で海に面していない県は滋賀県と奈良県。滋賀県は琵琶湖が面積の6分の1をしめている。

4 日本の諸地域 ③
　　（関東，東北，北海道）

解答 13 ページ

（　月　日）	
時　間 **30**分	得点
合格点 **70**点	点

 1 **関東地方について，次の各問いに答えなさい。**【42点】

大妻嵐山中一改

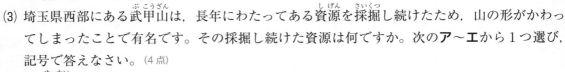

(1) 次の①〜⑤の地名，施設，遺跡がある都県名を漢字で答えなさい。また，その都県の位置を右の地図中の**ア〜キ**から選び，記号で答えなさい。（各6点）
　① 成田国際空港　　② 三浦半島　　③ 小河内ダム
　④ 霞ケ浦　　　　　⑤ 吉見百穴

(2) 関東地方以外を流れる河川を次の**ア〜オ**から1つ選び，記号で答えなさい。（4点）
　ア 利根川　　**イ** 相模川　　**ウ** 阿武隈川
　エ 荒　川　　**オ** 鬼怒川

(3) 埼玉県西部にある武甲山は，長年にわたってある資源を採掘し続けたため，山の形がかわってしまったことで有名です。その採掘し続けた資源は何ですか。次の**ア〜エ**から1つ選び，記号で答えなさい。（4点）
　ア 石灰石　　**イ** 銅鉱石　　**ウ** 石　炭　　**エ** 鉄鉱石

 (4) 2019年10月現在の東京都の人口は，日本全体の人口の約何分の1にあたりますか。いちばん近いものを次の**ア〜エ**から1つ選び，記号で答えなさい。（4点）
　ア 約4分の1　　**イ** 約7分の1　　**ウ** 約10分の1　　**エ** 約15分の1

(1)①都県名	記号	②都県名	記号	③都県名	記号
④都県名	記号	⑤都県名	記号	(2)	(3)	(4)

2 **地図を見て，次の各問いに答えなさい。**【26点】

東京農業大第一中

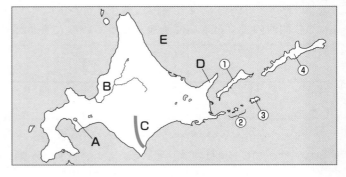

(1) 地図中の**A**の湖，**B**の河川，**C**の山脈，**D**の半島，**E**の海の名まえを答えなさい。（各4点）

(2) 地図中の①〜④は現在日本がロシア連邦に対して領土返還を求めている島々です。このうち，①と③にあたるものを，次の**ア〜エ**からそれぞれ1つ選び，記号で答えなさい。（各3点）
　ア 択捉島　　**イ** 国後島　　**ウ** 色丹島　　**エ** 歯舞群島

(1)A		B		C		D	
E			(2)①		③		

3 地図を見て，次の各問いに答えなさい。【32点】 北鎌倉女子学園中一改

(1) 地図中の①～⑥の県の中で県名と県庁所在都市名が異なるものは いくつあるか，次の**ア**～**エ**から1つ選び，記号で答えなさい。(5点)

　　ア 0　**イ** 1　**ウ** 2　**エ** 3

(2) 地図中の**A**と**B**の組み合わせとして正しいものを次の**ア**～**エ**から 1つ選び，記号で答えなさい。(5点)

　　ア A—阿武隈高地　**B**—北上川

　　イ A—奥羽山脈　　**B**—最上川

　　ウ A—奥羽山脈　　**B**—北上川

　　エ A—阿武隈高地　**B**—最上川

(3) 地図中の①の県が全国1位の生産額をほこる農作物を次の**ア**～**エ** から1つ選び，記号で答えなさい。(4点)

　　ア りんご　**イ** みかん　**ウ** おうとう　**エ** ぶどう

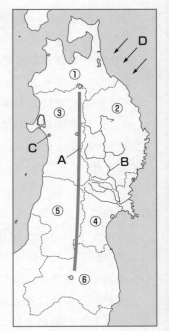

(4) 地図中の**C**の都市の雨温図を次の**ア**～**エ**から1つ選び，記号で答 えなさい。(5点)

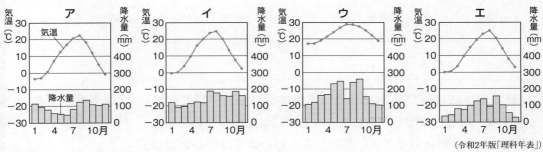

(令和2年版「理科年表」)

(5) 日本三景の1つ「松島」はどこの県にありますか。地図中の①～⑥から1つ選び，県名も答 えなさい。(8点)

(6) **D**は，夏に北東からふく冷たくしめった風を示しています。この風を何といいますか。ひら がな3字で答えなさい。(5点)

(1)	(2)	(3)	(4)	(5)番号	県名
(6)					

2 (1)**D**の半島は2005年に世界自然遺産に登録された。
3 (2)東北地方で太平洋に注ぐ川は，北上川と阿武隈川。
　(4)**C**の都市は日本海側の気候。冬の降水量に注目する。

4. 日本の諸地域 ③（関東，東北，北海道）　103

1 日本国憲法に関する次の文を読み，あとの各問いに答えなさい。【24点】　聖光学院中

最近，「働き方改革」という言葉を耳にすることが多くなってきました。また，実際多くの職場や会社でさまざまな対応がなされるようになっているようです。一方で，勤労者の権利については，すでに日本国憲法にも規定があり，具体的には右に示した日本国憲法の第27条や第28条の条文がこれにあたります。

(1) 条文中の_____にあてはまる語句を答えなさい。

(8点)

第27条	すべて国民は，勤労の権利を有し，
第1項	義務を負ふ。
第2項	賃金，就業時間，休息その他の勤労条件に関する基準は，法律でこれを定める。
第3項	児童は，これを酷使してはならない。
第28条	勤労者の団結する権利及び団体_____その他の団体行動をする権利は，これを保障する。

(2) 資料の条文が規定する勤労者の権利は，次のア〜オのうち，どれに分類されますか。正しいものを1つ選び，記号で答えなさい。(8点)

ア 自由権　**イ** 平等権　**ウ** 社会権　**エ** 参政権　**オ** 請求権

(3) 条文中の下線部については，最低賃金法という法律で支払われる賃金の最低額が定められますが，その額は都道府県ごとに設定されています。その理由を説明する次の文中の_____にふさわしい語句を答えなさい。(8点)

地域によって_____が異なるので，生活に必要な費用も変わってくると考えるため。

(1)	(2)	(3)

2 日本国憲法は条文全103条が11章に分けられ，章ごとに「天皇」などの見出しがあります。右の図は見出しごとの条文の数をまとめたものです。図中のA〜Dにあてはまる見出しを次から1つずつ選び，記号で答えなさい。【16点】（各4点）

慶應義塾中一改

ア 天　皇　**イ** 国　会　**ウ** 司　法　**エ** 戦争の放棄
オ 内　閣　**カ** 最高法規　**キ** 国民の権利及び義務

A	B	C	D

日本国憲法の見出し別条文数

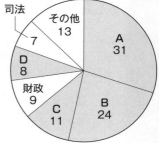

司法 7
その他 13
A 31
D 8
財政 9
C 11
B 24

3 次の文を読んで，あとの各問いに答えなさい。【30点】　独協埼玉中一改

日本国憲法第14条では，「すべて国民は，（　①　）に②平等であって，人種，信条，性別，社会的身分又は門地により，政治的，経済的又は社会的関係において，差別されない。」と規定している。この憲法ができてから70年以上が過ぎ，憲法に明記されていない「③新しい人権」も主張されるようになった。様々な国から多くの在留外国人が居住するようになり，価値観も

多様化している現在，「共に生きる」という考え方を育てることが大切である。

(1) 文中の空欄①にあてはまる語句を3字で答えなさい。(5点)

(2) 下線部②について，平等権の考え方に反するものを次から1つ選び，記号で答えなさい。(10点)

　　ア　高所得者からは，低所得者より多くの税を徴収すること。

　　イ　男女のちがいによって，就職の際の採用・配置・昇進などが異なること。

　　ウ　日本国籍を持たない者が衆議院議員選挙に立候補できないこと。

　　エ　18才に選挙権をあたえ，17才に選挙権をあたえないこと。

(3) 下線部③について，「新しい人権」の具体例を1つあげ，その内容を説明しなさい。(15点)

(1)	(2)	
(3)具体例	説明	

4 次の文を読んで，あとの各問いに答えなさい。【30点】

江戸川学園取手中―改

　日本国憲法第25条では，「すべて国民は，健康で（　①　）的な最低限度の生活を営む権利を有する」と規定しています。日本の社会保障制度はこの条文にもとづき，みんながお金を出し合い，生活に困ったときに助け合うしくみです。例えば，私たちが病気にかかった時，病院の窓口で保険証を見せれば，かかった費用の一部を払うだけで済みます。これを医療保険といいます。②治療にかかったお金の7〜9割は審査支払機関が払ってくれるので，患者は病院の窓口で残りのお金を払えばよいのです。これを自己負担(窓口負担)といいます。

(1) 文中の空欄①にあてはまる語句を漢字2字で答えなさい。(5点)

(2) 下線部②について，一般的にどのような人たちが1割の自己負担額になりますか。簡潔に答えなさい。

(10点)

(3) 近年，日本ではベーシックインカム(最低所得保障)を導入すべきかどうか，議論されています。ベーシックインカムとは，全ての国民へ，生活のために決まった額のお金を国が支給する制度のことです。この制度を導入することのメリット(長所)について説明しなさい。(15点)

(1)	(2)	
(3)		

2　憲法の第1章「天皇」(第1条〜第8条)，第3章「国民の権利及び義務」(第10条〜第40条)，第4章「国会」(第41条〜第64条)，第5章「内閣」(第65条〜第75条)。

3　(2)75才以上の者は医療費における自己負担額は1割(現役並み所得者は3割)。

6 政治に関する選択問題

1 次の文を読んで，あとの各問いに答えなさい。【60点】

中央大学付属横浜中一改

　日本国憲法第41条は，「国会は，国権の最高機関であって，国の唯一の立法機関である。」と定めています。2018年1月22日に①召集された国会は会期を32日間延長し，7月22日に閉会しました。この会期中，数多くの議案が審議されました。

　3月28日には参議院本会議で，②平成30年度予算が与党などの賛成多数で可決，成立しました。4月11日には，国籍を問わず日本を出国する人から1人あたり1000円を徴収する国際観光旅客税法が与党などの賛成多数で可決，成立しました。5月16日には，参議院本会議で政治分野における③男女共同参画推進法が全会一致で可決，成立しました。6月13日には，成人年令を現行の　A　才から　B　才に引き下げる改正民法が参議院本会議で可決，成立しました。また女性の婚姻開始年令を現行の　C　才から　D　才に引き上げ，男女の婚姻開始年令を統一することにしました。2022年4月1日から施行されることになっています。6月29日には，参議院本会議で働き方改革関連法と　E　を除く11か国による環太平洋パートナーシップ協定（TPP11）関連法が可決，成立しました。7月18日には，衆議院本会議で参議院議員定数を6名増やし，拘束名簿式の特定枠を比例区の一部に新設する改正公職選挙法が与党の賛成多数で可決，成立しました。参議院議員の定数は2019年に3名，2022年に3名それぞれ増加し，総定数は　F　名になります。議員定数に関してはさまざまな議論がありますが，④一票の格差を是正するためという側面もあります。

(1) 本文中の　A　～　D　・　F　に入る数字，　E　に入る国名の組み合わせとして正しいものを，次の表のア～カから1つ選び，記号で答えなさい。（12点）

	A	B	C	D	E	F
ア	18	16	18	20	シンガポール	245
イ	18	16	16	18	オーストラリア連邦	243
ウ	20	18	18	20	オーストラリア連邦	245
エ	20	18	16	18	アメリカ合衆国	248
オ	25	20	18	20	アメリカ合衆国	248
カ	25	20	16	18	シンガポール	243

(2) 下線部①を説明した文として正しいものを，次のア～エから1つ選び，記号で答えなさい。（12点）

ア　衆議院または参議院の請求で必要に応じて開かれる国会を特例会（特例国会）といい，審議事項が多いときなどに開催される。

イ　衆議院解散後の総選挙の日から30日以内に召集される国会を特別会（特別国会）といい，ここで新しい内閣総理大臣が指名される。

ウ　衆議院の解散中に審議が必要なことが生じた場合に召集される国会を臨時会（臨時国会）という。

エ　天皇の勅令により年に一度開催される国会を常会（通常国会）といい，開催期間は200日となっている。

(3) 下線部②を説明した文として正しいものを次の**ア**～**エ**から１つ選び，記号で答えなさい。(12点)

ア 予算案は，先に参議院で審議されなけらばならない。

イ 平成以降の予算では，防衛関係費が常に最大の歳出項目である。

ウ 平成30年度予算では，基礎的財政収支は赤字となっている。

エ 予算案を提出する権限は，内閣と国会議員にある。

(4) 下線部③の法律の内容として正しいものを次の**ア**～**エ**から１つ選び，記号で答えなさい。(12点)

ア 選挙では，各政党は男女の候補者数ができる限り均等となるよう配慮する。

イ 子どもが生まれて育児などが必要となった男性も育児休業を取得できる。

ウ 企業が従業員の募集や採用，昇進などに関して男女の差別をしてはならない。

エ 国や地方公共団体の公務員採用において，男女の人数を同数とする。

(5) 下線部④を説明した文として誤っているものを次の**ア**～**エ**から１つ選び，記号で答えなさい。

(12点)

ア 参議院議員比例代表選挙の場合には，選挙区選挙とは異なり一票の格差の問題は基本的には生じない。

イ 議員１人あたりの有権者数が少ない選挙区は多い選挙区に比べて一票の価値が重くなる。

ウ 一票の格差をめぐる裁判で，最高裁判所は違憲の判断を示し，選挙のやり直しを命じたことがある。

エ 一票の格差の問題とは，各選挙区間における議員１人あたりの有権者数のちがいによる投票価値の不平等の問題である。

(1)	(2)	(3)	(4)	(5)

2 次の問いに答えなさい。【40点】 慶應義塾普通部

(問) 次の **A**～**D** の文に書かれた「集団」は，それぞれの時代や内容が異なります。それぞれの集団の対象としてもっともあてはまるものを**ア**～**エ**から１つずつ選び，記号で答えなさい。

A 1950・60年代の高度経済成長期には，集団就職で不足がちの労働力を支えていた。(10点)

ア 外国人労働者　**イ** 都心出身者　**ウ** 大学卒業者　**エ** 地方出身者

B 安倍内閣は，日本が集団的自衛権を行使することができる法律を国会で成立させた。(10点)

ア 先進国　**イ** 同盟国　**ウ** 国連加盟国　**エ** 中立国

C 東日本大震災後，高所への集団移転の計画が徐々に進んでいる。(10点)

ア 生活保護受給者　**イ** 高額納税者　**ウ** 被災者　**エ** 高齢者

D 大阪国際空港をめぐる深刻な騒音問題に対して，集団訴訟がおこされたことがあった。(10点)

ア 周辺住民　**イ** 地方公共団体　**ウ** 空港利用者　**エ** 裁判員

A	B	C	D

1 (3)**ウ**の「基礎的財政収支」とは「（歳入－公債金）－（歳出－国債費）」のことである。

2 「集団」が指している対象者はだれかを考える。

実力強化編　地理　政治　歴史　国際　実戦力強化編　思考力・記述問題強化編　入試完成編

⑦ 政治の数字に関する問題

解答 15 ページ

1 国会に関するあとの各問いに答えなさい。【75点】　　江戸川学園取手中─改

　国会は国権の最高機関であり，唯一の立法機関であると日本国憲法第41条で定めています。日本の国会は衆議院と参議院から成り立つ a 二院制をとっています。衆議院・参議院の議員はともに国民の選挙によって選ばれます。

　衆議院は議員定数が（　①　）人(2020年12月現在)で任期は（　②　）年です。選挙は小選挙区比例代表（　③　）制という制度のもとで行われています。一方，参議院は議員定数が（　④　）人で任期は（　⑤　）年です。国会は衆議院と参議院の両院が同時に召集されることになっていますが，衆議院が解散中に必要があるときは参議院によって（　⑥　）集会を開くことができます。

　国会の仕事としてまず，b 法律をつくる，（　⑦　）を決めることがあります。ただし（　⑦　）は先に衆議院に提出することが憲法第60条で定められています。そのほか，国会の仕事として c 内閣総理大臣の指名，条約の（　⑧　），不正をした裁判官を辞めさせるかどうかを決める（　⑨　）裁判所の設置，憲法改正の発議，国政への調査などがあげられます。

(1) 文中の空欄（　①　）～（　③　）にあてはまる数字や語句の組み合わせとして正しいものを1つ選び，記号で答えなさい。(10点)

ア ① 465　② 4　③ 並立

イ ① 520　② 4　③ 並立

ウ ① 465　② 6　③ 並立

エ ① 465　② 4　③ 併用

オ ① 520　② 6　③ 併用

カ ① 465　② 6　③ 併用

(2) 文中の空欄（　④　）～（　⑥　）にあてはまる数字や語句の組み合わせとして正しいものを1つ選び，記号で答えなさい。なお，（　④　）には2018年に改正された公職選挙法に定められた数字があてはまるものとします。(10点)

ア ④ 248　⑤ 4　⑥ 臨時

イ ④ 262　⑤ 4　⑥ 臨時

ウ ④ 248　⑤ 6　⑥ 臨時

エ ④ 248　⑤ 4　⑥ 緊急

オ ④ 262　⑤ 6　⑥ 緊急

カ ④ 248　⑤ 6　⑥ 緊急

(3) 文中の空欄（　⑦　）にあてはまる語句を漢字2字で答えなさい。(10点)

(4) 文中の空欄（　⑧　）にあてはまる語句を答えなさい。(10点)

(5) 文中の空欄（　⑨　）にあてはまる語句を答えなさい。(10点)

(6) 文中の下線部 a について，なぜこのような制度にしているのか。簡単に述べなさい。(10点)

(7) 文中の下線部 b について，法律案を作成し，国会に提出できるのはある機関と国会議員です。ある機関とは何ですか。漢字 2 字で答えなさい。(10点)

(8) 文中の下線部 c に関して述べた文として正しいものを 1 つ選び，記号で答えなさい。(5点)

ア　内閣制度は 1885 年から始まり，初代内閣総理大臣は長州藩出身の黒田清隆である。

イ　戦前の総理大臣は貴族院議員の中から元老といわれる人々が指名し，天皇が任命した。

ウ　1955 年から 2005 年までに任命された総理大臣はすべて自由民主党(自民党)所属である。

エ　日本国憲法にもとづき任命された総理大臣は，2020 年末まですべて衆議院議員である。

(1)	(2)	(3)	(4)	(5)

(6)

(7)	(8)

2 次の A〜D の各文中の空欄（　①　）〜（　⑤　）にあてはまる適切な数字をあとのア〜エから 1 つずつ選び，記号で答えなさい。なお，経済分野の数値については，総務省や財務省の統計にもとづいています。【25点】(各5点)

〈暁星中一改〉

A　国は，わたしたち国民から租税を集め，国民が必要とする公共サービスを行っています。その使い方について，国(政府)はきちんと予算を作成し，毎年 1 月から開かれる通常国会で承認を得る必要があります。この国会の会期は（　①　）日です。

B　2019 年度の国の一般会計(当初予算)によれば，所得税・法人税・消費税などからなる租税および印紙収入は約（　②　）兆円であるのに対して，国の支出(歳出)は約（　③　）兆円となっており，不足する部分は毎年度国債を発行して補っています。

C　日本では高齢化が進んでおり，2020 年の日本の総人口の約 1 億 2714 万人のうち，約（　④　）万人が 65 才以上の高齢者となっています。そのため，老人医療費や介護・福祉に関する負担が増え，これが社会保障関係費の増加につながっています。

D　1994 年に，政党助成法が制定されました。これは国が政党に対して政党の活動にかかる費用の一部を政党交付金として交付するもので，国民 1 人あたり（　⑤　）円負担しています。

①　ア　30　　イ　60　　ウ　90　　エ　150

②　ア　17.1　　イ　36.8　　ウ　62.5　　エ　85.3

③　ア　75.4　　イ　82.6　　ウ　96.7　　エ　101.5

④　ア　1200　　イ　1900　　ウ　2400　　エ　3600

⑤　ア　250　　イ　300　　ウ　450　　エ　500

①	②	③	④	⑤

1　衆議院と参議院のちがいは，被選挙権の年齢，議員定数，選出方法，任期，解散の有無などで比較して覚えるようにする。また，国会・内閣・裁判所のしくみやはたらきを整理して理解しておく。

8 歴史年表を使った問題

解答 15 ページ

1 次の略年表は，日本の歴史の移り変わりについて示したものです。これを見て，あとの各問いに答えなさい。【40点】

立正大付属立正中

西暦	おもなできごと
645	（　①　）の改新が行われる……………………ア
	A
1016	藤原道長が摂政となる……………………イ
	B
1167	（　②　）が太政大臣となる……………ウ
	C
（　③　）	源 頼朝が征夷大将軍となる……………エ
	D
（　④　）	関ヶ原の戦いがおこる……………………オ
	E
1889	（　⑤　）憲法が発布される……………カ
	F
1946	（　⑥　）憲法が公布される……………キ

(1) 略年表中の（　①　）・（　②　）・（　⑤　）・（　⑥　）にあてはまる語句・人名を漢字で答えなさい。（各4点）

(2) 略年表中の（　③　）・（　④　）にあてはまる数字［西暦］を答えなさい。（各4点）

(3) 次のⅠ・Ⅱのできごとは，略年表中のA～Fのどこにあてはまるできごとですか。A～Fの記号で答えなさい。（各4点）
Ⅰ 日清戦争がおこる
Ⅱ 応仁の乱がおこる

(4) 次のⅠ・Ⅱの人物は，略年表中のア～キのどのできごとと関係がありますか。ア～キの記号で答えなさい。（各4点）
Ⅰ 石田三成
Ⅱ 中臣鎌足

(1)①	②	⑤	⑥	(2)③
(4)	(3)Ⅰ	Ⅱ	(4)Ⅰ	Ⅱ

2 右の年表を見て，次の各問いに答えなさい。【60点】

(1) 年表中の①・②・③は，それぞれ何年ですか。西暦で答えなさい。
(各4点)

(2) 年表中の④・⑥・⑧にあてはまる人名をそれぞれ次から選び，記号で答えなさい。(各4点)

　ア　足利義政
　イ　蘇我入鹿
　ウ　藤原鎌足
　エ　蘇我馬子
　オ　藤原道長
　カ　足利義満
　キ　藤原頼通

(3) 年表中の⑤・⑦にあてはまる人名を漢字で答えなさい。(各4点)

(4) 年表中の下線部 a 〜 e にあたる中国は，当時，何という国名で呼ばれていましたか。漢字で答えなさい。(各4点)

時　代	西　暦	できごと
弥　生		3世紀ごろ，日本の有力な国の女王が a 中国に使いを送る。
飛　鳥	593	聖徳太子が摂政となる。
	607	聖徳太子が b 中国に使いを送る。
	（　①　）	（　④　）がたおされ，大化の改新が行われる。
奈　良	710	奈良に都を移す。
	754	唐の高僧（　⑤　）が日本へ来て，仏教の発展につくす。…A
平　安	794	京都に都を移す。
	1016	（　⑥　）が摂政となる。
	1167	平清盛が朝廷から重い役職をあたえられる。
鎌　倉	1185	源頼朝が守護・地頭を置く。…B
	（　②　）	承久の乱がおこる。
	1274	｝執権（　⑦　）のとき，c 中国が2度にわたってせめてくる。
	1281	
室　町	1338	足利尊氏が幕府を開く。…B
	1404	（　⑧　）が d 中国と貿易を行う。
	1467	応仁の乱がおこる。
戦国		
安土桃山	1590	豊臣秀吉が天下を統一する。
江　戸	1603	徳川家康が幕府を開く。…B
	1641	鎖国が完成する。
明　治	1868	明治維新が始まる。
	（　③　）	日本と e 中国との間に戦争がおこる。
大　正	1914	第一次世界大戦が始まる。

(5) 年表中のＡ・Ｂについて，次の問いに答えなさい。(各4点)

　Ａについて，遣唐使として中国へ行き，そののち，日本へ帰ることができず，唐で高位高官の役人として一生を送った人物はだれですか。漢字で答えなさい。

　Ｂについて，Ｂのそれぞれの人物は，朝廷から共通の役職に任じられています。その役職名を漢字5字で答えなさい。

(1)① 年	② 年	③ 年	(2)④	⑥	⑧

(3)⑤	⑦	(4)a	b	c	d	e

(5)A	B

2 (4)それぞれ，『魏志』倭人伝，遣隋使，元寇，日明貿易，日清戦争などの語句を考えるとよい。いずれも当時の中国の国名（王朝名）が入っている。

⑨ 写真・史料を使った問題

解答16ページ

1 次の**写真 A〜F** を見て，あとの各問いに答えなさい。【44点】

千葉日本大第一中―改

| 写真 A | 写真 B | 写真 C |

| 写真 D | 写真 E | 写真 F |

(1) **写真A**は，奈良時代につくられた東大寺の大仏です。仏教によって国家を守っていこうとする政策を打ち出し，この大仏をつくらせた天皇はだれですか。(8点)

(2) **写真B**は，鎌倉時代の琵琶法師です。彼らが文字ではなく語りで伝えた軍記物語を何といいますか。(7点)

(3) **写真C**は，室町時代の水墨画です。この絵の作者はだれですか。(7点)

(4) **写真D**は，ヨーロッパのゴッホらに大きなえいきょうをあたえた江戸時代の版画の1つです。このような江戸時代の版画を何といいますか。(7点)

(5) **写真E**は，大正時代(1915年)の中等学校野球大会の始球式の写真です。写真の時期にもっとも近いできごとを，次の**ア〜エ**から1つ選び，記号で答えなさい。(7点)

　ア 普通選挙法が制定される。　　**イ** 中国に二十一か条の要求の大部分を認めさせる。
　ウ 日英同盟を結ぶ。　　　　　**エ** 関東大震災がおこる。

(6) **写真F**は，戦後日本にGHQが行った農村の民主化政策です。小作人の解放や地主の解体などをはかったこの政策を何といいますか。(8点)

(1)	(2)	(3)	(4)
(5)	(6)		

2 次の A〜H は歴史上の資料をわかりやすく表現したものです。それぞれにもっとも関係の深いことがらや人物をア〜エから 1 つ選び，記号で答えなさい。【56 点】(各 7 点) <u>巣鴨中一改</u>

A 開墾された土地は，三代または一代の期間のあとは公有地として収められるので，農民が耕作をなまけて，一度開墾された土地もまた荒れ果ててしまうという。今後は，開墾された土地は農民の思うままに私有させよ。公有地として収めることはやめよ。

ア 墾田永年私財法　イ 三世一身の法　ウ 養老律令　エ 藤原広嗣の乱

B わたしは，唐にいる僧が去年の春に唐の商人にたくして送ってきた記録を見ましたが，そこには唐のおとろえてきたようすが，くわしく書かれています。…(略)…この僧の記録をすべての公卿や博士に見せて，遣唐使を派遣するかどうか決めることをお願いします。

ア 宇佐八幡宮　イ 北野天満宮　ウ 藤原実頼　エ 藤原道長

C 反乱がおこると尼将軍は，おもな武士たちを集めて，次のように申しわたした。「みなの者，よく聞くがよい。…(略)…頼朝公の深い恩を忘れて，京都に味方するのか，それとも幕府に仕えるのか，この場ではっきりいってみよ。」

ア 源平合戦　イ 後白河上皇　ウ 北条時宗　エ 承久の乱

D 今日，山城の国人が会合を開いた。…(略)…同じように，山城の国中の土民たちも各所に集まって話しあった。…(略)…もし両畠山の軍が退かなければ，これをせめるということも決めた。両軍の武士たちは，退いていった。

ア 国一揆　イ 徳政一揆　ウ 法華一揆　エ 一向一揆

E 諸国の百姓が刀・槍・鉄砲その他の武器をもつことは，かたく禁止する。その理由は，耕作に必要のない道具をもてば，年貢の納入をしぶったり，一揆をくわだてたりするからである。

ア 織田信長　イ 戦国大名　ウ 長篠の戦い　エ 兵農分離

F 身よりのない百姓が本当に病気で耕作できないときは，近隣の者はもちろん，村の者たちが協力して田畑を耕作し，年貢を納めることができるよう，たがいに助け合うこと。

ア 公事方御定書　イ 五人組　ウ 松平定信　エ 新井白石

G 大名は，国元と江戸とで交代に居住し，毎年 4 月中に参勤せよ。従者の人数が最近たいへん多い。これは藩の出費で，また領民の負担でもある。今後は，ちょうどよい人数に減らすようにせよ。

ア 外様大名　イ 享保の改革　ウ 徳川秀忠　エ 徳川家光

H 日本人に対して法をおかしたアメリカ人は，アメリカ領事裁判所でとり調べ，アメリカの法律で罰する。アメリカ人に対して法をおかした日本人は，日本の役人がとり調べ，日本の決まりで罰する。

ア 天保の改革　イ 阿部正弘　ウ ハリス　エ アヘン戦争

A	B	C	D	E	F	G	H

 2 B この人物は菅原道真である。
　　C この「尼将軍」とは，北条政子である。

⑩ 外交の歴史

1 右の年表中の①～⑩に適する語句を〔語群〕から1つずつ選び，記号で答えなさい。（各2点）
また，年表中の線(1)～(3)に関するあとの各問いに答えなさい。【32点】 学習院中―改

〔語群〕

ア 平城京（へいじょうきょう）　　イ 平安京（へいあんきょう）
ウ 江戸（えど）　　エ 源頼朝（みなもとのよりとも）
オ 足利義満（あしかがよしみつ）　　カ 藤原道長（ふじわらのみちなが）
キ 平清盛（たいらのきよもり）　　ク 聖徳太子（しょうとくたいし）
ケ 卑弥呼（ひみこ）　　コ 古墳（こふん）
サ 元（げん）　　シ 百済（くだら）（ペクチェ）
ス 大化の改新（たいか　かいしん）

年表：
200　300　400　500　600　700　800　900　1000　1100　1200

①が邪馬台国の女王であった

各地の豪族が墓としての②をつくる

仏教が③から伝わる

④らが政治改革を行う

(1) 中大兄皇子（なかのおおえのおうじ）らにより⑤が行われる

⑥を都とした

⑦を都とした

(2)

⑧が摂政（せっしょう）となる

⑨が中心となり政治を行う

⑩が征夷大将軍（せいいたいしょうぐん）になる

（鉛筆アイコン）(1) このとき，どのような政治方針（ほう）（しん）を立てましたか。20字以内で答えなさい。（6点）

(2) この当時，中国（ちゅうごく）は何と呼（よ）ばれる国（王朝）でしたか。（3点）

(3) ⑨は，中国と貿易を行い，どのようなものを中国から輸入しましたか。1つ答えなさい。（3点）

①	②	③	④	⑤	⑥	⑦	⑧	⑨	⑩

(1)

(2)	(3)

2 よく出る 次のA～Hは日本が外国と結んだ条約です。あとの各問いに答えなさい。【38点】 広島大附中―改

A 日米修好通商条約（にちべいしゅうこうつうしょう）　　B 日中平和友好条約（にっちゅうへいわゆうこう）
C 下関条約（日清戦争の講和条約）（しものせき）（にっしん）　　D 日米安全保障条約（あんぜんほしょう）
E 日米和親条約（わしん）　　F 日韓基本条約（にっかんきほん）
G ポーツマス条約（日露戦争の講和条約）（にちろ）　　H サンフランシスコ平和条約

(1) 上のA～Hの条約を結ばれた順番に並（なら）べかえたとき，2番目，7番目の条約はどれですか。
それぞれ記号で答えなさい。（各2点）

(2) 次のできごとがおこったときと，もっとも近いときに結ばれた条約を，上のA～Hからそれぞれ選び，記号で答えなさい。（各2点）

a 東海道新幹線（とうかいどうしんかんせん）が開通した。
b 下田と函館の港を開いた。（しもだ）（はこだて）
c 先進国首脳会議（サミット）が初めて東京（とうきょう）で開かれた。（しゅのう）
d 遼東半島（りょうとう）を清に返した。（リアオトン）（しん）

(3) 次のできごとは，前の**A**〜**H**の条約を結ばれた順番に並べかえたとき，何と何の間におこりましたか。それぞれ「　と　の間」と記号で答えなさい。（各2点）

a 八幡製鉄所が仕事を始めた。　　　　　b 大阪で万国博覧会が開かれた。
c 新橋と横浜の間で鉄道が開通した。

(4) **A**の条約は，日本にとって不平等な内容のものでした。これについて，問いに答えなさい。

 ① どのような点が不平等だったのですか。その内容を2つに分けて説明しなさい。（8点）

② 日本は不平等な条約を改正するために，日本が近代化したことを宣伝しようと，ある洋式の建物をつくり，舞踏会を開きました。この建物の名まえを答えなさい。（4点）

③ のちにこの不平等な条約の改正を完全に達成した外務大臣の名まえを答えなさい。（4点）

(5) **H**の条約が結ばれたころ，日本の周辺では，激しい戦争が行われていました。この戦争の名まえを答えなさい。（4点）

(1) 2番目	7番目		(2) a	b	c	d
(3) a　　　と　　　の間		b　　　と　　　の間		c　　　と　　　の間		
(4) ①						
②		③		(5)		

3 次の日本と中国の関係についての文 A〜E を読んで，あとの各問いに答えなさい。【30点】

大阪女学院中―改

A 唐の国に留学僧としてわたり，帰国後，日本で天台宗を開いた。
B この首相のとき，日本は清との戦争を始めた。
C この天皇は，隋の国に使いを送ったり，冠位十二階を制定したりした。
D 唐の国より戒律を伝えるために来日し，唐招提寺を開いた。
E 明の国と貿易を考え，使いを送り，勘合貿易を始めた。

(1) 各文に関係する人物名を漢字で答えなさい。（各3点）

(2) 各文に関係する日本の時代を次の**ア**〜**ク**から1つずつ選び，記号で答えなさい。（各3点）

ア 飛鳥時代　　**イ** 奈良時代　　　**ウ** 平安時代　　**エ** 鎌倉時代
オ 室町時代　　**カ** 安土桃山時代　**キ** 江戸時代　　**ク** 明治時代

(1) A	B	C	D
E	(2) A	B	C	D	E

ヒント　1 (1)この改革には4つの方針があるが，どれも天皇中心をねらったものである。
3 (1)B．初代内閣総理大臣。　C．聖徳太子はこの天皇の摂政を務めた。　E．金閣を建てた。

⑪ 農業の歴史

1 次の文を読んで，あとの各問いに答えなさい。【70点】

　　　　　　　　　　　　　　　　　　　　　　　　　　　立命館中―改

　（　①　）時代までは，人々が食べ物を得る手段は，おもに動物や魚介類をつかまえたり，木の実などを採集することであった。

　その後，a弥生時代に中国・朝鮮から米づくりが伝わったことは，その後の日本の歴史に大きなえいきょうをあたえた。農作業が本格的に始まったことによって，身分・貧富の差が生まれ，人々の集団が大きくなって国がつくられていったのである。

　その後，b中国・朝鮮にならって国のしくみが整えられると，政府は人々に田を割りあて，そこからの収穫などを税としてとり立てるようになった。

　鎌倉時代や室町時代になると農業の技術が進歩したため生産量が増大し，各地で定期的に（　②　）が開かれるようになるなど商業も発展した。そして，力をたくわえた農民や商人は（　③　）をおこして，将軍などの権力者に反抗するようになった。その後，江戸時代になると平和が続き，c新しい農具が生み出されるなど農業技術がさらに進歩したこともあって，生産量は大幅に増大した。それとともに，商業も大きく発展し，全国から農産物などが送られて商業の中心地となった大阪は（　④　）と呼ばれた。

　明治時代になると，北海道が本格的に開発されるようになり，寒冷な北海道の気候に合った農業を研究するために札幌農学校がつくられ，アメリカから（　⑤　）が招かれた。明治時代以降も米などの国内生産量は増え続けたが，人口増加のペースはそれ以上であったため，国内で生産される米だけでは足りなくなり，植民地となった台湾や（　⑥　）で生産された米が日本に移入された。このような国内での米不足が続いたことで，d大正時代や昭和時代初めには日本国内で米の値段が高い状態が続いた。

(1) 文中の（　①　）～（　⑥　）にあてはまる適当な語句を答えなさい。(各7点)

(2) 下線部**a**について，弥生時代に米づくりが伝わったことについて説明した文として正しいものを次の**ア～エ**から1つ選び，記号で答えなさい。(6点)

　ア 米づくりは，弥生時代のうちに，北海道から沖縄までの日本列島全体に伝わった。

　イ 青森県の三内丸山遺跡は，米づくりのようすを伝える遺跡として有名である。

　ウ 農作業には，おもに木製の農具や石包丁などの石器が用いられた。

　エ 弥生時代には，米づくり以外にも鉄や銅などでつくった道具や仏教が伝えられた。

(3) 下線部**b**について，中国・朝鮮にならって国のしくみが整えられていった時期のできごとを説明した次の**ア～ウ**の文を古い順番に並べかえなさい。(8点)

　ア 中大兄皇子と中臣鎌足が，蘇我氏をたおして，大化の改新を行った。

　イ 中国の唐の都にならった平城京が奈良につくられた。

　ウ 聖徳太子が，中国の隋に使者を送り，十七条の憲法をつくるなどした。

(4) 下線部**c**について，江戸時代に生み出された新しい農具のうち「千歯こき」にあたるものを次の**ア～エ**から1つ選び，記号で答えなさい。(6点)

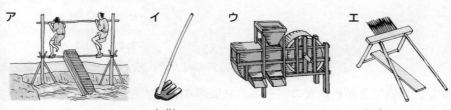

ア　　　　　　　　イ　　　　　　　ウ　　　　　　　　エ

(5) 下線部 d について，米の値段が高い状態が続いていたことを背景としつつ，第一次世界大戦による経済や外交の変化を直接の原因として 1918 年におきた，日本全国で米屋がおそわれたできごとの名まえを答えなさい。(8点)

(1)①	②	③	④	⑤
⑥	(2)	(3)	→	→	(4)	(5)

2 次の各問いに答えなさい。【30点】　　　芝浦工業大柏・帝京大中・千葉日本大第一・西武学園文理中―改

(1) 江戸時代に始められた農業のくふうとして正しい文を 1 つ選び，記号で答えなさい。(6点)

　ア 西日本を中心に麦を裏作とする二毛作が広まった。

　イ 備中ぐわや唐箕などの農具が使用されるようになった。

　ウ 草木の灰などを肥料として使うようになった。

　エ 牛や馬を使って，田畑を広く耕せるようになった。

(2) 朝廷が一定の年令以上の男女に口分田という農地を支給し，その引きかえに各種の税を納めさせる規定を何といいますか。漢字 5 字で答えなさい。(6点)

(3) 安土桃山時代になると天下統一を実現した人物が，各農地の石高や耕作者の名まえを記録した書類を作成させました。農地を耕す農民の管理と農地の収穫量の確認を同時に行うことができるこの書類の名称を漢字 3 字で答えなさい。(6点)

(4) 松平定信は，各大名に農村でのききん対策として米をためておくことを命じました。この政策を何といいますか。(6点)

(5) 室町時代の農業について正しい文を 1 つ選び，記号で答えなさい。(6点)

　ア 収穫の際には，石包丁で稲のほをつみとった。

　イ 肥料として，刈敷・草木灰が西日本で使われはじめた。

　ウ 裏作として麦をつくる二毛作が関東へ広まった。

　エ 肥料として，干鰯や油かすなどが使われた。

(1)	(2)	(3)	(4)	(5)

ヒント

1 (4)千歯こきは脱穀に使われる農具。従来のこきばしに比べ，作業効率が大いに上がった。

2 (1)・(5)鎌倉時代（畿内・西日本）は二毛作，草木灰・刈敷，牛馬耕。室町時代は二毛作の東日本への広がり，畿内の三毛作，竜骨車。江戸時代は踏車・備中ぐわ・千石どおし・唐箕・千歯こき。

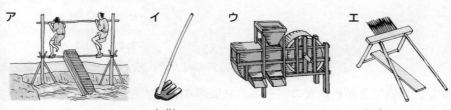

時 間 30分 　合格点 70点

〔　月　日〕　得点　　点

解答 17 ページ

1 江戸時代の文化について書かれた次の⑴～⑽の文に適する人物をあとの語群より 1 人ずつ選び，記号で答えなさい。【50 点】（各 5 点）

明星中―改

⑴ 町人の生活や思いを歌舞伎や人形浄瑠璃の脚本にして表した。代表作に『曽根崎心中』がある。

⑵ 町人の生き方をえがいた小説を発表し，人々の共感を呼んだ。代表作に『日本永代蔵』がある。

⑶ この画家は，諸国をめぐり**図 1** などのすぐれた風景画をえがいた。

⑷ この画家は，各種の画法を学び**図 2** などの作品を残した。

⑸ 『古事記』など日本の古典を研究し，儒教や仏教のえいきょうを受ける前の日本人の考え方を明らかにしようとした。

⑹ 8 代将軍徳川吉宗の命令でオランダ語を学んだ。また，さつまいもの栽培を研究し，ききんに備えた。

⑺ オランダ語の人体解剖書を苦心の末に翻訳し，『解体新書』と名づけて出版した。

⑻ シーボルトに学び，医者となった。また，世界の動きを研究し，『戊戌夢物語』で幕府の鎖国政策を批判して処罰された。

⑼ 日本で初めての寒暖計や摩擦を利用した発電器（エレキテル）をつくった。

⑽ 幕府の命令で全国の海岸線を測量し，現在のものとほとんどかわらないほど正確な日本地図をつくった。

〔語　群〕

ア 千利休　　　　イ 伊能忠敬　　　ウ 井原西鶴
エ 林羅山　　　　オ 高野長英　　　カ 平賀源内
キ 尾形光琳　　　ク 杉田玄白　　　ケ 近松門左衛門
コ 青木昆陽　　　サ 新井白石　　　シ 葛飾北斎
ス 本居宣長　　　セ 松尾芭蕉　　　ソ 歌川広重

図 1　　図 2

(1)	(2)	(3)	(4)	(5)	(6)	(7)	(8)	(9)	(10)

2 次の各問いの答えをそれぞれア～エから選び，記号で答えなさい。【20 点】（各 5 点）

⑴ 次の中で，鎌倉時代につくられた建造物はどれですか。
　ア 平等院鳳凰堂　　イ 法隆寺夢殿　　ウ 東大寺南大門　　エ 銀閣

⑵ 次の中で，念仏の教えを広めた僧はだれですか。
　ア 法然　　イ 空海　　ウ 栄西　　エ 日蓮

⑶ 次の中で，いちばん北に位置している古代の都はどれですか。
　ア 藤原京　　イ 平安京　　ウ 平城京　　エ 長岡京

(4) 次の中で，1人の作品を集めた歌集はどれですか。

　　ア『古今和歌集』　　イ『金槐和歌集』　　ウ『新古今和歌集』　　エ『万葉集』

(1)	(2)	(3)	(4)

3 次の文中の（　①　）〜（　⑤　）にあてはまる数字や語句を答えなさい。【30点】（各6点）

聖光学院中一改

　みなさんは日ごろ，芸術にどのようにふれているでしょうか。「芸術」ということばは知っていても，ふだんはなかなかふれる機会がないのではないでしょうか。

　一般的に芸術というものは，芸術家が心で感じたものを，文章や音楽，絵，彫像などを創作することで表現することです。わたしたちが芸術にふれる機会は，何も，美術館で絵画作品や彫刻作品を見たり，会場などで音楽，演劇，舞踊などを鑑賞するといった場合だけとは限りません。家の中でも例えば，シェークスピアや夏目漱石などの作品を読んだり，年末によく演奏されるベートーヴェン作曲の交響曲第（　①　）番「合唱付」をCDできいたり，美術全集などの書籍で，**A**のミロの（　②　）の彫像や，**B**のレオナルド＝ダ＝ヴィンチ作の「（　③　）」という絵画作品を見たりすることも芸術鑑賞です。この場合，読んだり，きいたり，見たりすることで，心から感動することが大切です。ただ単に，見た，きいた，というのでは芸術のすばらしさを十分に味わったとはいえないでしょう。

　テレビでも，クラシック音楽やオペラ，演劇，さらには（　④　）や狂言，歌舞伎などを放映しています。（　④　）や狂言は室町時代以来の，歌舞伎は江戸時代以来の日本の伝統芸能で，特に（　④　）は**C**のような面を使って幽玄※の美を演じるものです。水墨画や日本庭園なども，西洋の芸術とはおもむきの異なる奥深い感動を味わえる日本の芸術です。ほかにも日本を代表する芸術には，**D・E**のような江戸時代後期の喜多川歌麿や葛飾北斎などで知られる（　⑤　）があります。その大胆な構図と色彩による多色刷りの版画が当時のヨーロッパの画家に大きなえいきょうをあたえたことは有名な話です。

（注意）※幽玄…心の微妙な動きが無限に広がるような，味わい深い境地のこと。

A 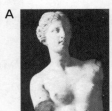　B 　C 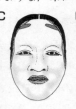　D 　E

①	②	③	④	⑤

1 (3)・(4)「東海道五十三次」は歌川広重，「富嶽三十六景」は葛飾北斎。
　　(5)国学を大成させた人物。
2 (4)問われているものは，鎌倉幕府3代将軍 源 実朝の歌集。

⑬ 人物の歴史

1 次のA・Bの文中の「彼」を，あとのア〜オから選びなさい。【8点】(各4点) [西南学院中—改]

A 彼は，重い納税に苦しみ，しかもキリスト教を信じることを禁止された約4万人の農民とともに一揆をおこしたが，幕府により殺された。

B 彼は，「農民を犠牲にして銅山の仕事をすることは絶対に許されない」といい，銅山の仕事をやめさせようと議会で政府に要求し，鉱毒の被害から農民を守るために一生をささげた。

ア 田中正造　　**イ** 福沢諭吉　　**ウ** 天草四郎(益田時貞)　　**エ** 幸徳秋水　　**オ** 大塩平八郎

A	B

2 日本の各時代の新しい動きを指導した人物に関して，次の各問いに答えなさい。【45点】(各5点)

[難問]

[昭和学院秀英中]

(1) 律令の制定にも関わったこの人物は，息子たちが政府で大きな役割を果たし，むすめの光明子が聖武天皇の皇后となりました。この人物の名を答えなさい。

(2) 律令政治の立て直しにつとめたこの人物は，山背(城)の地に新しい都を建設し，8世紀の末に遷都を成しとげました。この人物の名を答えなさい。

(3) 武家政権の2代目の執権をつとめたこの人物は，承久の乱で後鳥羽上皇の率いる朝廷方を破りました。この人物の名を答えなさい。

(4) 祖父が京都に設けた幕府の力を強めようとしたこの人物は，各地の大名を従わせるとともに，能を完成させた世阿弥の保護にもつとめました。この人物の名を答えなさい。

(5) 豊臣秀吉の死後に，新しく天下を支配しようとしていた徳川家康が将軍についた年はいつですか，西暦で答えなさい。

(6) 銅銭の寛永通宝を発行したり，ポルトガル船の来航を禁止するなど，幕府政治の基礎を固めていった将軍の名を答えなさい。

(7) 長州藩の萩の松下村塾で教えたこの人物は，高杉晋作や伊藤博文などを育て，教え子たちは幕府をたおす運動や明治政府の建設に力をつくしました。この人物の名を答えなさい。

(8) 東京帝国大学で政治学を教えたこの人物は，民本主義を唱える「憲政の本義を説いてその有終の美を済すの途を論ず」という題名の論文を発表しました。この人物の名を答えなさい。

(9) 安保闘争の後を受けて，1960年に国民所得倍増計画を発表した首相の名を答えなさい。

(1)	(2)	(3)	(4)	(5)
(6)	(7)	(8)	(9)	

3

A〜Fのそれぞれの人物が行ったことを次のア〜カのカードに書きました。あとの各問いに答えなさい。【47点】

[長崎大附中—改]

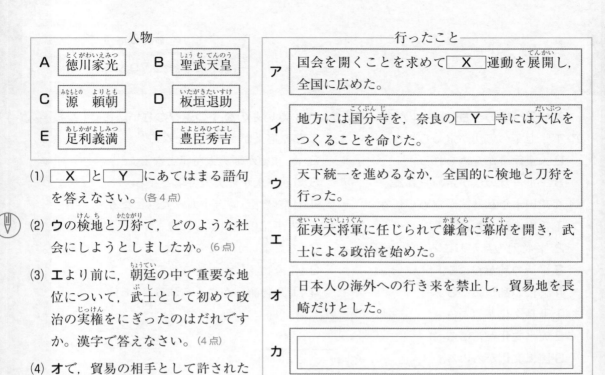

人物

A	徳川家光	B	聖武天皇
C	源 頼朝	D	板垣退助
E	足利義満	F	豊臣秀吉

行ったこと

ア 国会を開くことを求めて　X　運動を展開し，全国に広めた。

イ 地方には国分寺を，奈良の　Y　寺には大仏をつくることを命じた。

ウ 天下統一を進めるなか，全国的に検地と刀狩を行った。

エ 征夷大将軍に任じられて鎌倉に幕府を開き，武士による政治を始めた。

オ 日本人の海外への行き来を禁止し，貿易地を長崎だけとした。

カ

(1) 　X　と　Y　にあてはまる語句を答えなさい。(各4点)

(2) **ウ**の検地と刀狩で，どのような社会にしようとしましたか。(6点)

(3) **エ**より前に，朝廷の中で重要な地位について，武士として初めて政治の実権をにぎったのはだれですか。漢字で答えなさい。(4点)

(4) **オ**で，貿易の相手として許された国をすべて答えなさい。(5点)

(5) **カ**には日本と中国の貿易についての文が入ります。どのような文か答えなさい。(6点)

(6) 次のできごとと同じ時代のカードを**ア～オ**からそれぞれ1つずつ選びなさい。(各4点)
① 参勤交代の制度を定め，将軍の力を諸大名に示した。
② 鑑真は何度も遭難しながらも，中国から日本へわたった。

(7) 右の絵は，**ア～オ**のいずれかと同じ時代におこったできごとをえがいたものです。このできごとをきっかけにある条約の改正を求める声が高まりました。その条約の不平等な点は何か，1つ答えなさい。(5点)

(8) **A～F**の人物を年代の古い順に並べなさい。ただし，**D**は入れています。(5点)
□→□→□→□→□→ D （→は，年代の流れを示しています。）

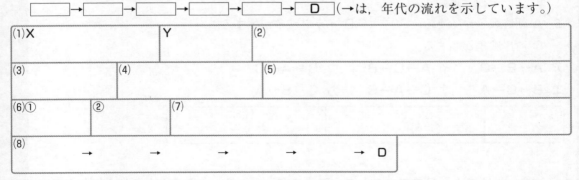

(1)X		Y	(2)	
(3)		(4)	(5)	
(6)①	②	(7)		
(8) 　□→　□→　□→　□→　□→ D				

3 (8)Aは江戸時代，Bは奈良時代，Cは鎌倉時代，Dは明治時代，Eは室町時代，Fは安土桃山時代の代表的な人物である。

14 時代順に並べかえる問題

解答 18 ページ

1

次のア～オのうち，１～４が古い順に並んでいないものを１つ選びなさい。【9点】 慶應義塾中

ア 1 十七条の憲法が定められる。
2 大宝律令が定められる。
3 三世一身の法が定められる。
4 墾田永年私財法が定められる。

ウ 1 壬申の乱がおこる。
2 平将門の乱がおこる。
3 平治の乱がおこる。
4 応仁の乱がおこる。

オ 1 飛鳥文化がおこる。
2 天平文化がおこる。
3 国風文化がおこる。
4 鎌倉文化がおこる。

イ 1 藤原道長が太政大臣となる。
2 源頼朝が征夷大将軍となる。
3 足利尊氏が征夷大将軍となる。
4 羽柴（豊臣）秀吉が太政大臣となる。

エ 1 『古事記』がつくられる。
2 『万葉集』がつくられる。
3 『平家物語』がつくられる。
4 『源氏物語』がつくられる。

2

次のそれぞれの問いのＡ～Ｃについて，古いものから年代順に並べるとどのようになりますか。あとのア～カから１つずつ選び，記号で答えなさい。【35点】（各7点） 京都女子中

(1) A 隋が中国を統一する。　　　B 仏教が大陸から伝わる。
　　C 大化の改新が行われる。

(2) A 保元の乱がおこる。　　　B 遣唐使が停止される。
　　C 『源氏物語』がつくられる。

(3) A 刀狩令が出される。　　　B 武家諸法度が出される。
　　C 御成敗式目（貞永式目）が出される。

(4) A ロシア革命がおこる。　　　B 第一次世界大戦が始まる。
　　C 三・一独立運動がおこる。

(5) A 朝鮮戦争が始まる。　　　B イラク戦争が始まる。
　　C 湾岸戦争が始まる。

ア A→B→C　　イ A→C→B　　ウ B→A→C
エ B→C→A　　オ C→A→B　　カ C→B→A

(1)	(2)	(3)	(4)	(5)

3

次の(1)～(4)のＡ～Ｄのできごとを，時代の古い順に並べかえるとどういう順になりますか。あとのア～オから１つずつ選び，記号で答えなさい。【36点】（各9点） ノートルダム女学院中―改

(1) A 聖徳太子が十七条の憲法を定める。

B　前方後円墳などの形の古墳が各地につくられる。

C　佐賀県にある吉野ヶ里遺跡からは，朝鮮半島から日本へわたってきて住みついた人々が伝えたと思われる鉄器・青銅器や麻や絹でつくった布，南方の貝でつくったうで輪や丸木舟の模型などが出土しており，当時，中国や沖縄と交易をしていたことがわかる。

D　中大兄皇子と中臣鎌足は蘇我氏をたおし，中国から帰国した留学生たちと天皇を中心とする新しい国づくりを始めた。

(2) A　聖武天皇が奈良の都に大仏をつくる詔を出した。

B　天皇のきさきに仕えた清少納言は，おりおりのできごとや自然にふれた随筆を書いた。

C　平清盛は太政大臣となり，むすめを天皇のきさきとし，一族の者を高い位につけた。

D　承久の乱のとき，北条政子は幕府の武士を団結させ，幕府は朝廷の軍を破った。

(3) A　執権の北条時宗は2度にわたるモンゴルの攻撃を退けた。

B　全国統一半ばにして織田信長は，家来の明智光秀におそわれ自害した。

C　8代将軍の足利義政は，京都の東山に静かな雰囲気の銀閣を建てた。

D　3代将軍の足利義満は，京都の北山に金ぱくをはった金閣を建てた。

(4) A　3代将軍徳川家光は，武家諸法度で参勤交代の制度を定めた。

B　豊臣秀吉は全国を統一すると，朝鮮侵略に乗り出していった。

C　本居宣長は，『古事記』を研究し，国学と呼ばれる学問を大成させた。

D　アメリカのペリーが開国を要求し，ついに幕府は国交を開いた。

ア　A→B→C→D　　イ　B→A→C→D　　ウ　A→D→C→B

エ　B→C→A→D　　オ　C→B→A→D

(1)	(2)	(3)	(4)

 4 次の(1)・(2)のア～エのできごとを時代の古い順に並べかえなさい。【20点】(各10点)

(1) ア　函館の五稜郭に立てこもった榎本武揚らが降伏した。

　　イ　王政復古の大号令が出され，新しい政府の成立が宣言された。

　　ウ　明治天皇は，神にちかうという形で五か条の御誓文を発表した。

　　エ　江戸幕府の第15代将軍徳川慶喜は，政権を朝廷に返還した。

(2) ア　刑部親王や藤原不比等が，大宝律令を編纂した。

　　イ　聖武天皇が，諸国に国分寺を建てることを命じた。

　　ウ　道鏡が，自ら天皇になろうとしたが，和気清麻呂らによって阻止された。

　　エ　天然痘が流行し，政治の実権をにぎっていた藤原氏の4人の兄弟も死亡した。

(1)	→	→	→	(2)	→	→	→

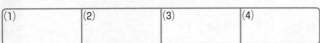

ヒント　4　(1)大政奉還の直後に，天皇の政治にもどす宣言が出された。

　　　　　　(2)聖武天皇は，疫病やききんがおきたため，仏教の力で国を安定させようとした。

⑮ 歴史地図に関する問題

解答 19 ページ

 よく出る **1** 武士の活躍について述べた次の文を読んで，あとの各問いに答えなさい。【34 点】

四條畷学園中―改

　1167 年，平清盛は武士として初めて（　①　）になると，貴族と武士の頂点に立ち政権をにぎり，一族中心の政治を行った。そのため，後白河法皇や貴族・寺社の反感を買った。そのような平氏に対し，後白河法皇の子以仁王は「平氏討伐令」を出し，源頼政とともに宇治より出兵したが，戦死した。しかしこの結果，全国の源氏が挙兵し，源頼朝は 1180 年，妻北条政子の父（　②　）の援助で伊豆から挙兵，鎌倉を本拠地とした。一方，源義仲は木曽から挙兵し，1183 年，平氏を都から追いはらった。頼朝の弟である源義経は a平泉を出て頼朝に合流し，頼朝の命令を受けて，都で悪行を重ねていた義仲をうち，一ノ谷・屋島で平氏と戦い，1185 年にb壇ノ浦で平氏をほろぼした。

(1) 文中の（　①　）・（　②　）にあてはまる語句・人名をそれぞれ答えなさい。（各 5 点）

(2) 平清盛が，中国との貿易のために整備した港を何といいますか。また，その港の位置を右の地図中の**ア〜エ**から 1 つ選び，記号で答えなさい。（各 5 点）

(3) 下線部 **a・b** の位置を右の地図中の**ア〜エ**から 1 つずつ選び，それぞれ記号で答えなさい。（各 4 点）

(4) 平氏一門があつく信仰した，現在，世界遺産にも登録されている神社の名称を答えなさい。（6 点）

(1)①		②	(2)港名		記号
(3)a	b		(4)		

難問 **2** 次の①〜⑤の文は，それぞれある場所について説明したものです。どこについての説明か，あとの語群から 1 つずつ選び，記号で答えなさい。また，それぞれの場所をあとの地図中の**A〜J**から 1 つずつ選び，記号で答えなさい。【30 点】（各 3 点）

初芝富田林中―改

① 1943 年に発見された弥生時代後期の遺跡のある場所で，水田のあとのほか，12 の住居と 2 つの高床倉庫あと，多数の木製農具などが見つかった。

② 1576 年に織田信長によって城が築かれた場所で，城は本能寺の変後に焼失した。

③ 1600 年に徳川家康が石田三成らを破った場所である。この場所での戦いに勝利した家康は，のちに征夷大将軍になり，江戸に幕府を開いた。

④ 1854 年に結ばれた日米和親条約により開港された港町で，戊辰戦争では五稜郭の戦いの舞台ともなった。

⑤ 1945 年 8 月 6 日にアメリカ軍によって世界で初めて原子爆弾（げんしばくだん）が投下された都市としてよく知られ，1955 年に第 1 回原水爆（げんすいばく）禁止世界大会が開催（かいさい）された。

〔語　群〕

ア 関ヶ原（せきがはら）　**イ** 三内丸山（さんないまるやま）
ウ 函館（はこだて）　**エ** 長　崎
オ 大　阪　**カ** 広　島
キ 長篠（ながしの）　**ク** 安土（あづち）
ケ 会津（あいづ）　**コ** 登呂（とろ）

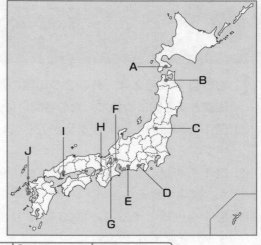

①語群	地図	②語群	地図	③語群	地図
④語群	地図	⑤語群	地図		

3 次のA〜Fの都市・地域（ちいき）はどの都道府県にありますか。右の地図中のア〜コから 1 つずつ選び，記号で答えなさい。

【36 点】（各 6 点） ［同志社女子中―改］

A 鎌倉幕府（かまくらばくふ）が開かれた。

B 天保（てんぽう）の大ききんの後，元役人の大塩平八郎（おおしおへいはちろう）が反乱（はんらん）をおこした。

C 日清戦争（にっしん）の講和会議（こうわ）が開かれた。

D 1854 年，日米和親条約（にちべいわしん）によって，函館とともに開港が決まった。

E 1901 年，日本初の近代的な製鉄所（せいてつじょ）である官営八幡製鉄所（やはた）が生産をはじめた。

F 平清盛（たいらのきよもり）は大規模（きぼ）な社殿（しゃでん）をつくり，平氏（へいし）の守り神をまつった。

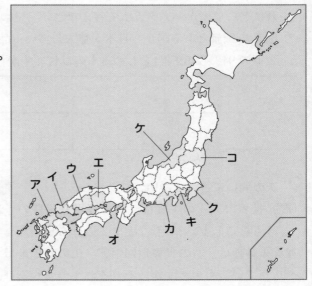

A	B	C	D	E	F

1 (2)この港は現在の神戸港（こうべ）にあり，中国の宋（そう）（南宋）から宋銭などを輸入した。

2 ①弥生時代（やよい）の代表的な遺跡（いせき）には，ほかに佐賀県の吉野ケ里遺跡（よしのがり）がある。
⑤ 8 月 9 日に原子爆弾が投下された都市と混同（こんどう）しない。

3 C日清戦争の講和条約は，下関条約（しものせき）。

時間 30 分	得点
合格点 70 点	点

16 世界の国々のようす

解答 19 ページ

1 右の図１と図２は，ある２つの国の国旗を示しています。これらの国旗およびそれぞれを国旗とする国について，次の各問いに答えなさい。【48 点】

京都女子中一改

(1) 図１の国旗の中で大きな星が表している政党(せいとう)は何ですか。漢字で答えなさい。（7 点）

図１

(2) 図１を国旗とする国と日本が，1978 年に結んだ条約は何ですか。漢字で答えなさい。（6 点）

(3) 図１を国旗とする国の 2020 年 12 月現在の国家主席はだれですか。漢字で答えなさい。（7 点）

(4) 図１を国旗とする国の南西部に住み，自治を認(みと)められている少数民族を何といいますか。答えなさい。（7 点）

(5) 図２の国旗の中にイスラム教の聖典(せいてん)の一節が書かれていますが，この聖典は何ですか。カタカナで答えなさい。（7 点）

図２

(6) 図２を国旗とする国には，イスラム教徒が一生のうちに１回は巡礼(じゅんれい)に行くことを大切な務めとする聖地がありますが，それはどこですか。カタカナで答えなさい。（7 点）

(7) 図２を国旗とする国から日本が輸入している品目のうち，輸入金額の 94％(2019 年)をしめるものは何ですか。漢字で答えなさい。（7 点）

(1)	(2)	(3)	(4)

(5)	(6)	(7)

2 次の問いに答えなさい。【12 点】（各３点）

埼玉平成中一改

（問）世界の人々の主食は，次の写真Ａ～Ｄの「米」「小麦」「とうもろこし」「いも」などで，これらを調理して食べます。写真の料理は，右の世界地図中ア～エのどの地域(ちいき)でおもに食べられているものですか。それぞれ１つずつ選び，記号で答えなさい。

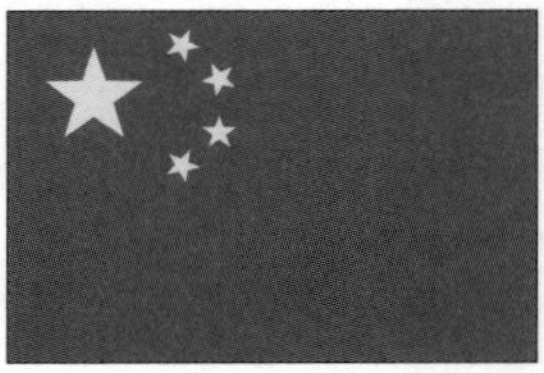

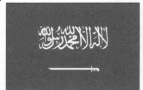

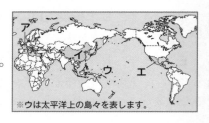

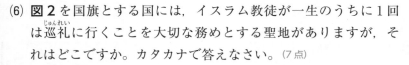

※ウは太平洋上の島々を表します。

A

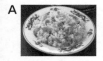

「米」を調理したチャーハン

B

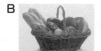

「小麦」を調理したパン

C

「とうもろこし」を調理したタコス

D

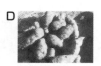

むし焼きなどにする「いも」

A	B	C	D

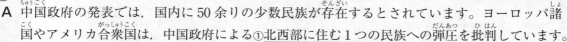

3 少数民族について書かれたＡ〜Ｃの文を読んで，各問いに答えなさい。【40点】　帝京大中一改

A 中国政府の発表では，国内に50余りの少数民族が存在するとされています。ヨーロッパ諸国やアメリカ合衆国は，中国政府による①北西部に住む１つの民族への弾圧を批判しています。

(1) 下線部①で示された民族名を**ア〜エ**から１つ選び，記号で答えなさい。(7点)

ア ウズベク族　　**イ** チベット族

ウ ウイグル族　　**エ** タジク族

(2) 右の**写真１・２**は，下線部①が深いかかわりをもつ宗教に関連する礼拝所や礼拝のようすを示しています。この宗教名を答えなさい。(6点)

写真1

写真2

B ②この民族は，おもに**地図１**中の点線内の地域に住んでいます。厳しい自然条件の中で生活する彼らは，不足する栄養分を補うために，狩りで得た獲物の生肉を食べることでよく知られています。

(3) 下線部②で示された民族名を答えなさい。(7点)

地図1

C ③この民族は，**地図２**中の地域に住んでいます。17世紀から18世紀にかけて，ヨーロッパからやってきた人々は，彼らのことを"野蛮でみにくい"と表現しました。のちにイギリスの植民地となったこの地で，彼らは1967年まで政府によってまったく無視され，市民権も参政権ももたない状態が続きました。

(4) 下線部③で示された民族名を答えなさい。(7点)

(5) **地図２**中の●の位置にあり，世界複合遺産にも登録されている地域にある**写真３**の自然造形物を**ア〜エ**から１つ選び，記号で答えなさい。(6点)

ア グレートバリアリーフ

イ ウルル(エアーズロック)

ウ グランドキャニオン

エ キリマンジャロ

地図2

写真3

(6) **地図２**中の●と同じ経線上にない国を**ア〜エ**から１つ選び，記号で答えなさい。(7点)

ア ロシア　　**イ** インドネシア

ウ 日　本　　**エ** マレーシア

(1)	(2)	(3)	(4)	(5)	(6)

 1 図１，図２の国は，どちらも貿易で日本とのつながりが深い国である。

3 (2)この宗教を信仰する人々は，１日５回，聖地に向かっているのる。

1 次の文を読んで，あとの各問いに答えなさい。【50点】 〔高槻中・清風中・富士見中・湘南学園中―改〕

　今日，地球の環境が大きな問題になっています。1972年，a国連人間環境会議が開かれて以来，国連はb地球環境問題にとり組んでいます。一方，地球環境問題は国連や各国政府だけでなく，民間団体，さらに一般市民といったあらゆる人々の協力が必要な身近な問題です。そして，特に近年，cこれまでのエネルギーにかわるエネルギーの開発が活発に進められています。

(1) 下線部aについて，この会議での合いことばを次から1つ選び，記号で答えなさい。(10点)

　ア 持続可能な開発　　**イ** 地球は青かった　　**ウ** かけがえのない地球　　**エ** 宇宙船地球号

(2) 下線部bについて，次の問いに答えなさい。(各10点)

① 下線部bの1つが地球温暖化です。右の表は，4か国の二酸化炭素総排出量と，1人あたりの二酸化炭素排出量の変化を表したものです。表中の**X**にあてはまる国を次から1つ選び，記号で答えなさい。

　ア インド　　**イ** アメリカ合衆国
　ウ ドイツ　　**エ** サウジアラビア

国名	二酸化炭素総排出量(百万t)		1人あたりの二酸化炭素排出量(t)	
	1990年	2017年	1990年	2017年
中国	2122	9302	1.86	6.67
X	4803	4761	19.20	14.61
日本	1042	1132	8.43	8.94
カナダ	420	548	15.15	14.99

(二酸化炭素換算)　　(2020/21年版「世界国勢図会」)

② 次の図中の**P〜R**には，酸性雨，砂漠化，熱帯林破壊のいずれかの環境問題があてはまります。また，地図の**A〜F**は，環境問題が深刻な地域です。**P〜R**の環境問題とその問題が深刻な地域の組み合わせとして正しいものをあとから1つ選び，記号で答えなさい。

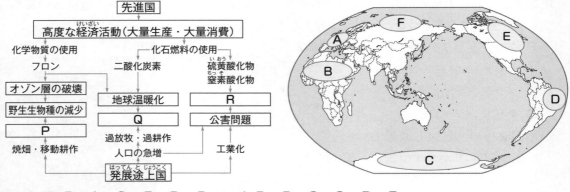

　ア P—A Q—E R—F　　**イ** P—B Q—C R—E
　ウ P—D Q—B R—A　　**エ** P—E Q—F R—D

③ 右の図は，同じ熱量を得るために，石油・天然ガス・石炭を燃料として燃やしたとき，排出される二酸化炭素の量を比較したものです。**ア**の二酸化炭素排出量を100とすると，**イ**は80，**ウ**は57です。石炭を示す記号を**ア〜ウ**から1つ選び記号で答えなさい。

ア	100
イ	80
ウ	57

(エネルギー総合工学研究所，IEA[国際エネルギー機関]資料)

(3) 下線部 **c** は「新エネルギー」と呼ばれていますが，次のうち，「新エネルギー」による発電ではないものを1つ選び，記号で答えなさい。(10点)

ア 風力発電　　**イ** 原子力発電　　**ウ** 廃棄物発電　　**エ** 太陽光発電

(1)	(2)①	②	③	(3)

2 次の資料・文を読んで，あとの各問いに答えなさい。【50点】　神戸大学附属中・清泉女学院中─改

レジ袋などのプラスチック製品は石油から作られ，この過程で二酸化炭素が排出される。空気中の二酸化炭素の量が増えることは，地球温暖化の原因の一つと言われている。そのため，二酸化炭素排出が抑えられると，地球温暖化を防ぐことがふくまれる目標（　①　）の達成につながるのではないかと思う。レジ袋は使用された後，そのまま川や海に流れて出てしまうと，そこに住む生物に悪いえいきょうを及ぼすことも考えられるため，目標（　②　）の達成が難しくなるかもしれない。また，細かく分解されたプラスチックは，私たちの体内に入るかもしれないので，目標3や目標6にも関係してくることも考えられる。このようにレジ袋だけを取り上げても，さまざまな目標と結びついていることがわかった。

地球の問題を自分の問題だと考え，日々の生活を送る必要があるのではないだろうか。

資料　SDGs の各目標

1. 貧困をなくそう
2. 飢餓をゼロに
3. すべての人に健康と福祉を
4. 質の高い教育をみんなに
5. ジェンダー平等を実現しよう
6. 安全な水とトイレを世界中に
7. エネルギーをみんなに
   そしてクリーンに
8. 働きがいも経済成長も
9. 産業と技術革新の基盤をつくろう
10. 人や国の不平等をなくそう
11. 住み続けられるまちづくりを
12. つくる責任　つかう責任
13. 気候変動に具体的な対策を
14. 海の豊かさを守ろう
15. 陸の豊かさも守ろう
16. 平和と公正をすべての人に
17. パートナーシップで目標を達成しよう

(1) プラスチックごみを減らす動きが世界的に高まっています。また，日本では，レジ袋の有料化が義務づけられました。上の文の空欄（　①　）・（　②　）に**資料**中の目標1〜17からもっとも適する番号を1つずつ選んで答えなさい。(各10点)

(2) 下線部について，地球の問題に対して，私たちが実行できる例として，「古い電気機器を新しいものに買いかえる」ということがあります。なぜ，それがSDGsを達成することにつながるのですか。達成できる資料中の目標の番号を1つ答え，それについて説明しなさい。

(番号10点，説明20点)

(1)①	②

(2)番号	説明

ヒント　**2**　二酸化炭素やメタンガス，フロンなどは温室効果ガスの1つ。2020年7月からレジ袋が有料化された。プラスチックは自然に分解されるにはかなりの期間を必要とするので，これ以上ゴミを増やさないために，世界中で対策に取り組む必要がある。

① 地理に関する思考力問題 ①

解答 21 ページ

時　間 **30**分　合格点 **70**点　得点　　　　点

1 埼玉県秩父市に住む聖一さんは、埼玉県や秩父市に関連することを調べ、図や表で示しました。その図や表に関して、次の各問いに答えなさい。【60点】

聖光学院中一改

(1) 右の表は、可住地面積※の割合の上位と下位のそれぞれ5都道府県を示したものです。また、可住地面積の割合と都道府県別の人口との関連について、次の説明文を書きました。説明文中の　A　～　C　にあてはまる都道府県名を漢字で答えなさい。なお、表中の　A　～　C　と説明文中の　A　～　C　は同じ都道府県を示しています。(各10点)

順位	都道府県	%
1	千葉県	65.9
2	A	65.6
3	埼玉県	62.5
4	東京都	61.6
5	茨城県	61.4

(2019 年)

順位	都道府県	%
43	B	22.0
44	和歌山県	21.2
45	徳島県	21.2
46	奈良県	21.1
47	C	14.6

(2021 年版「データでみる県勢」)

※可住地面積：各都道府県の総面積から森林・草生地・湖沼の面積を差し引いた面積。

　可住地面積の割合から、その都道府県内では大きな川が流れていて平地になっていたり、険しい山地になっていたりすることが読み取れます。表中の　A　は近畿地方にあります。大きな河川による平地が多い都道府県です。表中の　B　は九州地方になります。南東部の海沿いには平地もありますが、西部にある県境を中心に、広く山地がしめています。表中の　C　は四国地方にあります。県庁所在都市付近と県南西部の河川沿いに平地があるほかは、北部の県境をはじめ広く山地が占めています。可住地面積の割合が高い都道府県は、人口も多い傾向があります。埼玉県をはじめ東京都、千葉県、　A　などがその例になります。また可住地面積の割合が低い都道府県は、人口も少ない傾向があります。　B　や徳島県、和歌山県などがその例です。

A	B	C

(2) 聖一さんは、埼玉県熊谷市の夏の気温が高いことを知りました。次のグラフは、日本のいくつかの都市について年間平均気温と気温の年較差を示したものです。図中のア～オの●は、旭川市、熊谷市、銚子市、長野市、那覇市のいずれかです。熊谷市と那覇市にあてはまるものを、ア～オの中からそれぞれ1つずつ選び、記号で答えなさい。また、図中のカ～クの○のうち、京都市にあてはまるものを、カ～クの中から1つ選び、記号で答えなさい。(各10点)

※年較差：月別平均気温の最暖月と最寒月との差

(令和2年版「理科年表」)

熊谷市	那覇市	京都市

2 なつこさんは学校の宿泊学習で長野県に訪問した写真を見ながら，お兄さんと話をしています。会話文を読んであとの問いに答えなさい。【30点】

お茶の水女子大付属中一改

なつこ　調べてみたら長野は，はくさいのような葉物野菜がさかんなんだって。
①日本は食料自給率が低いけど，比較的野菜は自給率が高いそうだよ。それがわかるグラフをみたことがあるよ。

兄　　ああ，そうだね。でも，自給率は高いけど，ビニールハウスを使って育てている野菜は，②必ずしもすべて国内産とは言えないんじゃないかな。

(問) 下線部①について，**図1**はなつこさんが学校の授業で見たグラフです。それに対して，**図2**，**表**はお兄さんが下線部②のように考えたときの，根拠とした資料です。下線部②で，お兄さんは，なぜこのように考えたのでしょうか。**図2**，**表**を参考にして，理由を答えなさい。

図1　食料自給率の移り変わり

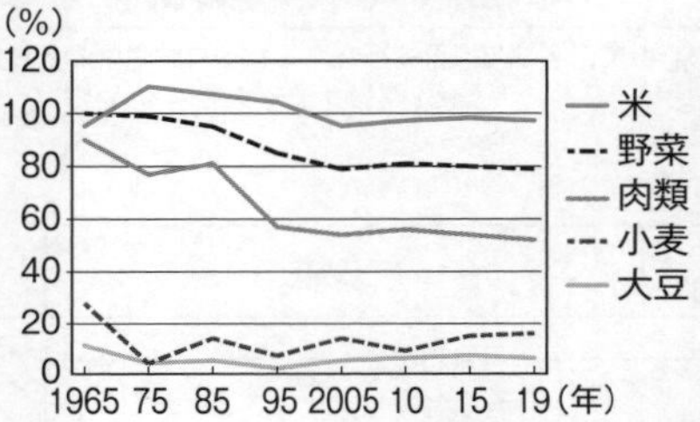

（%）
横軸 1965 75 85 95 2005 10 15 19（年）
凡例：米，野菜，肉類，小麦，大豆

（令和元年版「食料需給表」）

図2　ビニールハウス

表　一次エネルギー※自給率の移り変わり

年度	一次エネルギー自給率（%）
2000	20.2
2005	19.6
2010	20.2
2015	7.4
2018	11.8

※一次エネルギー　自然から得られたままの物資をもとにしたエネルギー
（資源エネルギー庁ホームページ）

3 右の表は，東北各県の発電実績について，発電所ごとの電力量をしめしたものです。福島県にあてはまるものを，表中から選び，記号で答えなさい。なお，資料が整っていない部分は，表中で空欄になっています。【10点】

立教新座中一改

表　東北地方各県の発電実績（2019年度）

	水力発電所（千kWh）	風力発電所（千kWh）	太陽光発電所（千kWh）	地熱発電所（千kWh）
ア	365944	960734	546278	
イ	997025	269872	299729	256875
宮城	278125	17232	593492	
ウ	1104676	684973	158241	422100
山形	1601850	99265	91526	
エ	6331053	324845	766693	77197

（資源エネルギー庁ホームページ）

1　(2)盆地内の地区は，盆地でない地区と比べた場合，気温の年較差が大きくなりやすい。

2　ビニールハウスを使って行われる農業で何が使われているのか，また，一次エネルギーとの関係を考える。

2 地理に関する思考力問題 ②

解答 21 ページ

〔 月 日〕

時 間 **30** 分 合格点 **70** 点

得点

点

1 次の各問いに答えなさい。【60 点】

開成中・日本女子大附属中・清風南海中・暁星中

(1) 右の表は，関東地方 7 都県の，鉄道による旅客輸送，100 世帯あたりの乗用車保有台数，通勤・通学にかかる平均時間を示しています。茨城県と埼玉県にあたるものを**ア〜オ**から 1 つずつ選び，記号で答えなさい。(各 6 点)

	鉄道旅客輸送※1 （百万人）	乗用車保有台数※2 （台／100 世帯）	通勤・通学時間※3 （時間，分）
ア	2916	70.0	1 時間 45 分
千葉県	1382	96.9	1 時間 42 分
イ	1295	96.3	1 時間 36 分
ウ	10339	43.2	1 時間 34 分
エ	127	158.7	1 時間 19 分
オ	66	160.4	1 時間 09 分
群馬県	52	162.3	1 時間 09 分

※1 2017 年，JR および民間鉄道の合計で，各都道府県に所在する駅から輸送する人員数。
※2 2019 年。 ※3 2016 年，10 才以上。 （2021 年版「データでみる県勢」など）

(2) 右の図①〜④は，本州の都府県のうち，日本海に面する 12 府県を，山口県から順に青森県まで並べたものです。また，図①〜④の各県の幅は，あとの項目**ア〜エ**について，全体にしめる割合を表しています。図①〜④はそれぞれどの項目を表し

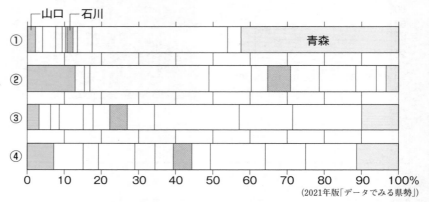

（2021年版「データでみる県勢」）

たものか，**ア〜エ**から 1 つずつ選び，記号で答えなさい。(各 6 点)

ア 面 積 **イ** 米の収穫量 **ウ** 果実の産出額 **エ** 工業製品の出荷額

(3) 次の **1〜10** の県のうちから，海に面していない県の番号の和を数字で答えなさい。(10 点)

1 青森県 **2** 佐賀県 **3** 岐阜県 **4** 石川県 **5** 栃木県

6 岡山県 **7** 愛媛県 **8** 奈良県 **9** 福井県 **10** 大分県

(4) 日本国内の米の生産は近年の世界的な気候変動のえいきょうを受けて変化している。右の図は，各都道府県で生産された米のうち，特に質の高い「一等米」の割合を示したものである。図の九州・四国

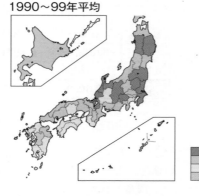
1990〜99年平均

2010〜2017年平均

(%)
80
60
40

（農林水産省資料）

と北海道・東北の変化について，一等米の生産がどのように変化したかを答えなさい。(14 点)

(1)茨城県	埼玉県	(2)①	②	③	④	(3)
(4)						

2 右の地形図を見て，次の各問いに答えなさい。【40点】

西大和学園中―改

(1) 地形図中の「和邇（わに）」駅と駅の南側にある◉間の直線の長さは，地形図上では3cmです。実際のきょりは何mになるか，答えなさい。（9点）

(2) 地形図中の東部にある広大な水域（すいいき）は，海か湖のどちらか答えなさい。また，そのように判断（はんだん）した理由を説明しなさい。ただし，地名で判断したという解答は認（みと）めません。（14点）

(3) 2013年以降（いこう）に発行された2万5千分の1地形図では，それまで使用されていたいくつかの地図記号が使用されなくなりました。使用されなくなった地図記号を，次の**ア〜オ**から2つ選び，記号で答えなさい。（8点）

ア 温泉　**イ** 果樹園（かじゅ）　**ウ** くわ畑
エ 工場　**オ** 消防署（しょ）

（国土地理院発行2万5千分の1「堅田（かたた）」より作成）

(4) 国土地理院が2019年3月に新しい地図記号として制定した「自然災害伝承碑（ひ）」をあらわす地図記号を答えなさい。（9点）

(1)	(2)水域	
理由		
(3)	┊	(4)

1 (1)関東（かんとう）地方の中心都市に近いほど，鉄道による旅客輸送（りょかく）がさかんであると考える。

2 (1)「実際のきょり＝地形図上の長さ×縮尺（しゅくしゃく）の分母」で求める。
(2)地形図中の三角点や水準点の地点の標高に着目し，答案をまとめよう。

2. 地理に関する思考力問題 ②　133

③ 地理に関する記述問題

時　間 **30** 分
合格点 **70** 点
得点
点

解答 22 ページ

✏ **1** 次の各問いに答えなさい。【44点】

海陽中・東京学芸大学附属世田谷中・桜美林中―改

(1) 香川県は降水量が少なく，古くから農業用水の不足になやまされてきました。右の図は，香川県の農業用水にしめる水源別の割合を示したものです。香川県では図中の　A　の開通を境に，農業用水の水源が大きく変化したことがわかります。図中のA・B・Cにあてはまる語句を考え，その語句を必ず用いて，香川県の農業用水の水源がどのように変化したかを，理由とともに説明しなさい。(13点)

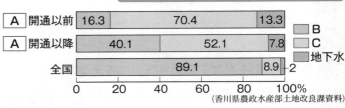

A 開通以前	16.3	70.4	13.3
A 開通以降	40.1	52.1	7.8
全国		89.1	8.9 2

B / C / 地下水

0　　20　　40　　60　　80　　100%

(香川県農政水産部土地改良課資料)

(2) 次のア〜エの表は，2019年における成田国際空港と，名古屋港，横浜港，関西国際空港のおもな輸出品目を表しています。成田国際空港の表を1つ選び，記号で答えなさい。また，それを選んだ理由を簡単に説明しなさい。(記号5点，理由13点)

ア

輸出品目	百万円	%
半導体等製造装置	851453	8.1
科学光学機器	654304	6.2
金(非貨幣用)	600674	5.7
電気回路用品	414444	3.9
計×	10525596	100.0

イ

輸出品目	百万円	%
自動車	3235289	26.3
自動車部品	2052644	16.7
内燃機関	528059	4.3
金属加工機械	474655	3.9
計×	12306759	100.0

ウ

輸出品目	百万円	%
自動車	1358348	19.6
自動車部品	313868	4.5
内燃機関	309180	4.5
プラスチック	278062	4.0
計×	6946128	100.0

エ

輸出品目	百万円	%
集積回路	985002	19.0
電気回路用品	338799	6.5
科学光学機器	331909	6.4
個別半導体	320401	6.2
計×	5187196	100.0

計×は，その他の品目もふくめた数値

(2020/21年版「日本国勢図会」)

(3) 現在，日本国内では本屋が減っています。本屋が減っている理由を，世の中や社会の状況と関連させて，答えなさい。(13点)

(1)	
(2)記号	理由
(3)	

2 次の各問いに答えなさい。【56点】

(1) 右の**表**は，新潟市の 1995 年〜2007 年における人口と人口密度のうつり変わりを示したものです。この表から，新潟市の人口はおおむね増加しているものの，人口密度は低下が続いていることがわかります。その理由として考えられることを答えなさい。(13点)

表　新潟市の人口・人口密度のうつり変わり

年	1995 年	1999 年	2003 年	2007 年
人口(人)	494785	486638	515772	803470
人口密度(人/km²)	2403	2363	2224	1107

注　各年の年度末の数値　　　　　(2008 年版「データでみる県勢」ほか)

(2) 次の図は，アメリカ合衆国・イタリア・韓国・サウジアラビア・中国と日本との間の貿易額の推移を表したものです。サウジアラビアと中国にあてはまるものを図の**ア〜エ**から 1 つずつ選び，サウジアラビア→中国の順に記号を答え，その理由も答えなさい。(記号 5 点，理由 13 点)

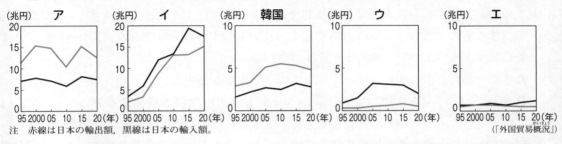

注　赤線は日本の輸出額，黒線は日本の輸入額。　　　　　　　　　　(「外国貿易概況」)

(3) 右は日本の自動車に関するグラフです。近年，自動車の海外生産が増えてきた理由について「貿易」ということばを使い，30 字程度で説明しなさい。(13点)

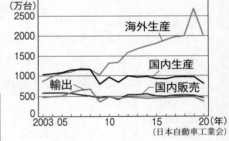

日本の自動車生産・販売・輸出台数

(日本自動車工業会)

(4) 岐阜県は輪中という集落が多くありました。輪中とはどのようなものか，簡単に説明しなさい。(12点)

(1)

(2)記号　　　　→　　　　　理由

(3)

(4)

2　(1)人口密度は「人口÷面積」で求められる。市の人口が増えたのに，人口密度が減ったのはなぜかということを，求め方の式から考える。また，当時，国が全国の市町村にどのような働きかけを行っていたかということにも着目し，答案をまとめよう。

④ 政治に関する思考力問題

解答 23 ページ

1 筑波さんは，小学校の社会科の授業で学んでいる国民の権利や，国会と内閣という国の機関がもつ権限を，次の**ア〜キ**のカードにしました。これを見て，あとの各問いに答えなさい。

【25点】筑波大附属中

ア	イ	ウ	エ	オ	カ	キ
自由権	行政権	立法権	平等権	国民主権	教育を受ける権利	選挙権

(1) 次の会話文中の（　）にあてはまる権利や権限を示すカードを選んでいったとき，2か所にあてはまるものが3枚，1か所もあてはまらないものが3枚ありました。1か所にだけあてはまるカードを，上の**ア〜キ**の中から1つ選びなさい。(5点)

Aさん　わたしもいずれは（　　　）をもつ年令になります。

Bさん　（　　　）を実際に使い，（　　　）をもつ国の機関へ代表者を送っていることは，（　　　）のあらわれだと考えられますね。

Cさん　（　　　）を担う国の機関の長は，（　　　）をもつ国の機関の議決によって指名されます。

Dさん　（　　　）は，日本国憲法の3つの原則のうちの1つです。

(2) 日本国憲法の3つの原則のうち，上の**ア〜キ**のいずれかのカードに示された原則と「平和主義」以外のもう1つの原則について，**ア〜キ**のいずれかのカードに示された権利のうちの2つを使って，20字以上25字以内（句読点は書かない）で説明しなさい。(20点)

(1)

(2)

2 次の文を読んで，あとの問いに答えなさい。【20点】

学習院女子中—改

日本の政治は議院内閣制をとっています。選挙によって国会で多数を占めた政党は政権をとり，内閣を組織します。自由民主党は1955年に結成されて以来，もっとも長い期間，政権を担当しています。

(問) 下線部について，単独の政党が長い期間，与党であり続けると問題が起こりやすくなるといわれます。どのような問題がおこるのか，説明しなさい。

3 次の文を読んで，あとの各問いに答えなさい。【30点】

改正公職選挙法が 2018 年 7 月 18 日，衆議院本会議で可決・成立し，参議院議員の総定数が 248 名となった。その内訳は，選挙区では，それまで各都道府県を 1 選挙区とし，各県から最低 1 人は当選者が出るようにしていたが，埼玉県を 2 議席増やし，人口の少ない県をそれぞれ 1 選挙区にする「合区」とした。また，比例代表区では定数を 100 名にして，個人の得票数に関係なく優先的に当選できる特定枠を政党の判断で採用できるようにした。

(1) 下線部について，合区となった県の組み合わせを次から 2 つ選び，記号で答えなさい。(各5点)

ア 大分県と宮崎県 　　**イ** 青森県と秋田県 　　**ウ** 香川県と愛媛県

エ 徳島県と高知県 　　**オ** 石川県と富山県 　　**カ** 島根県と鳥取県

キ 沖縄県と鹿児島県 　　**ク** 福島県と新潟県

(2) 下線部のように選挙区を変更した理由を簡単に答えなさい。(20点)

(1)		(2)

4 右の表は令和元年の予算について示したものです。次の各問いに答えなさい。【25点】

(1) 歳出を示した円グラフとして正しいものを，右下の**ア〜エ**から 1 つ選び，記号で答えなさい。(5点)

(2) 歳入の消費税は，2019 年 10 月から 10 ％に増税されました。増税と同時に，商品によっては，税率を 8 ％のままにする軽減税率という制度も導入されました。8 ％のままである商品の例を一つ挙げ，なぜその商品に軽減税率が提供されたのか，説明しなさい。(20点)

歳出内訳

一般歳出	社会保障費	33.6 %
	文教及び科学振興費	5.5 %
	公共事業関係費	6.8 %
	防衛関係費	5.2 %
	その他	10.4 %
地方交付税交付金		15.3 %
国債費		23.2 %

歳入内訳

租税収入	所得税	19.6 %
	消費税	19.1 %
	法人税	12.7 %
	その他	9.1 %
その他の収入		7.3 %
公債金		32.2 %

(2020/21 年版「日本国勢図会」など)

ア　イ　ウ　エ

(1)	
(2)	

ヒント

2 特定の分野に強い政治家と，その分野の企業などとのつながりがどうなるかを考える。

3 (2)国の政治に関する選挙において，人口が少ない地域は少ない得票数で国会議員が当選するが，人口が多い地域は多くの票を得ないと当選できないという問題について考える。

5 政治に関する記述問題

時　間	30 分
合格点	70 点

得点　　　　　　点

1 次の各問いに答えなさい。【25点】　　南山中一改

(1) **資料1**は2019年の参議院議員選挙の年代別投票率，**資料2**は日本の年令別人口構成を示したものです。**資料1・2**の数値が政治にどのようなえいきょうをあたえるか説明しなさい。（13点）

資料1

年代	投票率(%)	年代	投票率(%)
18・19才	32.28	50代	55.43
		60代	63.58
20代	30.96	70代以上	56.31
30代	38.78		
40代	45.99	全体	48.8

（総務省統計局資料）

資料2 日本の年齢別人口構成（2019年10月）

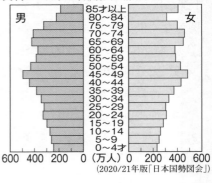

（2020/21年版「日本国勢図会」）

(2) 右の図は2019年に世界経済フォーラムが発表した，ジェンダーギャップ指数（男女格差を測る指数）をまとめたものです。この指数は，政治など4分野のデータで作成され，0は完全不平等，1は完全平等を意味します。2019年の日本は153か国中121位でした。図のように日本で政治分野の指数が低い理由を説明しなさい。(12点)

（棒グラフ：政治分野・教育分野・経済分野・健康分野　□日本　□アイスランド　■各国平均）

（2018年）　　　　（世界経済フォーラム資料）

(1)	
---	
(2)	

2 右の表の状況は人権に関する問題があるという意見があります。それはどのような意見だと考えられますか。表の数値と次の条文中の語句を用いて，説明しなさい。【13点】　　桐蔭学園中

第14条① すべて国民は，法の下に平等であって，人種，信条，性別，社会的身分又は門地により，政治的，経済的又は社会的関係において，差別されない。
第24条② 配偶者の選択，財産権，相続，住居の選定，離婚並びに婚姻及び家族に関するその他の事項に関しては，法律は，個人の尊厳と両性の本質的平等に立脚して，制定されなければならない。

結婚件数と結婚時に選ばれた名字（夫か妻か）の割合の変化

年次	総数	構成割合(%)	
		夫の名字	妻の名字
1975年	941628	98.8	1.2
1985年	735850	98.5	1.5
1995年	791888	97.4	2.6
2005年	714265	96.3	3.7
2019年	599007	95.5	4.5

（「人口動態統計」保管統計表）

3 次の問いに答えなさい。【26点】(各13点)

大妻中一改

日本では 2018 年 10 月末の時点で約 130 万人の外国人が働いています。右は，厚生労働省による外国人を雇用するうえでの，その時点における法律の内容の一部です。

この法律を「すべての外国人は日本人と同じ条件で，あらゆる業種につく機会を得られる」と改正すれば，外国人労働者が増えると考えられます。この改正に対する賛成と反対の意見にはどのようなものが挙げられますか。「〜ため，賛成である。」「〜ため，反対である。」という形で1つずつ答えなさい。なお，日本社会や企業にどのようなメリット・デメリットがあるかに関して答えること。

> ・教育，医療，スポーツなど特定分野への就労が可能である
> ・留学や就学を目的とする者のアルバイトには許可が必要で，その場合は就労時間が制限される
> ・観光，知人や親族への訪問等を目的とする短期滞在の外国人は原則として就労を禁止する

賛成意見	ため，賛成である。
反対意見	ため，反対である。

4 次の各問いに答えなさい。【36点】

雙葉中・普連土学園中一改

(1) 日本の政治は，日本国憲法にもとづいて行われます。右に引用した憲法の前文の一部をふまえて，日本が今後どのようなことをめざしていったらよいかを考え，次の表の空白の部分に入る文を答えなさい。(12点)

> われらは，全世界の国民が，ひとしく恐怖と欠乏から免かれ，平和のうちに生存する権利を有することを確認する。

テーマ	20 世紀後半	21 世紀初めから現在まで	今後の課題
核兵器	冷戦中に大量生産された核兵器を減らすことをめざす条約が結ばれた。	核兵器をめぐる議論が続き，国連で核兵器を禁止する条約が採択された。	

(2) 地方自治において，国会議員の選挙とは別に知事や地方議会の議員を選挙したり，国が集める税金とは別に都道府県や市(区)町村が税金を集めたりするのはなぜですか。「住民の意思を地域の政治に反映すること」のほかに，理由を一つ考えて答えなさい。(12点)

(3) 民主政治は主権者の国民が担いますが，主権とはどのような権利ですか。説明しなさい。(12点)

(1)	
(2)	
(3)	

ヒント

1 (2)日本と外国と比べたとき，女性の政治家の数や割合を考え，答案をまとめよう。

4 (2)知事・市(区)町村長や地方議会の議員を地域の住民が選挙で選べない場合や，都道府県や市(区)町村が税金を集めなかった場合の財源はどうなるのかを考え，答える。

実力強化編　地理　政治　歴史　国際　実戦力強化編　思考力・記述問題強化編　入試完成編

6 歴史に関する思考力問題

解答 24 ページ

1 次の各問いに答えなさい。【49点】

江戸川学園取手中・明治大付属明治中・栄東中一改

(1) 6世紀半ばごろから徐々に大きな古墳はつくられなくなりました。その理由について，次の文を参考にして説明しなさい。(16点)

> ・6世紀末，蘇我馬子が日本初の本格的な寺として建立した飛鳥寺の塔の下から，古墳の副葬品と同じものが出土している。

(2) 平安京には造営当時，羅城門の東西に建てられた2つの寺（東寺と西寺）しかありませんでした。これは，東大寺や興福寺など多くの寺があった平城京とは大きくちがう点です。このように，平安京を造営した時代に寺が少なかった理由を答えなさい。(16点)

(3) 田沼意次は江戸時代の大きな問題の一つであった金銀の不足に対して，これまでとは異なる方法でその解決をはかりました。その解決方法を，江戸時代に関する次のA〜Eの文章を参考にして，「これまでの幕府と異なり長崎貿易を有効に活用し，〜ことによって，金銀の不足を解消しようとした。」の形に合うように，15字以上25字以内で答えなさい。なお，句読点などの記号も1字に数えます。また，次の2つの語句を使用しなさい。(17点)

「輸出」「輸入」

> A これまでの幕府は，金銀不足のおもな原因の一つが，長崎貿易で金銀が海外に流出していることだと考え，長崎貿易を制限して金銀の流出を減らそうとした。
>
> B 当時の中国（清）では，俵物（海産物を干したもの）は，宮廷料理の食材としてとても重宝された。また，銅も銅銭の材料として需要が高かった。
>
> C 当時のヨーロッパ諸国は，領土拡大のため軍事力を強くしようと努めており，オランダも大砲などの武器の材料として，銅を必要としていた。
>
> D 田沼意次は，俵物を確保するため，海産物の豊富な蝦夷地（北海道）の開発を進めた。また，銅を確保するために鉱山の開発を進めるとともに，幕府のみが銅を売ってよいことにした。
>
> E 当時の貿易では，品物を輸出した場合は，その代わりに金や銀を輸入することが多かった。

(1)	
(2)	
(3)	

2

次の各問いに答えなさい。【51点】

白百合学園中・東京女学館中・駒場東邦中―改

(1) 1858年，日本はアメリカなど5か国と修好通商条約を結び，外国との貿易を始めました。この条約には日本にとって不利な項目がふくまれていました。その1つが日本の産業にどのような影響を与えたか，輸入面から説明しなさい。なお，説明には日本に不利な項目，右のグラフの**A**が示す輸入品を必ず入れること。(14点)

主要輸入品の割合(1865年)

綿糸6%　その他7%
艦船6%
武器7%
毛織物40%
A 34%

注　数字は四捨五入している
（「図説日本文化史大系」）

(2) 右の写真は，台湾の中心都市である台北で撮影されました。この写真に写っている狛犬は，日本の神社でよくみられます。写真の撮影場所あたりには，1901年から1945年ころまで，日本が建てた神社がありました。日本の神社が台湾にあったのはなぜですか。その理由について，簡単に答えなさい。(14点)

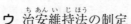

(3) 次の**ア〜カ**から満州事変の発生以降のできごとを4つ選び，それらを年代の古い順に並びかえ，記号で答えなさい。(9点)

ア 国家総動員法の制定　　**イ** ポツダム宣言の受諾　　**ウ** 治安維持法の制定
エ 国際連盟の設立　　**オ** 大政翼賛会の発足　　**カ** 二・二六事件の発生

(4) 右の図は，1948〜80年までの日本の実質経済成長率(以下，経済成長率)と消費者物価上昇率(以下，物価上昇率)の移り変わりを示したものです。一般に経済成長すると物価も上昇すると考えられています。1973年から翌年にかけて，経済成長率が大きく下がっている一方で，物価上昇率は急激に上昇しています。その原因となったできごとを答えなさい。(14点)

日本の実質経済成長率と消費者物価上昇率

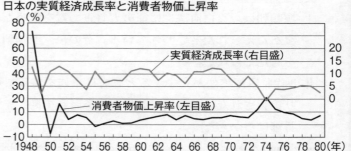

※実質経済成長率：1年間にその国の中でつくり出されたものの総額が，前の年に比べてどのくらい増えたか，減ったかを，物価が変動したぶんを調整して示した割合。
※消費者物価上昇率：その国で売られているものの平均価格が，前の年に比べてどのくらい上がったか，下がったかを示した割合。

（「数字でみる日本の100年」改訂第6版）

(1)	
(2)	
(3) 　→　　→　　→	(4)

1　(2)奈良時代末期の政治の混乱の原因がどのようなものだったかを考える。
2　(2)1895年に結ばれた下関条約で台湾のあつかいがどう変化したのかに着目して考える。

7 歴史に関する記述問題

解答 25 ページ

1 次の各問いに答えなさい。【50 点】

桜美林中・明治大付属中野中・法政大中―改

(1) 平安時代に女流文学がさかんになったのはなぜか，理由を「摂関政治」ということばを使って説明しなさい。(16 点)

(2) 鎌倉時代は武士が権力をにぎり，幕府主導の政治が行われたとされます。この時代，天皇（上皇）が果たした役割はどのようなものでしたか。また，幕府は天皇（上皇）をどのような存在と考えていましたか。**史料 1** にある演説が行われた背景と，Ⅰ とⅡの文を参考にして，説明しなさい。(17 点)

史料 1

> 承久三年五月十九日……北条政子は，家来らを呼び，言った。「みな心を一つにして聞きなさい。これが最後のことばです。故 源 頼朝が平氏を倒し，関東を平定して後，あなた方は官位や恩賞などをたくさんあたえてもらいました。この恩は山より高く，大海より深いはずです。……院につきたければ今すぐ申し上げなさい。そうでないなら，源氏三代の恩に報いるためにも挙兵しなさい。」

Ⅰ　源頼朝は，後白河法皇に征夷大将軍の職を求めたが，これを拒否され，右近衛大将の職をあたえられたといわれている。その後，源頼朝は，後鳥羽天皇により征夷大将軍の職をあたえられた。

Ⅱ　3 代将軍源実朝が死去すると幕府は皇族を将軍にむかえようとしたが，後鳥羽上皇により拒否された。その後，執権が北条時頼の時に，念願の皇族将軍として宗尊親王を 6 代将軍にむかえた。

(3) 右の**史料 2** を読んで，豊臣秀吉のもとで，キリスト教が禁止されるようになっていった理由を，説明しなさい。(17 点)

史料 2 『吉利支丹伴天連追放令』(1587 年)

> 一，宣教師を日本においておくことはできないので，今日から 20 日間の間に支度をして，帰国しなさい。
> 一，与えた土地が 200 町，3000 貫以上の大名は，キリスト教徒になるには，秀吉の許可があればできることとする。
> （注　「町」は面積の単位，貫は通貨の単位）

(1)	
(2)	
(3)	

2 次の各問いに答えなさい。【50点】

(1) 大日本帝国憲法はドイツ（プロイセン）の憲法を手本に制定されましたが，なぜドイツの憲法を手本にしたのですか。その理由を説明しなさい。(10点)

(2) 戦後恐慌とは第一次世界大戦後に日本の景気が急激に悪化したことを指します。戦後恐慌におちいる前，日本は大戦景気と呼ばれるかつてない好景気でした。日本が第一次世界大戦中に好景気となった理由を，次のA～Eの文を参考にして，「日本は第一次世界大戦中に，～ため。」にあうように説明しなさい。なお，次の3つのことばを必ず使いなさい。

「ヨーロッパ」「アジア・アフリカ」「アメリカ」(20点)

> A 第一次世界大戦は，イギリス・フランス・ロシアなどの連合国と，ドイツ・オーストリアなどの同盟国との間でおきた戦争であり，ヨーロッパの多くの国々が参戦した。
>
> B 第一次世界大戦は，国のもてる力をできる限り戦争へ注ぐ総力戦であった。そのため，参戦している国々は，戦場及び国内で物資を大量に消費するので，これまでのように製品を輸出できなくなってしまった。
>
> C 第一次世界大戦前，ヨーロッパ諸国の植民地が多かったアジア・アフリカでは，綿糸や綿織物などの綿製品を中心に，様々な製品をヨーロッパからの輸入にたよっていた。
>
> D アメリカは，日本と同じく第一次世界大戦で景気がとても良くなり，人々の購買意欲が高まった。特に女性たちの間では，高級品である絹のストッキングが人気商品となっていた。
>
> E 幕末の貿易開始時から第一次世界大戦時まで，日本の輸出品目第1位は生糸であった。そして，生糸の輸出先第1位は，第一次世界大戦以前からアメリカであった。

(3) 日本で登録されている世界遺産について，次の問いに答えなさい。

① 明治政府が国の予算で世界遺産に登録された富岡製糸場をはじめとする製糸場を建てた理由を，外国との関係を考えて説明しなさい。(10点)

② 原爆ドームは，世界遺産としてどのような「人類が共有すべき価値」をもつとされていますか。ポーランドのアウシュビッツ強制収容所も，同じ点で世界遺産に登録されていることを参考にして答えなさい。(10点)

(1)
(2)
(3)①
②

 ヒント

1 (1)藤原氏の娘たちは，天皇の后としてふさわしい教養を身につける必要があった。

2 (3)①明治政府の政策の基本は富国強兵で，国内産業の近代化（殖産興業）もその1つである。

右側タブ：実力強化編／地理／政治／歴史／国際／実戦力強化編／思考力・記述問題強化編／入試完成編

8 国際に関する思考力問題

解答 25 ページ

1 大豆油は食用油として多く利用されていますが，右の図に示した植物の果実からとれる食用油も多く利用されています。右の図を見て，次の各問いに答えなさい。【22 点】　開成中

(1) 右の図に示した作物の果実からとれる食用油の名称を 3 字で答えなさい。(9 点)

(2) 右の図の作物の栽培による環境問題があります。そこで別の作物から油をとることも検討されていますが，それで問題は解決しません。右の**グラフ**から考えられる，その解決しない問題とは何か，説明しなさい。(13 点)

グラフ いくつかの食用油に関する農地 1ha あたりの収量(t/ha)

1ha あたりの収量(t/ha)

- 図の果実の油 3.7
- ひまわり油 0.7
- 大豆油 0.55

(WWF 資料)

(1)	油	(2)

2 次の文は，日本のプラスチックごみの処理処分の状況について述べています。次の文を読んで，あとの問いに答えなさい。【13 点】　横浜雙葉中―改

　プラスチックごみの処理処分の全体のうち，使い終わったプラスチック製品を溶かしてもう一度プラスチック製品に再生する「材料リサイクル」が 21.9 ％，化学的に処理してガスや油などの化学原料にしたり製鉄でコークスの代わりとして使ったりする「ケミカルリサイクル」が 3.2 ％，燃やしたときの熱を発電や蒸気として利用したり固形燃料にしたりする「熱回収」が 60.4 ％となっており，これらを合計した 85.5 ％が「有効利用」とされています。一方，残りの 14.5 ％は「未利用」に分類され，そのうち「単純焼却」がプラスチックごみ全体の 8.2 ％，「埋め立て」が 6.3 ％となっています。

　注　文中の割合は，「2019 年プラスチック製品の生産・廃棄・再資源化・処理処分の状況」（プラスチック循環利用協会）による。

(問) 花子さんは上の文の内容を，右の図のような二重の円グラフに表しました。右の図は円グラフの枠組みで，上の文中の情報の一部を書き入れています。二重の円グラフを完成させるために必要な語句と数字を図中にすべて書き入れ，二重の円グラフを完成させなさい。

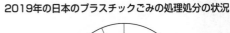

2019年の日本のプラスチックごみの処理処分の状況

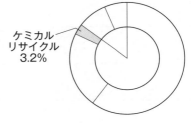

ケミカルリサイクル
3.2%

3 次の各問いに答えなさい。【65 点】　フェリス女学院中・世田谷学園中―改・高輪中―改

(1) TPP（環太平洋経済連携協定）は，参加国間の貿易の自由化を進める取り組みで，輸入品にかける税金である関税の撤廃をめざしたり，人やお金の自由な移動や知的財産権の保護などのルールも定めたりしています。TPP の参加国は，日本・カナダ・シンガポール・オーストラリアなど 11 か国です。TPP が日本にあたえる良いえいきょうについて答えなさい。(13 点)

(2) 右の表は，国際連合の通常予算を多く割りあてられた上位5か国の分担率・国連関係機関の国別職員比率・各国のGNI（国民総所得）が世界全体にしめる比率と人口を示したものです。日本の特徴について答えなさい。(13点)

国	国連通常予算の分担率※1	国連関係機関の国別職員比率※2	GNIが世界全体にしめる比率※3	人口※4（億人）
アメリカ	22.0 %	8.7 %	24.3 %	3.31
中国	12.0 %	1.9 %	15.8 %	14.39
日本	8.6 %	2.6 %	6.0 %	1.26
ドイツ	6.1 %	3.7 %	4.7 %	0.84
イギリス	4.6 %	4.6 %	3.3 %	0.68

※1. 2019〜2021年，※2. 2016年，※3. 2018年，※4. 2020年
(2020/21年版「世界国勢図会」など)

(3) 右の図1は，各国のフード・マイレージ（輸入食料の総重量と輸送きょりをかけて求められた数値）を示したものです。日本のフード・マイレージは先進国の中でもとても大きな値です。この値が大きいと，ある問題が生じるといわれています。①日本のフード・マイレージの値が大きい理由，②フード・マイレージの値が大きいことで生じる問題について，それぞれ説明しなさい。(各13点)

図1 各国のフード・マイレージ

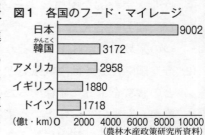

日本 9002
韓国 3172
アメリカ 2958
イギリス 1880
ドイツ 1718

(億t・km) 0　2000　4000　6000　8000　10000
(農林水産政策研究所資料)

(4) 右の図2は，女性で仕事についている人の割合を，国・年令別に表したものです。日本はスウェーデンなどと比べると，20代後半〜30代で一時的に下がっています。このような特徴は日本社会のどのようなところに原因があってでてきますか。あなたの考えを説明しなさい。(13点)

図2

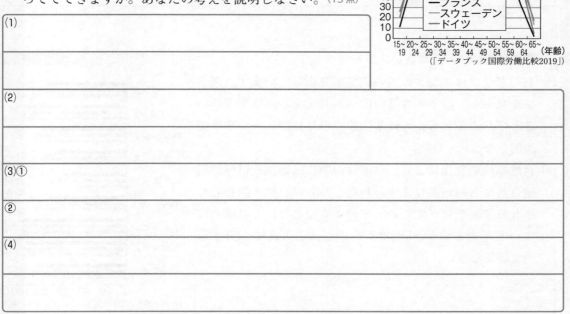

(%)
100
90
80
70
60
50
40
30
20
10

日本
フランス
スウェーデン
ドイツ

15〜 20〜 25〜 30〜 35〜 40〜 45〜 50〜 55〜 60〜 65〜
19　24　29　34　39　44　49　54　59　64　（年齢）
(「データブック国際労働比較2019」)

(1)

(2)

(3)①

②

(4)

 ヒント
1 (2)この作物以外で同じ量の食用油をとろうとするとどうなるのかをグラフから考える。
3 (4)日本社会では20代後半〜30代の女性がどのような事情があって仕事からはなれているのかを考え，答案をまとめる。

1 次の各問いに答えなさい。【36 点】

駒場東邦中一改

(1) 日本国内では，近年，右の**ア〜エ**のような標識や表示が増えています。**ア〜エ**のうち，宗教的な配慮による表示を2つ選び，記号で答えなさい。また，それら2つの宗教的な意味をそれぞれ説明しなさい。(各12点)

(2) 今，国際社会では，飢餓をどう解決していくかが大きな課題となっています。すべての人びとの食料を十分に確保するため，農業の生産性を高めることが重要な一方で，世界の食料分配がかたよっているという批判があります。それは先進国でおきているどのような問題をさしていますか。簡潔に答えなさい。(12点)

(1)記号	説明
記号	説明
(2)	

 2 次の各問いに答えなさい。【27 点】

西武学園文理中・大宮開成中一改

(1) 右のグラフはアジアの国の識字率を表しています。グラフを見ると，識字率の低い国があります。識字率が低いことでおこると考えられる問題点を具体的に一つ挙げて説明しなさい。(12点)

(難問) (2) 自然環境の変化により，動植物の中には絶滅危惧種に指定されたものがあります。わたしたちが自然と調和して生きる未来を目ざすため，どのようなことにとり組めば良いと考えますか。「環境」のことばを入れて，50字以内で答えなさい。(15点)

注 識字率とは文字の読み書きができる人の割合

(2020 年版「世界の統計」)

(1)	
(2)	

3 次の文を読んで，あとの各問いに答えなさい。【24点】

社会科のクラブでは，発表のしめくくりとして，日本でも今後取り組んでいけそうな事例を調べました。フランスでのとり組みに注目し，右のようにまとめました。

(1) 文中の [1] には，どのような環境問題があてはまりますか。10字以内で答えなさい。(9点)

(2) 文中の [2] には，どのようなとり組みがあてはまりますか，40字以上80字以内で答えなさい。(15点)

「日本でも持続可能な社会の実現に向けて， [1] への対策が必要です。写真のように [2] ことが有効だと考えます。」

中央にはトラム（路面電車）の駅やバスの停留所があります。右側には駐車場があります（フランスのストラスブール）。
(©①Andreas Schwarzkopf)

(1)	
(2)	

4 次の問いに答えなさい。【13点】

（問）国連は，2030年までに世界が達成すべき17の目標として「持続可能な開発目標」（SDGs）をかかげています。中でも次の4つの目標は，プラスチックごみがあることによってその目標の達成がさまたげられているものです。この4つの中から目標の番号を1つ選び，プラスチックごみがあることによって，その目標の達成がどのようにさまたげられているのか，説明しなさい。

【6　安全な水とトイレを世界中に】
すべての人がきれいで安全な水とトイレを使えるようにする

【13　気候変動に具体的な対策を】
地球温暖化が改善されるように，具体的な行動をおこしていく

【14　海の豊かさを守ろう】
海や，魚などの海の資源を，次世代の人たちも利用できるようにする

【15　陸の豊かさも守ろう】
陸上の生き物や，木などの陸上の資源も次世代の人たちが利用できるようにする

（国連広報センターホームページ）

番号	説明

・・

 ヒント

2　(1)識字率の低さが社会にどのようなえいきょうをあたえるか考える。

3　自動車から何が排出されるかを考える。また，自家用車と公共交通機関との関係についても考える。

右上欄外：慶應義塾中一改

4番号欄外：晃華学園中一改

中学入試 模擬テスト 第1回

時　間　60分

得点

合格点　75点

点

解答 28 ページ

1 次の文を読んで，あとの各問いに答えなさい。【55点】

青雲中・横浜共立学園中・駒場東邦中―改

　2015年6月に改正公職選挙法が①参議院本会議で成立したことにより，満　②　才以上の国民に③選挙権が認められることになりました。これにより，④政治への参加の枠が広がったことになりますが，選挙のたびに問題になるのは若者の投票率の低さです。⑤学校教育や地域社会を通して，今後いかに若者の政治への関心を高めていくかが注目されます。

　これから中学生になるみなさんも，どのようなことが社会問題なのか，どのような政策や⑥法案が議論されているか，⑦税金がどのように使われているか，⑧世界の動きがどのようになっていて，どのように⑨各国と付き合っていくべきか，といったことに早くから関心をもつことが求められます。

(1) 下線部①について述べた文として正しいものを次のア～エから1つ選び，記号で答えなさい。(4点)

　　ア 議員定数は465名である。　　イ 任期が4年である。

　　ウ 解散がある。　　エ 30才以上に被選挙権が認められる。

(2) 下線部①に関して，2019年7月に行われた参議院議員選挙で重度の障がいをもつ2人が当選したことを受け，参議院本会議場の改修工事が行われました。体の不自由な人や高齢者にとって不便な障壁をなくし，安心してくらせる取り組みの名まえを答えなさい。(5点)

(3) 空欄　②　にあてはまる数字を答えなさい。(5点)

(4) 下線部③に関して，日本国憲法では選挙権のほかにもさまざまな権利を認めています。右の憲法の条文はその権利の保障について述べたものです。空欄　a　にあてはまる語句を5字で答えなさい。(5点)

> 第13条　すべて国民は，個人として尊重される。生命，自由及び幸福追求に対する国民の権利については，　a　に反しない限り，立法その他の国政の上で，最大の尊重を必要とする。

(5) 下線部④に関して，新しい形の政治への参加として2009年から国民が裁判に参加する制度が始まりました。この制度の名まえを答えなさい。(5点)

(6) 下線部⑤に関して，内閣のもとで学校教育やスポーツなどに関する仕事をおもに担当している省を次のア～エから1つ選び，記号で答えなさい。(4点)

　　ア 経済産業省　　イ 文部科学省　　ウ 総務省　　エ 厚生労働省

(7) 下線部⑥に関して，国の法律をつくるのは国会の仕事ですが，それ以外の国会の仕事として誤っているものを次のア～エから1つ選び，記号で答えなさい。(4点)

　　ア 最高裁判所長官を任命する。　　イ 国の予算を話し合って決める。

　　ウ 裁判官を裁く裁判所をつくる。　　エ 外国と結んだ条約を承認する。

(8) 下線部⑦に関して，会社が得た所得にかかる税金を何というか答えなさい。(5点)

(9) 下線部⑧に関して，2016年の国民投票の結果を受けて2020年にEU(ヨーロッパ連合)から離脱したヨーロッパの国名を答えなさい。(5点)

(10) 下線部⑨に関して，次のページの図は，「日本人が住む海外の国々」，「日本に住む外国人」を表したものです。図中の空欄　X　・　Y　にあてはまる国の組み合わせとして正しいものを，次のア～カから1つ選び，記号で答えなさい。(6点)

　　ア X―ロシア　　Y―中国　　イ X―ロシア　　Y―ブラジル

　　ウ X―中国　　Y―ロシア　　エ X―中国　　Y―ブラジル

　　オ X―ブラジル　　Y―ロシア　　カ X―ブラジル　　Y―中国

日本人が住む海外の国々

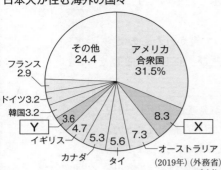

その他 24.4
フランス 2.9
ドイツ 3.2
韓国 3.2
イギリス
Y
カナダ
タイ
アメリカ合衆国 31.5%
8.3
X
オーストラリア
3.6
4.7
5.3
5.6
7.3
(2019年)(外務省)

日本に住む外国人

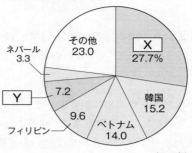

その他 23.0
ネパール 3.3
Y
7.2
フィリピン
9.6
ベトナム 14.0
X 27.7%
韓国 15.2
(2019年)(法務省)

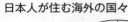

(11) 下線部⑨に関して，ODA（政府開発援助）の支援は，国の予算から支出されています。国の収入・支出の問題を考えたとき日本では，国内への支出を重視すべきなどの理由からODAへの支出について批判があります。この批判に対して，先進国としての義務や人道的な理由から支援は今後も充実すべきであるという意見は重要です。この意見以外に，日本の経済的利益の点から他の国々への支援を支持する意見を，輸出入の特色をふまえて答えなさい。(7点)

(1)		(2)		(3)		(4)	
(5)		(6)		(7)		(8)	(9)
(10)		(11)					

2 観光について書かれた次の文を読んで，あとの各問いに答えなさい。【45点】　頴明館中―改

　日本で観光が行われるようになるのは江戸時代になってからです。庶民の間にも旅を楽しむ人々が増え，街道沿いには①宿場や茶屋が見られるようになりました。特に，伊勢神宮や②善光寺などの神社や寺院をお参りする人々が多く見られ，（　③　）町が発達しました。

　高度経済成長期に入り，生活が豊かになると，観光はよりさかんになりました。各地の④温泉地やスキー場，ゴルフ場，海水浴場などに多くの観光客が訪れるようになり，⑤海外旅行をする日本人の数も増えました。⑥1990年代に入ると地域の経済を活発にすることを目的に各地にテーマパークが建設されました。

　観光が発達するにともなって，新しいかたちの観光が見られるようになり，特に自然に親しむかたちの観光は人気があります。自然について学び，自然をそこなわないように配慮しながら観光を行うエコツーリズムと呼ばれる観光がさかんになっています。また，2004年には⑦ユネスコの支援によって世界ジオパークネットワークが設立され，貴重な自然を観光に生かそうとする動きが見られます。

地図1

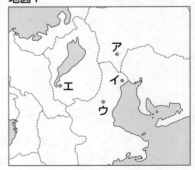

(1) 下線部①について，五街道の1つである東海道の宿場町にあてはまらないものを**地図1**の**ア〜エ**から1つ選び，記号で答えなさい。(4点)

(2) 下線部②について，**地図2**は善光寺がある長野県を示したものです。次の
問いに答えなさい。

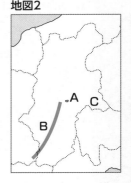

地図2

① 次の文は**地図2**の**A**の湖周辺での工業の歴史について書かれたものです。
下線部**ア～エ**のうち誤っているものの記号を1つ選び，正しいことばを
答えなさい。(8点)

> この地域では明治から昭和の初めにかけて製糸業が発達しました。周辺
> で生産された原料を利用した**ア**綿糸は，当時の日本の重要な輸出品でした。
> 第二次世界大戦後は**イ**時計やカメラなどの精密機械工業が発達しました。
> さらに，1980年代に**ウ**中央自動車道が開通したことで交通の便がよくなり，
> **エ**IC や電子部品をつくる工場が進出しました。

② **地図2**の**B**の山脈の名まえを漢字で答えなさい。(5点)

③ **地図2**の**C**の地域では，この地域の気候をいかした
農業が行われています。この農業で栽培されている
作物の生産量上位5位までの都道府県を示したもの
として正しいものを右の**ア～エ**から1つ選び，記号
で答えなさい。ただし，**ア～エ**はレタス，りんご，
ぶどう，西洋なしのいずれかです。(4点)

	1位	2位	3位	4位	5位
ア	山梨	長野	山形	岡山	福岡
イ	青森	長野	岩手	山形	福島
ウ	長野	茨城	群馬	長崎	兵庫
エ	山形	新潟	長野	青森	福島

(2019年)　　　　　　　　　　　（2021年版「データでみる県勢」)

④ 長野県はカーネーションの生産量が全国1位です。次のグラフは切り花のうちカーネーション，
きく，チューリップの東京中央卸売市場における月別取り扱い数量を示したものです。**X～Z**
と花の種類の組み合わせとして正しいものを，あとの**ア～カ**から1つ選び，記号で答えなさい。

(4点)

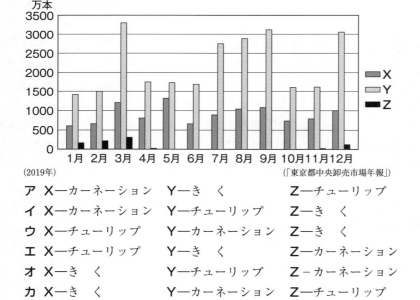

切り花の月別取り扱い数量

(2019年)　　　　　　　　　　　（「東京都中央卸売市場年報」)

ア X―カーネーション　　Y―き　く　　　　Z―チューリップ
イ X―カーネーション　　Y―チューリップ　　Z―き　く
ウ X―チューリップ　　　Y―カーネーション　Z―き　く
エ X―チューリップ　　　Y―き　く　　　　Z―カーネーション
オ X―き　く　　　　　　Y―チューリップ　　Z―カーネーション
カ X―き　く　　　　　　Y―カーネーション　Z―チューリップ

(3) 空欄（　③　）にあてはまることばを漢字2字で答えなさい。(4点)

(4) 下線部④について，**表1**は温泉地，スキー場，ゴルフ場，海水浴場の数が多い都道府県を左から
多い順に並べたものです。温泉地にあてはまるものを**表1**の**ア～エ**から1つ選び，記号で答えな
さい。(4点)

表1

	①	②	③	④	⑤	⑥	⑦	⑧	⑨	⑩
ア	長野	新潟・北海道		群馬	岐阜	福島	兵庫	岩手	青森	富山
イ	千葉	兵庫	北海道	栃木	茨城	静岡	岐阜	埼玉	群馬	長野
ウ	長崎	千葉	福井・静岡		鹿児島	新潟	北海道	山口	兵庫	沖縄
エ	北海道	長野	新潟	福島	青森	秋田	静岡	群馬	鹿児島	千葉

(2019年。エは2018年度末)　　　　　　　　　　　　　　　　　　(2021年版「データでみる県勢」)

(5) 下線部⑤について，**表2**は2018年の日本人の海外旅行先を示したものです。空欄（　　　）にあてはまる国の写真を次の**ア～エ**から1つ選び，記号で答えなさい。(4点)

表2

出国先	訪問者数(万人)
アメリカ合衆国	349
韓国	295
（　　　）	269
台湾	197
タイ	166

(2021年版「日本のすがた」)

ア

イ

ウ

エ

(6) 下線部⑥について，次の**ア～エ**のできごとのうち，1990年代におこったものを1つ選び，記号で答えなさい。(4点)

　ア チェルノブイリ原子力発電所事故　　**イ** アメリカ同時多発テロ
　ウ ベトナム戦争　　　　　　　　　　　**エ** 阪神・淡路大震災

(7) 下線部⑦について，ユネスコは国際連合の専門機関です。国連にある安全保障理事会の常任理事国にあてはまらないものを次の**ア～カ**から1つ選び，記号で答えなさい。(4点)

　ア ロシア　　　　　　**イ** アメリカ合衆国　　**ウ** ドイツ
　エ 中華人民共和国　　**オ** フランス　　　　　**カ** イギリス

(1)	(2)① 記号	ことば	②		③		④	
(3)		(4)		(5)		(6)		(7)

1 次の文を読んで，あとの各問いに答えなさい。【50点】

江戸川学園取手中

1950年に定められた選挙に関する法律である（　①　）が2015年6月に改正され，選挙権の年齢が「（　②　）」に引き下げられることになりました。これにより，2016年の夏に行われた a 参議院議員選挙から「（　②　）」が投票できるようになり，その後，b 衆議院議員選挙や地方選挙などでも投票できるようになりました。

もともと，選挙権の年齢の引き下げは，国民投票との関係で議論されてきたという面があります。日本国憲法第96条には「この憲法の改正は，各議院の総議員の（　③　）以上の賛成で，国会が，これを発議し，国民に提案してその承認を経なければならない。この承認には，特別の国民投票又は国会の定める選挙の際行はれる投票において，その（　④　）の賛成を必要とする。」とあります。そして，2007年にいわゆる「国民投票法」が成立し，それを2014年に改正し，将来的に（　②　）の人が投票できると決めました。それを受けて，選挙権に関しても（　②　）に改める動きが活発化し，改正に至ったという経緯があります。

現在，日本で行われている選挙は，問題点がいくつかあります。その1つが投票率の低さであり，特に c 若年層の投票率の低下は早急に改めなければならないものであるといえます。選挙権年齢の引き下げは，この問題の解決とつながるものであることを理解する必要があります。ほかには「1票の（　⑤　）」の問題があげられます。これは議員定数の不均衡から生じる問題であり，d 日本国憲法に違反するものであるとして裁判で争われることもあります。

(1) 文中の空欄（　①　）にあてはまる法律を漢字5字で答えなさい。(5点)

(2) 文中の空欄（　②　）にあてはまる語句として正しいものを1つ選び，記号で答えなさい。(5点)

　　ア 18才以上　　イ 20才以上　　ウ 25才以上　　エ 30才以上

(3) 下線部 a について，参議院議員に立候補できる年齢として正しいものを1つ選び，記号で答えなさい。(5点)

　　ア 18才以上　　イ 20才以上　　ウ 25才以上　　エ 30才以上

(4) 下線部 b について，現在の衆議院選挙は小選挙区比例代表並立制がとられています。この「小選挙区制」という選挙制度の特色として正しいものを1つ選び，記号で答えなさい。(5点)

　　ア 国民の少数意見が反映されやすい。

　　イ 多額の選挙費用が必要になる。

　　ウ 同一政党内での争いがおきやすい。

　　エ 死票が多くなり，大政党に有利になりやすい。

(5) 文中の空欄（　③　）にあてはまる語句として正しいものを1つ選び，記号で答えなさい。(5点)

　　ア 過半数　　イ 3分の2　　ウ 4分の3　　エ 5分の3

(6) 文中の空欄（　④　）にあてはまる語句として正しいものを1つ選び，記号で答えなさい。(5点)

　　ア 過半数　　イ 3分の2　　ウ 4分の3　　エ 5分の3

(7) 下線部 c について，1990年以降の衆議院総選挙の投票率を見ると，20才代の投票率は60才代の半分程度であるというデータが出ています。若年層の投票率が低いと政治上，どのような問題が発生するのか，説明しなさい。(10点)

(8) 文中の空欄（　⑤　）にあてはまる語句を漢字2字で答えなさい。(5点)

(9) 下線部dについて，この問題はおもに日本国憲法のどの条文に反しているとされて，裁判で争われていますか。正しいものを1つ選び，記号で答えなさい。(5点)

　ア 「すべて国民は，法の下に平等であつて，人種，信条，性別，社会的身分又は門地により，政治的，経済的又は社会的関係において，差別されない」(第14条)

　イ 「思想及び良心の自由は，これを侵してはならない」(第19条)

　ウ 「(前略)法律は，個人の尊厳と両性の本質的平等に立脚して，制定されなければならない」(第24条)

　エ 「すべて国民は，健康で文化的な最低限度の生活を営む権利を有する」(第25条)

(1)		(2)		(3)		(4)		(5)		(6)

(7)

(8)		(9)	

2 次の文を読んで，あとの各問いに答えなさい。【15点】

渋谷教育学園幕張中

　学校制度や入学試験のしくみは時代とともに変化します。最近では受験戦争などの否定的な意見もありますが，一方で学校制度は，あるものを打破するための重要な「装置」でもありました。

　奈良時代や平安時代の日本では，読み書きができることに加えて，aある技能に通じていることが，大臣などに就任するための条件と考えるようになりました。そのため，平安時代になると，貴族たちは一族のみを対象とした閉鎖的な私塾を設けました。これは有力な家柄であっても，その位や人間関係だけでは，もはや出世できない時代が訪れたことを意味します。

　かつての政府は，神話を通して大王(天皇)家と結びついた氏族，たとえば大伴氏や一時は推古天皇の時代に聖徳太子をしのぐほどの力を得たともいわれる(①)氏などの特定の一族が，外交や財政などの職務を代々受けもっていました。これは特定の家(氏)がいわば「お家芸」として政府の仕事を担っていくため，しばしば(＊)制とも呼ばれますが，aある技能を求められるようになると，現在と同じように特定の能力をもつ個人が，専門の行政官として各省などに置かれる，いわゆる(②)制の時代へと移っていくことにつながりました。

(1) (①)・(②)に入る語句の組み合わせとして正しいものを次から1つ選び，記号で答えなさい。なお，(＊)は設問の都合上，空欄にしてあります。(5点)

　ア ①蘇我　②官僚　　イ ①蘇我　②公地公民
　ウ ①藤原　②官僚　　エ ①藤原　②公地公民

(2) 下線部aは何と考えられますか。A～Cを参考にして15字程度で具体的に説明しなさい。(10点)

　A 現在では英語やドイツ語，フランス語など，国際社会で活躍するための能力が求められているが，当時も状況は同じであった。

　B 古典を学ぶことは，外交官として話題を共有すること，および，政治を行ううえで参考となる道徳や知見がふくまれている意味でも重要と考えられていた。

　C 当時の日本は，東アジアの中で序列が上になるためにモデルとなる国が存在し，まずはその国をまねること，さらにその文化を吸収・発展させることが常に求められていた。

(1)	(2)

3 山田くんは，夏休みに近所のパン屋さんのパン教室に参加してクロワッサンとジャムづくりをしました。家でもつくるために，材料について調べてみることにしました。これについて，次の各問いに答えなさい。【35点】

中央大附属横浜中

(1) クロワッサンには卵とバターを使い，ジャムはいちごを煮つめてつくりました。そこで山田くんは，材料の日本国内の生産地などについて調べてみることにしました。**地図1〜3**の◯◯◯は，卵用にわとりの飼育羽数，バターの原料となる牛乳をとる乳用牛の飼育頭数，いちごの出荷量の都道府県別上位5位までを示しています。**地図1〜3**と生産品目の正しい組み合わせを**ア〜カ**から1つ選び，記号で答えなさい。(5点)

地図1

(2019年)

地図2

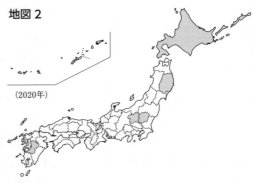

(2020年)

地図3

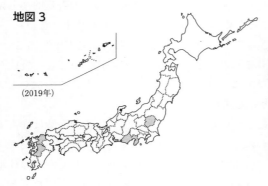

(2019年)

	地図1	地図2	地図3
ア	いちご	乳用牛	卵用にわとり
イ	いちご	卵用にわとり	乳用牛
ウ	乳用牛	いちご	卵用にわとり
エ	乳用牛	卵用にわとり	いちご
オ	卵用にわとり	いちご	乳用牛
カ	卵用にわとり	乳用牛	いちご

(2021年版「データでみる県勢」)

(2) 山田くんは，パン屋で使われる小麦粉の原料である小麦について調べてみました。山田くんが体験したパン屋さんは，北海道の小麦を使用していました。

① 山田くんは地図を開いて，北海道の地形や農産物について調べました。北海道で見られる地形と風景のうち正しいものを次の**ア〜エ**から1つ選び，記号で答えなさい。(5点)

ア 函館湾では冬に沿岸に流氷が漂着する。

イ 根釧台地では，土地改良により稲作がさかんになった。

ウ 石狩川下流域では，火山灰が広がり，酪農がさかんになった。

エ 十勝平野では，じゃがいも畑や小麦畑が広がっている。

② 山田くんが小麦の種類を調べてみると，北海道で収穫量がいちばん多い種類は「ホクレン」であることがわかりました。農作物は栽培される地域の気候に合わせたり害虫に強くしたりするために，別の種類をかけ合わせる研究が日々進められています。このように，より高い収穫量を得るために，異なる種類のよいところを集めて新しい種類をつくり出すことを何といいますか，漢字4字で答えなさい。(5点)

③ 山田くんは，小麦の生産量を調べてみました。**資料1**は小麦の生産量の国別割合を，**資料2**は小麦の輸出量の国別割合を示しています。**資料1〜3**を参考にして**X**の国名を特定したうえで，

Xの国の輸出量がほかの国より少ない理由を説明しなさい。(10点)

資料1　小麦の生産量の国別割合

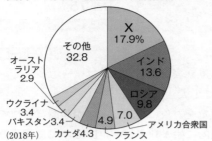

X 17.9%
インド 13.6
ロシア 9.8
アメリカ合衆国 7.0
フランス 4.9
カナダ 4.3
パキスタン 3.4
ウクライナ 3.4
オーストラリア 2.9
その他 32.8
(2018年)

資料2　小麦の輸出量の国別割合

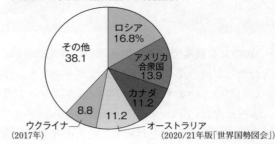

ロシア 16.8%
アメリカ合衆国 13.9
カナダ 11.2
オーストラリア 11.2
ウクライナ 8.8
その他 38.1
(2017年)
(2020/21年版「世界国勢図会」)

資料3

	面積(千 km²)	人口(万人)
X	9600	143932
オーストラリア	7692	2550

(面積は2018年, 人口は2020年)　　　　(2020/21年版「世界国勢図会」)

(3) 山田くんはパンづくりにはきれいな水も欠かせないと知り, 日本各地の環境についても調べました。

① 滋賀県の琵琶湖では, 赤潮被害が報告されています。赤潮の説明について誤っているものを次のア〜エから1つ選び, 記号で答えなさい。(5点)

ア 人口が増え, 家庭からの生活排水が多く流れこむようになったことが原因である。

イ プランクトンが大量発生することで, 湖の酸素が減って魚が死滅してしまう。

ウ 琵琶湖での発生は高度経済成長期がもっとも多く, ここ10年はまったく発生していない。

エ 滋賀県は琵琶湖の浄化にとり組み, 琵琶湖はラムサール条約にも登録された。

② 山田くんは, 東北地方にふく「やませ」について調べ, 次のようなメモをつくりました。

> 「やませ」は東北地方で　A　の季節に　B　の方向からふく風です。この風は冷たく, 　C　風のため, 東北地方の農業に大きなえいきょうをおよぼします。

　A　〜　C　に入る語句の組み合わせとして正しいものを次のア〜クから1つ選び, 記号で答えなさい。(5点)

ア A—夏　B—南西　C—乾燥している
イ A—夏　B—北東　C—乾燥している
ウ A—夏　B—南西　C—しめっている
エ A—夏　B—北東　C—しめっている
オ A—冬　B—南西　C—乾燥している
カ A—冬　B—北東　C—乾燥している
キ A—冬　B—南西　C—しめっている
ク A—冬　B—北東　C—しめっている

(1)	(2)①	②	
③			
(3)①	②		

1 次の文を読んで，あとの各問いに答えなさい。【60点】

渋谷教育学園幕張中―改

　わたしが通う小学校には給食室があります。学校から献立表が配られ，メニューも多彩で，おいしくいただいています。そこで学校給食について調べてみました。

　学校給食は，a1889年に山形県のある小学校で貧困児童を対象に実施したのが起源とされています。1947年からは全児童を対象とした公的な学校給食が全国的に始まりました。1949年には戦後の食糧難にあえぐ日本にbユニセフからミルク(脱脂粉乳)が贈られ，その翌年にはアメリカ合衆国からcあるものが大量に贈られたことでパンを主食とし，それにおかずと牛乳がそろう，いわゆる完全給食の基礎ができあがりました。

　1954年，おもに小学校における学校給食のふきゅうと子どもの健全な発達をはかることを目的として，d学校給食法が制定されました。その後，e学校給食は中学校にも拡大されました。f1976年には文部省令で米飯給食が学校給食制度上明確に位置づけられ，全国で米飯給食が始まりました。人気献立の1つにあげられるカレーライスも登場します。

　近年，食をめぐる環境が大きく変化し，子どもの食生活にもそのえいきょうが見られます。たとえば，ライフスタイルの変化などにより（　①　）など，さまざまな問題が生じています。また，食を通じて地域を理解することや失われつつある食文化の継承をはかること，自然の恵みやg勤労の大切さなどを理解することが重要といわれている状況もあります。

　国はこれらの問題を解決するために，食を通して人間として生きる力を育むことをテーマにかかげて努力しています。なかでもh文部科学省は学校において（　②　）を推進するために，2005年に（　②　）基本法を制定し，学校全体で地域と連携してその課題にとり組むようになりました。具体的には，食文化の継承や地域の産物を用いた献立がつくられるようになりました。また，学校給食を（　②　）の指導に活用するように求め，2008年に学校給食法を改正しました。

　さらに国は日本の食文化を保護し，その価値を高めるため，2011年に日本再生の基本戦略において，「わが国が誇るべき食文化について，理解の促進とその魅力向上をはかり，日本文化の発信につなげるため，ユネスコ無形文化遺産への登録を推進する」とi閣議決定したうえで登録を申請しました。j2013年に「和食：日本人の伝統的な食文化」と題して，和食はユネスコの無形文化遺産に登録されました。

　給食が時代のえいきょうを受けて今日に至っていることを知りました。

(1) 下線部aの年につくられた憲法で定めている人権に関する次の文X・Yについて，その正誤の組み合わせとして正しいものを，あとのア～エから1つ選び，記号で答えなさい。(4点)

> X　信教の自由は，制限つきながらも認められた。
> Y　言論の自由は，無制限で認められた。

ア　X―正　Y―正　　イ　X―正　Y―誤　　ウ　X―誤　Y―正　　エ　X―誤　Y―誤

(2) 下線部bに関する次の文X・Yについて，その正誤の組み合わせとして正しいものを，あとのア～エから1つ選び，記号で答えなさい。(4点)

> X　ユニセフは，戦争や災害の犠牲になっている子どもたちに特別な保護をあたえるように努めている。
> Y　ユニセフは，国際連合の機関の1つである。

ア X―正 Y―正　　イ X―正 Y―誤　　ウ X―誤 Y―正　　エ X―誤 Y―誤

(3) 下線部 c について，右の表は，あるものの生産量(2018 年)の上位 4 か国を示したものです。右の表を参考にして，あるものを漢字で答えなさい。(4点)

順位	国名	生産量(千 t)
1	中国	131441
2	インド	99700
3	ロシア	72136
4	アメリカ合衆国	51287

(2020/21 年版「世界国勢図会」)

(4) 下線部 d と政令により，学校給食を安く提供できるようになりました。ほかの外食に比べて学校給食が安く提供できる理由について，法令の制定以外に「利益」という語句を必ず用いて答えなさい。(8点)

(5) 下線部 e について，各地の公立中学校では最近まで学校給食を導入しない地域が少なくありませんでした。学校給食を導入しない理由を食の安全面から考え，答えなさい。ただし，学校給食で使用する食材や調理・配膳に衛生面での問題はないものとします。(8点)

(6) 下線部 f について，米飯給食の導入は 1970 年代のある問題の解決にも役立ちました。ある問題とは何ですか。答えなさい。(8点)

(7) （　①　）の具体例として誤っているものを次のア～エから 1 つ選び，記号で答えなさい。(4点)
ア 家族といっしょに食事をする機会が減ったこと。
イ 子どもでも生活習慣病が発症したこと。
ウ レトルト食品など加工食品の生産量が減ったこと。
エ 食事のあいさつなどの作法を学ぶ機会が減ったこと。

(8) 下線部 g の権利と義務(日本国憲法第 27 条)に関する次の文 X・Y について，その正誤の組み合わせとして正しいものを，あとのア～エから 1 つ選び，記号で答えなさい。(4点)

> X 憲法には勤労の権利が明記されており，国は労働者の雇用を保障するために職業紹介などを行っている。
> Y 憲法には勤労の義務が明記されており，場合によって国が強制労働させることもある。

ア X―正 Y―正　　イ X―正 Y―誤　　ウ X―誤 Y―正　　エ X―誤 Y―誤

(9) 下線部 h に関して，2020 年のできごとに関する次の文 X・Y について，その正誤の組み合わせとして正しいものを，あとのア～エから 1 つ選び，記号で答えなさい。(4点)

> X 文部科学省がコロナ禍でオンライン授業を進めるために生徒一人一人にスマートフォンを配った。
> Y 文部科学省が後押しを進める小惑星探査機「はやぶさ 2」は，小惑星「りゅうぐう」に着陸してサンプル(砂)を持ち帰った。

ア X―正 Y―正　　イ X―正 Y―誤　　ウ X―誤 Y―正　　エ X―誤 Y―誤

(10) （　②　）に適する語句を漢字 2 字で答えなさい。(4点)

(11) 下線部 i に関する次の文 X・Y について，その正誤の組み合わせとして正しいものを，あとのア～エから 1 つ選び，記号で答えなさい。(4点)

> X 閣議は，内閣総理大臣およびその他の国務大臣と副大臣で構成されている。
> Y 閣議は，国会の本会議と同じように公開が原則である。

ア X―正 Y―正　　イ X―正 Y―誤　　ウ X―誤 Y―正　　エ X―誤 Y―誤

(12) 下線部 j に関する次の文 X・Y について，その正誤の組み合わせとして正しいものを，あとのア～エから 1 つ選び，記号で答えなさい。(4点)

X すしや天ぷらなど，日本食の具体的な内容やメニューが，無形文化遺産として登録された。

Y 和食は，世代をこえて受けつがれてきた慣習であることなどが評価された。

ア X―正　Y―正　　**イ** X―正　Y―誤　　**ウ** X―誤　Y―正　　**エ** X―誤　Y―誤

(1)	(2)	(3)	
(4)			
(5)			
(6)			

(7)	(8)	(9)	(10)	(11)	(12)

2 日本の過去にあった地震などの大きな災害について調べてみると，表のようなことがわかりました。あとの各問いに答えなさい。【40点】　お茶の水女子大附中

表

年	できごと
416 年	① 大和（奈良）で地震がおこる
599 年	② 大和（奈良）で地震がおこる
684 年	③ 東海・南海地方で大津波がおこる
1185 年	④ 近畿地方で地震がおこる
1293 年	⑤ 鎌倉で地震がおこる
1498 年	⑥ 東海・南海地方で地震・津波がおこる
1611 年	⑦ 三陸沖で地震がおこる　数千人死亡
1703 年	⑧ 関東地方で地震・津波がおこる
1923 年	⑨ （　　　　）で地震がおこる

(1) ①は，日本の歴史書に書かれた中でもっとも古い地震の記録です。日本の成り立ちをまとめて 8 世紀につくられた歴史書を次の**ア〜エ**から 1 つ選び，記号で答えなさい。（4点）

ア『万葉集』　　**イ**『日本書紀』　　**ウ**『源氏物語』　　**エ**『風土記』

(2) ②のころ，天皇中心の国づくりを目ざして改革を行っていた人物がいました。この人物が行った，次の資料に関係の深いことがらを，あとの**ア〜エ**から 1 つ選び，記号で答えなさい。（4点）

一，人の和を第一にしなければなりません。
一，仏教をあつく信仰しなさい。

ア 冠位十二階　　**イ** 十七条の憲法　　**ウ** 遣唐使の派遣　　**エ** 法隆寺の建設

(3) ③のころ，税を納める制度が整えられました。「租」と呼ばれる税はどのようなものでしたか。次のア～エから1つ選び，記号で答えなさい。(4点)

ア 米を納める。　　　　イ 特産物を納める。
ウ 九州で兵士となる。　エ 地元の土木工事をする。

(4) ④のころ，源氏と平氏の戦いがあった時期に地震がおこり，人々の不安が高まりました。平氏がほろんだ壇ノ浦の戦いのあった場所を，図1のア～エから1つ選び，記号で答えなさい。(4点)

図1
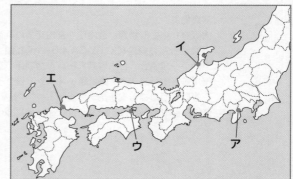

(5) ⑤のころ，日本は外国との二度の戦いがあり，世の中は不安定になりました。外国と戦った御家人は，幕府に対する不満をもちましたが，なぜ不満に思ったのか，説明しなさい。(8点)

(6) ⑥のころには，全国の武士が争う戦乱がおこり，国が乱れました。京都では，将軍が書院造の部屋がある銀閣をつくりました。この銀閣をつくった将軍の名まえを答えなさい。(4点)

(7) ⑦のころ，図2のように，地震でくずれないくふうをして，石垣のある大きな城が築かれました。このような大きな城を築いた理由としてあてはまらないものを次のア～エから1つ選び，記号で答えなさい。(4点)

図2

ア 大名の力の大きさを示すため。
イ 外国の国々との戦いに備えるため。
ウ 鉄砲による攻撃を防ぐため。
エ 城下町をつくり商人を集めるため。

(8) ⑧のころの世の中のようすとしてあてはまるものを次のア～エから1つ選び，記号で答えなさい。

(4点)

ア 観阿弥，世阿弥によって能楽が完成し，狂言も人気であった。
イ 大和絵やかな文字など朝廷を中心としたはなやかな日本風の文化が生まれた。
ウ 実際におきた事件をもとにした近松門左衛門の作品が歌舞伎や人形浄瑠璃で上演された。
エ スペインやポルトガルから来た宣教師がヨーロッパの文化や品物をもたらした。

図3
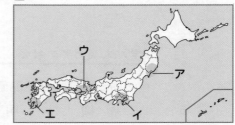

(9) ⑨の地震がおこり，日本の経済は大きな打撃を受けました。(　　)にあてはまる地震がおこった場所を図3のア～エから1つ選び，記号で答えなさい。(4点)

(1)		(2)		(3)		(4)	
(5)							
(6)		(7)		(8)		(9)	

装丁デザイン　ブックデザイン研究所
本文デザイン　A.S.T DESIGN
　図　版　デザインスタジオエキス.

写真提供

大阪府立弥生博物館　宮内庁　宮内庁三の丸尚蔵館　宮内庁正倉院事務所　国土地理院
国文学研究資料館(CC BY-SA 4.0)　国立国会図書館　国立歴史民俗博物館　日本アジ
アハラール協会　日本製鉄　田原市博物館　東京大学史料編纂所　東京都福祉保健局
徳川美術館所蔵 ©徳川美術館イメージアーカイブ/DNPartcom　登呂博物館　ピクスタ
平等院　明治神宮聖徳記念絵画館
ColBase(https://colbase.nich.go.jp/)　lienyuan lee など　　〈敬称略・五十音順〉

中学入試 実力突破 社会

編著者	中学入試指導研究会		発 行 所	受験研究社
発行者	岡　本　明　剛			
印刷所	岩　岡　印　刷			©株式会社 増進堂・受験研究社

〒 550-0013 大阪市西区新町2丁目19番15号

注文・不良品などについて：(06)6532-1581(代表)／本の内容について：(06)6532-1586(編集)

1 次の図の（　）にあてはまることばを答えなさい。

●日本の地形・気候

- 現在ロシア連邦が不法に占領している（北方領土）
- 冬の気候に大きなえいきょうをあたえる北西の（季節風）モンスーンともいう
- 3000m級の山々が連なる3つの山脈（日本アルプス）
- 東北地方を日本海側・太平洋側に分ける（奥羽）山脈
- 流域面積が日本最大の（利根川）

2 次の文の□にあてはまることばを答えなさい。

① 日本は□大陸の東に位置し、大陸との間には日本海がある。
② 日本の西端は東経122度56分の□、東端は東経153度59分の南鳥島である。
③ 日本は□、オホーツク海、東シナ海、日本海に囲まれている。
④ 三陸海岸や志摩半島などでは、海岸線が複雑に入り組んだ□海岸が見られる。
⑤ 日本の平野は規模が小さく、海岸に沿ったところに分散している。もっとも広いのは□平野である。
⑥ 日本の河川でもっとも長いのは□で、越後平野から日本海に注いでいる。
⑦ 太平洋には、北から寒流の□、南から暖流の黒潮（日本海流）が流れている。
⑧ 日本の気候は、降水量・気温などのちがいにより北海道、太平洋側、日本海側、中央高地、瀬戸内、□の気候に分けられる。

2	
①	ユーラシア
②	与那国島
③	太平洋
④	リアス
⑤	関東
⑥	信濃川
⑦	親潮（千島）海流
⑧	南西諸島

---

1 次の図の（　）にあてはまることばを答えなさい。

●国際連合のしくみ

- （事務局）
- 経済社会理事会
- 信託統治理事会
- （総会）
- 安全保障理事会
- 国際司法裁判所
- 総会で設立された機関：ユニセフ(国連児童基金) など
- 専門機関：国際労働機関(ILO)／国連食糧農業機関(FAO)／ユネスコ(国連教育科学文化機関) など／世界保健機関(WHO)／世界貿易機関(WTO)／国際原子力機関(IAEA)

※信託統治理事会は、現在は活動を停止している。

2 次の文の□にあてはまることばを答えなさい。

① 国際連合の主要機関のうち、国際平和を守るためにもっとも重要な役割を果たしているのが□である。
② 世界の子どもを飢えや病気から守るために活動している国連の専門機関が国連児童基金（□）である。
③ 日本は、核兵器を「もたず、つくらず、もちこませず」という□を国会で決議している。
④ 平和や人権、環境などの改善のために動いている、民間の海外協力団体である非政府組織を□という。
⑤ 国連が受入れ国の同意を得て兵力を派遣し、紛争地域の停戦や選挙の監視などを行う活動を□という。
⑥ 森林の伐採や過度の焼き畑、過度の放牧などが原因となり、アフリカなどで□が進んでいる。
⑦ 1997年の地球温暖化防止京都会議で、温室効果ガスの削減目標を定めた□が採択された。
⑧ 2015年に国際連合が「□な開発目標（SDGs）」として2030年までに達成すべき17の目標を定めた。

2	
①	安全保障理事会
②	ユニセフ
③	非核三原則
④	NGO
⑤	国連平和維持活動（PKO）
⑥	砂漠化
⑦	京都議定書
⑧	持続可能

チェックカード 2　日本の農業・水産業

1 次の図の（　　）にあてはまることばを答えなさい。
●日本の農業・水産業

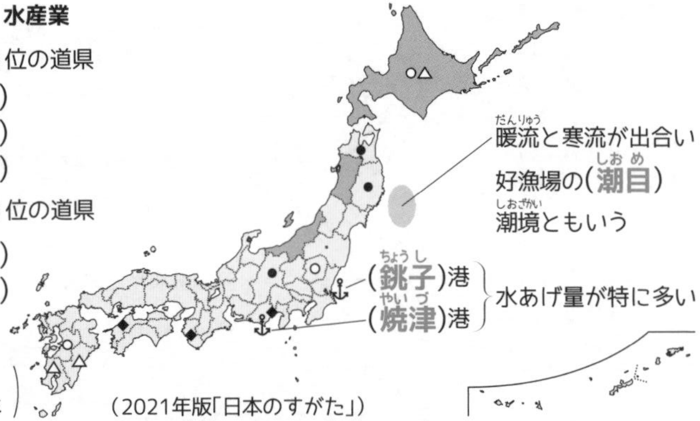

生産量が上位3位の道県
- ●（　米　）
- ■（りんご）
- ◆（みかん）

飼育頭数が上位3位の道県
- ○（乳牛）
- △（ぶた）

△●◆は2019年。
■は2020年。

（2021年版「日本のすがた」）

銚子（ちょうし）港　焼津（やいづ）港
暖流と寒流が出合い好漁場の（潮目／しおめ）
水あげ量が特に多い

2 次の文の□にあてはまることばを答えなさい。

① 日本の代表的な米の生産地である東北地方と北陸地方は、日本の□と呼ばれている。

② 1970年ごろから米が余るようになったため、国は転作をすすめたり、米の生産調整（□）と呼ばれることがある。

③ 東北地方の太平洋側は□と呼ばれる北東風のため、夏の気温が上がらず冷害を受けることがある。

④ 群馬県や長野県などの高冷地で、夏でもすずしい気候を利用してキャベツ・レタスなどをつくり、出荷時期をおくらせて生産する栽培方法を□という。

⑤ 宮崎県や高知県で温暖な気候を利用して行っている野菜の早づくりを□という。

⑥ 10t以上の船を使い、沿岸漁業より沖で数日かけて行う漁業を□という。

⑦ 1970年代後半から、各国は□を設けるようになり、沿岸から200海里以内での外国船による漁業を制限するようになった。

2
① 穀倉（こくそう）
② 減反（げんたん）
③ やませ
④ 抑制栽培（よくせいさいばい）
⑤ 促成栽培（そくせいさいばい）
⑥ 沖合漁業（おきあいぎょぎょう）
⑦ 排他的経済水域（200海里水域）

チェックカード 15　日本と関係の深い国々

1 次の図の（　　）にあてはまることばを答えなさい。
●日本と関係の深い国々

日本との間で北方領土問題がある（ロシア連邦）
政治・経済ともに関係の深い（アメリカ合衆国）
日本の最大貿易相手国（中国）
日系人が多い（ブラジル）
日本に多くの石油を輸出（サウジアラビア）
日本に多くの石炭・鉄鉱石を輸出（オーストラリア）

2 次の文の□にあてはまることばを答えなさい。

① 日本の貿易相手はアジア地域、ヨーロッパ地域、北アメリカ地域が中心だが、□地域が総額の約60％（2019年）をしめている。

② 日本と□は1972年に国交を正常化し、1978年には平和友好条約を結んだ。

③ 韓国独自の文字である□は、韓国の料理・民族衣装などとともに親しまれている。

④ アメリカ合衆国の□は、世界の経済の中心であり、国際連合の本部も置かれている。

⑤ 南アメリカ大陸の約半分をしめる□は、コーヒーの生産・輸出量が世界一で（2018年）夏季オリンピックが開かれた。

⑥ タイは□がさかんで、男子は一生に1度は僧の修行をする。

⑦ インドネシアは鉱産資源にめぐまれ、日本に石炭などを多く輸出している。□

2
① アジア
② 中国
③ ハングル
④ ニューヨーク
⑤ ブラジル
⑥ 仏教
⑦ 天然ガス

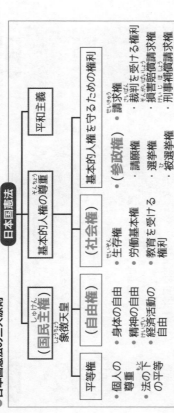

チェック カード 3　日本の工業

1 次の図の（　）にあてはまることばを答えなさい。
● 日本の工業地帯・地域

（地図中）
- 自動車工業などの機械工業が発達した（中京）工業地帯
- 工業生産額が日本一の（中京）工業地帯
- 関東内陸（かんとうないりく）工業地域
- 東京湾岸の埋立地に造成された（京葉）工業地域
- 京浜（けいひん）工業地帯
- 八幡製鉄所を中心に発達した（北九州）工業地域
- 工業地帯・工業地域が集中する（太平洋ベルト）
- 阪神（はんしん）工業地帯

①	せんい
②	東海（とうかい）
③	エコタウン
④	中小工場（ちゅうしょう）
⑤	阪神（はんしん）
⑥	中国（ちゅうごく）
⑦	産業の空洞（くうどう）化
⑧	現地（げんち）

2 次の文の　にあてはまることばを答えなさい。
① 日本の工業は、　工業中心の軽工業から発展し、第二次世界大戦後は重化学工業が中心になった。
② 第二次世界大戦後に、京浜工業地帯と中京工業地帯の間に　工業地域が形成された。
③ 北九州市は環境未来都市・SDGs未来都市（エスディージーズ）に選ばれ、　事業が進められている。
④ 働く人が299人以下の工場を　といい、工場数では99%以上、生産額では約半分をしめている。
⑤ 三大工業地帯とは、中京工業地帯、　工業地帯、京浜工業地帯をさす。
⑥ 2019年現在、世界第1位の自動車生産台数をほこる国は　である。
⑦ 国内の工場が海外に移転することで、その国の産業がおとろえることを　という。
⑧ 貿易摩擦がおこったことから、自動車会社は海外に工場をつくり、生産（海外生産）を行うようになった。

チェック カード 14　日本国憲法

1 次の図の（　）にあてはまることばを答えなさい。
● 日本国憲法の三大原則

日本国憲法
- （国民主権）象徴天皇
- 基本的人権の尊重
- 平和主義

（基本的人権の尊重）
- 平等権
  - 個人の尊重
  - 法の下の平等
- （自由権）
  - 身体の自由
  - 精神の自由
  - 経済活動の自由
- （社会権）
  - 生存権
  - 労働基本権
  - 教育を受ける権利
- （参政権）
  - 請願権
  - 選挙権
  - 被選挙権
- 請求権
  - 裁判を受ける権利
  - 損害賠償請求権
  - 刑事補償請求権

①	主権（しゅけん）
②	基本的人権
③	9
④	生存権
⑤	知る権利
⑥	プライバシーの権利
⑦	納税（のうぜい）

2 次の文の　にあてはまることばを答えなさい。
① 国を治める最高の権力を　といい、日本国憲法ではそれが国民にあると定めている。
② 　とは、人が生まれながらにもっている大切な権利のことで、日本国憲法では、「侵すことのできない永久の権利」とうたっている。
③ 日本国憲法では、前文と第　条で戦争の放棄と、戦力をもたないことを定めている。
④ 社会権のうち、憲法は「国民は、だれでも健康で文化的な最低限度の生活を営む権利がある」と定めている権利が　である。
⑤ 国や地方公共団体に情報公開を求める権利を　という。
⑥ 基本的人権にふくまれる新しい人権のうち、私生活を本人の許可なく公開されない権利を　という。
⑦ 国民には、子どもに普通教育を受けさせる義務、勤労の義務、　の義務という三大義務がある。

チェックカード 4　貿易・情報・運輸・環境

1 次の図の（　）にあてはまることばを答えなさい。

● 日本のおもな輸出品（77兆円）
（2019年）「日本のすがた」2021年版

その他 32.8
精密機械 2.9
プラスチック 3.2
鉄鋼 4.0
自動車部品 4.7
集積回路・コンピュータ部品など（機械類）36.8%
15.6 自動車 … 貿易摩擦の原因となった（自動車）
火力発電所の燃料（石炭）3.2

● 日本のおもな輸入品（79兆円）

その他 42.8
機械類 24.9%
西アジアから多く輸入（石油）12.1
液化ガス 6.2
衣類 4.1
医薬品 3.9
精密機械 2.8

2 次の文の□にあてはまることばを答えなさい。

① 2国間で、一方の国が自国の産業を守るために輸入制限などを行い、両国が対立することを□という。

② 日本は燃料のほとんどを輸入にたよっている。特に輸入額が多いのは□である。

③ 貿易の障壁をとり除いて製品などの輸出入をしやすくしていくことを貿易の□という。

④ さまざまな分野で実用化が進んでいる人工知能（□）が組みこまれている機器が増えている。

⑤ 国境をこえて多くの人・もの・お金・情報が移動し、世界が一体化することを□という。

⑥ レジでバーコードを読みとり、商品の販売動向をコンピュータで分析する□システムが、コンビニエンスストアなどで使われている。

⑦ あらゆる環境問題に対応するため、1993年に公害対策基本法にかわって□が定められた。

2	
①	貿易摩擦
②	石油（原油）
③	自由化
④	グローバル化
⑤	AI
⑥	POS
⑦	環境基本法

チェックカード 13　政治のはたらき

1 次の図の（　）にあてはまることばを答えなさい。

● 議院内閣制のしくみ

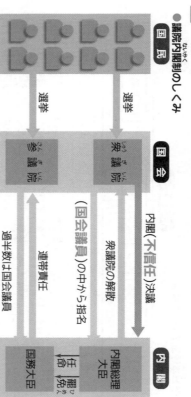

国民　選挙　国会　衆議院　参議院
内閣（不信任）決議
衆議院の解散
内閣（国会議員）（国会議員）の中から指名
過半数は国会議員
連帯責任
任命・罷免
内閣総理大臣　国務大臣　内閣

2 次の文の□にあてはまることばを答えなさい。

① 地方議会では、その地方公共団体だけに適用される□を制定することができる。

② 地方の住民には地方公共団体に対して、首長や議員の解職、条例の制定・改廃などを求める□がある。

③ 内閣の制定する法律案を国会に提出できるのは、□と内閣だけである。

④ 国会は、不適任であるとうったえられた裁判官を裁判する□を設けることができる。

⑤ 内閣が国会の信任にもとづいて成立し、運帯して責任を負う制度を□という。

⑥ その内閣不信任案が決議された場合、内閣は総辞職をするか、□を解散しなければならない。

⑦ 内閣総理大臣と国務大臣による内閣の方針を決定する□を□という。

⑧ 裁判を原則として3回まで受けることができる制度を□という。

2	
①	条例
②	直接請求権
③	国会議員
④	弾劾
⑤	議院内閣制
⑥	衆議院
⑦	閣議
⑧	三審制

チェックカード 5　縄文〜古墳時代

1 次の写真の（　）にあてはまることばを答えなさい。

（石器）（銅鐸）（どうたく）

（縄文土器）（じょうもん どき）
（銅鏡）（どうきょう）

（弥生土器）（やよいどき）
（前方後円墳）（ぜんぽうこうえんふん）

（石包丁）（いしぼうちょう）
（はにわ）

2 次の文の□にあてはまることばを答えなさい。

① 縄文時代の人々が、豊かな実りや子孫繁栄をいのってつくったと考えられる土の人形を□という。

② 縄文時代や弥生時代の人々は、地面を掘り下げて、壁と床をつくり、穴をほって柱を立て、草などで屋根をふいた□（住居）で生活していた。

③ 弥生時代、米などを貯蔵された倉庫を□という。

④ 米づくりとともに鉄器などの金属器が伝えられたことで、人々の生活は大きく変化していった。□

⑤ 3世紀ごろの日本には邪馬台国というくにがあり、女王の□が30余りのくにを従えていた。

⑥ 王や有力な豪族の墓を□といい、墓の内部には剣・鏡・武具などが納められた。

⑦ 4世紀ごろ、大和地方を中心につくられた大和朝廷の中心人物を□という。

⑧ 5世紀ごろから、中国や朝鮮半島から日本に移り住み、進んだ文化や技術を伝えた人たちを□という。

2
①	土偶（ど ぐう）
②	たて穴
③	高床倉庫
④	青銅器
⑤	卑弥呼（ひ み こ）
⑥	古墳（こ ふん）
⑦	大王（おお きみ）
⑧	渡来人（とらいじん）

チェックカード 12　戦後の民主化と日本の発展

1 次の図・文の（　）にあてはまることばを答えなさい。

●農家の割合

	自作	（自小作）	（小作）	その他
1940年	31.1%	42.1	26.8	
1950年（農地改革後）	61.9%	32.4	5.1	0.6

地主と小作の関係を民主化するため農地改革が進められた。

●女性の国会議員

1945年に選挙法が改正され、翌年行われた（衆議院議員）選挙で39名の（女性）の議員が生まれた。

2 次の文の□にあてはまることばを答えなさい。

① 経済の民主化を進めるため、それまで「軍部と深くつながっていた□が解体された。

② 政府は地主がもつ土地を買い上げ、小作人に安く売りわたす□を行い、農村の民主化を進めた。

③ 1950年、□戦争が始まると、日本は大量の軍需物資の注文を受け、経済が回復するきっかけとなった。

④ 1951年にアメリカなど48か国と□平和条約を結んだ日本は、翌年に独立を回復した。

⑤ 1956年に□を調印して、ソ連と国交を回復したことで、日本の国際連合加盟が実現した。

⑥ □は、第二次世界大戦後アメリカの統治下にあったが、1972年に日本に返還された。

⑦ 1989年、アメリカとソ連との□が終結したが、地域紛争は現在も続いている。

⑧ 先進工業国が発展途上国に対して行っている政府開発援助を□という。

2
①	財閥（ざい ばつ）
②	農地改革
③	朝鮮（ちょうせん）
④	サンフランシスコ
⑤	日ソ共同宣言
⑥	沖縄（おきなわ）
⑦	（冷たい戦争）冷戦（れいせん）
⑧	ODA（オーディーエー）

チェックカード 6　飛鳥～平安時代

1 次の図・表の（　）にあてはまることばを答えなさい。

●律令による役所のしくみ

[二官]　　　[八省]
（一官）[太政官]　大政大臣　左大臣　右大臣
（　①　）＝神祇官

地方
九州＝（　②　）
国＝国司
都＝（　③　）
中央

中務省・式部省・治部省・民部省
兵部省・刑部省・大蔵省・宮内省

●農民に課せられた税

租	収穫量の約 3％の稲を納める
（④調）	織物や地方の特産物を納める
（⑤庸）	労役のかわりに布を納める
雑徭	1 年に 60 日を限度として国司のもとで働く
兵役	（⑥防人）　九州北部の防衛 （　　）衛士　都の警備

2
① 冠位十二階
② 飛鳥文化
③ 大化の改新
④ 大宝律令
⑤ 墾田永年私財法
⑥ 摂関政治
⑦ 国風
⑧ 寝殿造
⑨ 平清盛

2 次の文の　□　にあてはまることばを答えなさい。

① 聖徳太子は　□　を定めて、能力のある人を役人にとりたてようとした。

② 聖徳太子が行っていたころに栄えた、仏教を中心とする文化を　□　という。

③ 645 年、中大兄皇子らが蘇我氏をたおして始めた政治改革を　□　という。

④ 701 年、唐の律令にならって　□　が制定され、律令にもとづく政治が始まった。

⑤ 口分田が不足し、743 年に　□　が制定された。これにより私有地が増加し、公地公民はくずれていった。

⑥ 藤原氏が、天皇が幼いときは摂政、成人してからは関白として行う政治を　□　という。

⑦ 9 世紀の終わりごろに生まれた、日本の風土や生活に合った文化を　□　文化という。

⑧ 平安時代の貴族は　□　と呼ばれる屋敷に住んでいた。

⑨ 1167 年、　□　は武士として初めて太政大臣となって政治を行った。

チェックカード 11　15 年にわたる戦争

1 次の文の（　）にあてはまることばを答えなさい。

●軍部の台頭

帝都震駭の不穏事件
大養首相逢に逝去

けふ内閣総辞職
取敢へず蔵相を臨時首相に
深夜親任式武官

※農蔵……ふるえおののくこと　※逢げる……さまよう　［上は 1932 年 5 月 15 日の（　①　）事件）を伝える新聞の見出し。

●国際連盟脱退

連盟よさらば！
（国際連盟）に協力の方途尽く
総会、勧告書を採択し
我が代表堂々退場す
四十二対一　一票　乗権　　※方途……解決法

［上は 1933 年の（国際連盟）脱退を伝える新聞の見出し。1931 年の（満州事変後に建国された満州国が認められなかったことによる。

2
① 世界恐慌
② 柳条湖（リウティアオ）
③ 日中戦争
④ 国家総動員法
⑤ 第二次世界大戦
⑥ 日独伊三国同盟
⑦ アメリカ
⑧ ポツダム

2 次の文の　□　にあてはまることばを答えなさい。

① 1929 年にアメリカでおこった大不景気が世界中に広がり、　□　となった。

② 1931 年、　□　事件をきっかけとして満州事変をおこして日本は、翌年、満州国を建国した。

③ 1937 年、北京郊外でおこった日本軍と中国軍の衝突をきっかけとして　□　が始まった。

④ 1938 年に出された　□　により、戦争に必要な物資や人を政府が議会を通さずに利用できるようになった。

⑤ 1939 年、ドイツがポーランドを攻めたことにより、ドイツとイギリス・フランスとの間で戦争が始まり、　□　が始まった。

⑥ 日本は 1940 年、ドイツ、イタリアと　□　を結んだ。

⑦ 1941 年、日本軍が真珠湾を攻撃してイギリスと　□　と戦争を始めた。

⑧ 1945 年 8 月 14 日、日本は　□　宣言を受け入れて降状した。国民には翌 15 日にラジオ放送でこれを伝えた。

チェックカード 7　鎌倉時代、室町時代

●新しい仏教

宗派	開いた人物
浄土宗	法然
浄土真宗	（親鸞）
時宗	一遍
日蓮宗	日蓮
臨済宗	栄西
曹洞宗	道元

2
① 源頼朝
② 御家人
③ 承久の乱
④ 御成敗式目（貞永式目）
⑤ 元
⑥ 建武の新政
⑦ 足利尊氏
⑧ 勘合

1　次の図・表の（　）にあてはまることばを答えなさい。

●鎌倉幕府のしくみ

将軍 ── 執権（補佐）

鎌倉
　侍所（御家人の統率・軍事）
　政所（政治・財政）
　問注所（裁判）

地方
　守護（国ごとの軍事・警察）
　地頭（荘園の管理・年貢のとり立て）
　六波羅探題（京都の警備）
　（西国武士の統率・京都の警備）

2　次の文の□にあてはまることばを答えなさい。

① 1185年、平氏をほろぼした□は、全国に守護・地頭を設置し、その支配を広げた。

② 鎌倉時代の将軍と□は、ご恩と奉公の主従関係で結ばれていた。

③ 1221年、朝廷は幕府をたおすために兵をあげたが、幕府の大軍に敗れた。この争いを□という。

④ 1232年に北条泰時が定めた、武士のための初めての法令が□である。

⑤ 1274年と1281年に元の大軍が北九州にせめてきた2度のできごとを□という。

⑥ 1333年に鎌倉幕府がほろんだ後、後醍醐天皇が始めた天皇中心の政治を□という。

⑦ ⑥の政治が2年余りで失敗した後、□は征夷大将軍に任じられ、京都に幕府を開いた。

⑧ 1392年、南朝と北朝を統一させた足利義満は、明の要求にこたえて倭寇を禁止し、明との間で□という合札を使用した日明貿易を始めた。

チェックカード 10　明治時代

1　次の絵の（　）にあてはまることばを答えなさい。

●明治初期の東京

（ガス灯）（洋服）（れんが造り）（鉄道馬車）（人力車）

2　次の文の□にあてはまることばを答えなさい。

① 新政府が藩を廃止して府や県を置き、中央から府知事・県令を派遣した政策を□という。

② 新政府は、財政を安定させるため、年貢にかわり土地の所有者に地券を発行し地価を定め、地価の3％を現金で納めさせる□を行った。

③ 1877年、西郷隆盛を中心とする□がおこったが、徴兵令によって集められた政府軍に敗れた。

④ 1885年、内閣制度が定められ、□が初代内閣総理大臣となった。

⑤ 1889年、天皇が国民にあたえるという形で□が発布された。

⑥ 1894年、朝鮮半島でおこった甲午農民戦争をきっかけとして□が始まり、翌年、日本が勝利して下関条約が結ばれた。

⑦ 1902年、ロシアの南下政策をおさえるため日本に接近したイギリスとの間で□が結ばれた。

2
① 廃藩置県
② 地租改正
③ 西南戦争
④ 伊藤博文
⑤ 大日本帝国憲法
⑥ 日清戦争
⑦ 日英同盟

チェックカード 8　戦国時代、安土桃山時代

1 次の図の（　）にあてはまることばを答えなさい。
● おもな戦国大名の勢力範囲（1560年ごろ）

地図中のことば：
- 中国地方に勢力を広げた（毛利）氏
- 龍造寺
- 現在の鹿児島県を支配した（島津）氏
- 大友
- 尼子
- 山名
- 三好
- 浅井
- 朝倉
- 織田
- 長宗我部
- 武田信玄と川中島で争った（上杉）氏
- 武田
- 秋田
- 南部
- 最上
- 伊達
- 佐竹
- 小田原を中心に関東地方に勢力を広げた（北条）氏
- 桶狭間の戦いで織田信長に敗れた（今川）氏

2 次の文の□にあてはまることばを答えなさい。

① 1428年、近畿地方で借金の帳消しを求めておこった大規模な一揆を□という。

② 1467年、将軍のあとつぎ問題と、有力な守護大名の対立がきっかけとなって□がおこった。争いは11年間続き、京都は焼け野原となった。

③ □は、浄土真宗の信者が中心となっておこした一揆で、加賀の国では一揆勢が100年余りにわたり自治を行った。

④ 戦国時代、力のある下の地位の者が上の地位の者に打ち勝つ風潮を□という。

⑤ 1543年、ポルトガル人により□が、1549年、フランシスコ＝ザビエルによりキリスト教が伝えられた。

⑥ 1573年、室町幕府をほろぼした□は、1576年に安土城を築いて天下統一事業を進めた。

⑦ 豊臣秀吉がものさしやますを統一して全国的に行った□を検地という。

答え
- ① 正長の土一揆
- ② 応仁の乱
- ③ 一向一揆
- ④ 下剋上
- ⑤ 鉄砲
- ⑥ 織田信長
- ⑦ 太閤検地

チェックカード 9　江戸時代

1 次の図の（　）にあてはまることばを答えなさい。
● 江戸幕府のしくみ

将軍		
大老（大名のとりまとめ）臨時に置く		
老中（ふだんの政治を行う）	大目付（大名の監察）	
	町奉行（江戸の政治・警察）	
	勘定奉行（幕府の財政）	
	遠国奉行（長崎・日光など）	
若年寄（老中の補佐）		
寺社奉行（寺社のとりしまり）		
（京都所司代）（朝廷・西国大名の監視）		
大阪城代（城下の役人を統率）		

● 大名の配置
- ○ 50万石以上　○ 20万石以上（親藩と譜代大名）● 外様大名
- ・幕府が直接治めるおもな都市

地図中のことば：長崎、細川（熊本）、黒田（福岡）、島津（鹿児島）、前田金沢、徳川（和歌山）、京都、大阪、徳川（名古屋）、江戸、徳川（水戸）、日光

2 次の文の□にあてはまることばを答えなさい。

① 幕府は大名を1615年に□を出し、大名支配を強化した。

② 幕府は大名を1年おきに江戸と領国に住まわせる□を行った。

③ 1637年におこった□以後、幕府はキリスト教の取りしまりをいっそう強めた。

④ 8代将軍徳川吉宗は、裁判の基準を示す□の制定、目安箱の設置といった享保の改革を行った。

⑤ 17世紀末から上方を中心に栄えた町人文化を□、19世紀初めから江戸を中心に栄えた町人文化を□文化という。

⑥ 1853年、アメリカの使節ペリーが浦賀に来航し、翌年、□が結ばれ、下田・函館の2港が開港した。

⑦ 1858年の日米修好通商条約は、アメリカに領事裁判権を認め、日本の□がない不平等条約であった。

⑧ 1867年、15代将軍徳川慶喜が政権を朝廷に返す□を行い、江戸幕府がほろんだ。

答え
- ① 武家諸法度
- ② 参勤交代
- ③ 島原・天草一揆
- ④ 公事方御定書
- ⑤ 化政文化
- ⑥ 日米和親条約
- ⑦ 日米修好通商条約
- ⑧ 大政奉還

実力突破

解答編

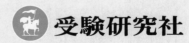

受験研究社

実力強化編

1 日本の国土

本冊 6 ～ 7 ページ

解答

❶ (1)国後島　(2)ア　(3)国際司法裁判所
　(4)例島の周囲の排他的経済水域が失われて
　しまうことにより，地下資源や水産資源
　の権利が減少してしまう。

❷ (1)例短く急流である。
　(2)例国土がせまく，山が多いので，川の源
　流から海までが近いから。　(3)イ　(4)イ

❸ (1)ロシア連邦　(2)イ　(3)ウ　(4)大陸だな
　(5)エ　(6)夏―ア　冬―エ

❹ (1)瀬戸内海　(2)ウ

解説

❶ 北方領土(北方四島)はロシア連邦，竹島は韓国と
の間で領土問題となっている。ロシア連邦とは，領
土問題が解決しないことが平和条約を締結できない
要因となっている。竹島は韓国人の愛国心の象徴的
存在となっており，解決の見こみが立っていない。
また，中国や台湾は尖閣諸島の領有権を主張してお
り，近年，中国船による領海侵犯が相次いでいる。

❷ (1)・(2)日本の川は短くて急である。国土の中央に
山脈が走り，海までのきょりが短いからである。

❸ (3)アメリカ合衆国の国土面積は約 983 万 km²。
日本の国土面積の約 26 倍である。
(5)沖ノ鳥島は，日本の最南端の島。東京都に属する。

❹ (2)アは中央高地の気候である長野県松本市，イは
太平洋側の気候である宮崎市，エは日本海側の気候
である新潟市のグラフ。

ここに注意　冬の北西の季節風は，日本海で水
分をふくみ，日本海側に大雪を降らせる。一方，
夏はしめった南東の季節風がふき，むし暑くなる。
季節風の風向きに注意する。

2 日本の農業

本冊 10 ～ 11 ページ

解答

❶ エ
❷ (1)A―促成栽培(早づくり)
　　B―抑制栽培(おそづくり)
　　C―近郊
　(2)①イ　②カ　③オ　④ウ
　　⑤キ　⑥ア　⑦エ
❸ (1)①ク　②キ　③ウ　④イ　⑤ア
　(2)A―青森　　B―茨城
　　C―和歌山　D―山梨

解説

❶ 農業人口の減少と高齢化などにより，米づくりは
効率化せざるを得なくなった。
❷ 高知平野や宮崎平野は，暖流の黒潮(日本海流)の
えいきょうで冬でも比較的暖かく，促成栽培(早づ
くり)を行っている。一方，長野県や群馬県などの
高原では，夏でもすずしい気候を利用して抑制栽培
(おそづくり)を行っている。
❸ 北海道は，乳牛と肉牛の飼育頭数が全国 1 位。

ここに注意　農産物の生産量と家畜の飼育頭数
が上位の都道府県を覚えておく必要があるが，そ
れだけを暗記するのではなく，気候や土地条件な
どとともに覚えておくとよい。

3 日本の水産業とこれからの食料生産

本冊 14 ～ 15 ページ

解答

❶ (1)①エ　②イ　(2)ウ　(3)地産地消
　(4)フードマイレージ
❷ 例近年，台湾・中国の公海での漁獲量が急
　増し，日本の排他的経済水域におけるサン
　マの漁獲量が減少している。(50 字)

❸ (1)① 黒潮(日本海流)　② 親潮(千島海流)
　　③ 大陸だな
　(2) ア　(3) ア　(4) エ

解説

❶ (2) 日本の食料自給率は，1991年に牛肉とオレンジの輸入が自由化されてから，安い外国産の農産物が大量に輸入されるようになり，大きく下がった。
(3)・(4) 食料をどれぐらい遠くから運んできたかを数値化したものを**フードマイレージ**といい，「食料の輸送量(t)×輸送きょり(km)」で求めることができる。フードマイレージの数値が大きいほど，二酸化炭素の排出量も多く，環境への負荷が高いことを意味している。そのため，日本各地で取り組まれている**地産地消**は，単に日本の食料自給率を高めるだけでなく，フードマイレージの数値(環境への負荷)を小さくすることにつながる点にも着目しておこう。

❷ 2019年に第5回北太平洋漁業委員会(NPFC)が開かれ，日本や中国，台湾など加盟8か国・地域が参加し，さんまの公海での漁獲量は約33万トンに制限された。また，各国は公海での漁獲量が2018年の実績を超えないよう管理することが決められた。

❸ (1) 日本海側には，暖流の**対馬海流**と寒流の**リマン海流**が流れている。
(4) 遠洋漁業がおとろえた大きな原因は，世界の各国が**200海里水域(排他的経済水域)**を設けたため，日本から遠くの海で漁業することそのものが制限を受けたことが大きい。また，1970年代に2回おこった**石油危機(オイルショック)**で燃料費が大きく増えたことも，日本の遠洋漁業がおとろえた原因の1つである。

> **参考** 漁業の種類 ‥‥‥‥‥
> **沿岸漁業**…10t未満の小型船を使い，海岸やその近くで行う漁業。多くは**日帰り**の漁業。
> **沖合漁業**…10t以上の船を使い，**数日がかり**で行う漁業。
> **遠洋漁業**…大型船を使い，遠くの海まで出かけ，**長期間**にわたって行う漁業。

4 日本の工業

本冊 18～19 ページ

解答

❶ (1) ア　(2) エ・オ　(3)① エ　② イ

(4) 養蚕業　(5) 産業の空洞化
(6) ア・エ　(7) 石油危機

解説

❶ (1) 1990年以降は，海外で工業製品を生産することが増え，特に**ア**の京浜工業地帯や阪神工業地帯の生産額は減っている。なお，**エ**の北九州工業地帯は工業生産額が減ったため，現在は北九州工業地域と呼ばれるようになった。
(2) **エ**のセメント工業は製品よりも原料の重量が大きく，輸送費を安くするため，原料の産地に立地することが多い。**オ**のビール工業は輸送費を安くするため，ビールの消費量が多い都市の近くで，おもな原料の1つである良質な水が豊富に得られる場所に立地することが多い。なお，**ア**の半導体のICは，小さくて軽く値段が高いので，高速道路や飛行機を利用しても採算がとれる。
(3) **ア**は製鉄所，**ウ**は石油化学コンビナートの分布である。鉄鉱石・石炭を原料とする製鉄所や原油を原料とする石油化学コンビナートは輸入に便利な臨海部につくられている。
(6) 日本の自動車産業は，1970年代にはアメリカ合衆国を中心に輸出が増えた。しかし，アメリカ合衆国では日本車が大量に出回ったことで，アメリカ車が売れなくなり，日本とアメリカ合衆国の間で貿易摩擦に発展した。その結果，日本は自主的に輸出を制限したほか，アメリカ合衆国を中心に現地生産を進めた。また，近年，中国が生産台数で世界一となった。なお，**エ**は円安ではなく円高の進行である。

5 貿易・運輸・情報

本冊 22～23 ページ

解答

❶ (1)① A—イ　B—エ　C—カ
　　② 石油(原油)　③ ア
　(2) ウ
❷ エ
❸ (1)① イ　② オ　③ カ
　(2) イ　(3) イ

解説

❶ (1) 日本の輸出は**機械類・自動車**など日本の技術力を発揮した付加価値の高いものが多い。輸入では東

日本大震災にともなう原子力発電所停止以降，原油，天然ガスといった燃料の輸入が増えてきた。

(2)日本の最大貿易相手国・最大輸入相手国は**中国**，最大輸出相手国は**アメリカ合衆国**である(2019年)。

> **ここに注意** 日本の輸入品のうち，機械類の割合が高くなっているという変化をおさえておく。また，中国からの衣類，サウジアラビアからの原油，オーストラリアからの石炭など，どの国から何を輸入しているかを整理しておくとよい。

❷ **ア**は鉄道，**イ**は自動車，**ウ**は船舶，**エ**は航空機。現在，貨物・旅客とも輸送手段でもっとも多いのは自動車である。かつては旅客輸送の中心だった鉄道は，道路網の整備により大きく減少した。費用が安く移動に時間がかかる船は貨物輸送で，費用が高くても移動が早くできる飛行機は旅客輸送で主に使われる。

❸ (1)①著作権とは，文芸や音楽，絵画などの著作物を保護する権利で，それをつくった人や権利を引きついだ人に認められる。他人はそれらの著作物をかってに使ってはならない。②氏名・年令・性別・生年月日など，個人を特定できる情報を**個人情報**という。③POSは日本語だと，販売時点情報管理と呼ばれる。商品が売れたとき，すぐに関連する情報をコンピューターに記録するしくみがPOSシステムである。POSシステムは，コンビニエンスストアやスーパーマーケットなどのお店で利用されている。

(3)全体ではテレビの利用がもっとも多いが，10代・20代ではインターネットの利用がいちばん多い。新聞は年代が上がるほど利用者が増えている。

6 くらしと環境

本冊 26 ～ 27 ページ

解答

❶ **エ**

❷ (1)**ア・イ・エ**

(2)**例 森林がないと降った雨は地表から川へ一度に流れるため洪水がおきやすくなるが，森林があると水がしみこんで保水するので，川へ流れる水量が減少し洪水がおこりにくくなるから。**

❸ (1)**エ**

(2)**例 ヨシには水をきれいにするはたらきがあるから。** (3)**イ** (4)**イタイイタイ病**

解説

❶ **ア**. 岬のかげであっても海岸沿いは津波におそわれる心配があるので，道路上で待機するのは危険。**イ**. 神社は標高が高い位置にあるが，そこまで行くには海岸沿いを通らなければならないので津波におそわれる危険がある。**ウ**. 学校からお寺までの道のりは，ほぼ海岸と平行になっているので，海岸からできるだけはなれて避難しなければならない。また，お寺は学校より低い位置にあるため，高いところに避難する方がよい。**エ**. 学校は図書館よりやや海岸に近い場所にあるが，きょりが短いので，少しでも標高が高い学校へ避難する方がよい。したがって，**エ**が正解となる。

❷ (1)**ウ**. 森林は雨水をため，ゆっくりと水を流す。

(2)雨水をたくわえて少しずつ流すというはたらきが，ダムと同じであることから，森林の色を使って「緑のダム」とたとえられている。

❸ (1)第二次世界大戦後に琵琶湖のまわりには工場・住宅地が増えたため，水質汚濁が問題となった。滋賀県では1979年に「滋賀県内でりんの入った合成洗剤を使わない，売らない」という条例を制定した。

(2)琵琶湖では，伝統的にヨシが群生していたが，環境の悪化にともない，数を減らしていた。1992年，滋賀県は琵琶湖のヨシ群落を保全するための条例を制定した。ヨシ群落は魚や鳥のすみかになるだけでなく，水中の窒素・りんを栄養として育つため，水をきれいにする働きがある。ただし，冬にかれたヨシをかり取る必要があるなど，人の手入れも大切である。かり取られたヨシは，よしずなどに使われている。

(3)**ラムサール条約**は，正式名が「特に水鳥の生息地として国際的に重要な湿地に関する条約」で，1971年にイランのラムサールで採択された。水鳥をはじめ多くの生物がすむ重要な湿地を国際的に登録して守っていくことを目的としている。

(4)**イタイイタイ病**の原因物質は，神通川上流にある鉱山の廃水中にふくまれていたカドミウム。カドミウムをふくむ水を飲み続けたり，米・野菜などを食べ続けたりすることで，骨がもろくなるなどの症状が出た。

7 わたしたちのくらしと日本国憲法

本冊 30 〜 31 ページ

解答

❶ (1)①**基本的人権の尊重** ②**生存権** ③**エ**

(2)①**土地** ②**消費**

(3)**子どもに普通教育を受けさせる義務・勤労の義務**

(4)①**第9条** ②**非核三原則** ③**平和主義**

(5)**国民投票** (6)**環境権**

❷ (1)**イ** (2)**ウ** (3)**ア**

(4)11月3日—**文化の日**

　　5月3日—**憲法記念日**

❸ ①**ウ** ②**イ** ③**イ** ④**ウ** ⑤**ア**

解説

❶ (1)②生存権は，社会権の中の1つ。③**ア**．障がいのある人やお年寄りが生活していくうえでの障がい（バリア）のない（フリー）社会をつくろうという考えのこと。歩道の段差をなくす，階段にスロープをつける，バスの出入り口の段差をなくすなどの対策がとられている。**イ**．障がいのあるなしや年令，性別，国籍にかかわらず，だれもが使いやすい施設や製品などを考えたデザイン。**ウ**．世界と対等な競争ができるようにする共通なしくみ。グローバル（世界の）スタンダード（標準）。

(2)所得税は国に，消費税は国と都道府県に，固定資産税は市（区）町村に納める。

(3)「勤労」については，義務であると同時に権利である。「教育」については，保護者には義務，教育を受ける本人にとっては権利である。

(4)②日本は世界で唯一の被爆国であるので，このような厳しい原則を設けている。

(5)国民投票で有効投票の過半数の賛成が得られれば改正される。

ここに注意 日本国憲法の改正の手順をまとめておこう。

　衆参両院で総議員の3分の2以上の賛成で発議→国民投票で有効投票の過半数の賛成→天皇が国民の名で公布

　このように，憲法の改正には法律の改正よりも厳しい決まりが定められている。

❷ (1)**イ**．国民が選んだ国会議員が政治を行うので，主権は国民にある。**ウ**は基本的人権にふくまれる。**エ**は平和主義のことである。

(2)**ウ**．参議院ではなく衆議院。天皇は内閣の助言と承認にもとづいて，国事行為を行う。

(3)**ア**は生存権と呼ばれる。**イ**・**エ**は自由権，**ウ**は参政権。

8 国の政治のはたらき

本冊 34 〜 35 ページ

解答

❶ ①**4** ②**2** ③**解散**

❷ (1)①**司法** ②**三審** ③**衆議院**

(2)**ウ** (3)**ア**

(4)例**国会が制定した法律が憲法に違反していないかを裁判所が審査する。**（31字）

(5)**ア**

❸ (1)**三権分立** (2)**ア** (3)**ア** (4)**エ**

解説

❶ ②参議院議員の任期は6年である。

❷ (1)②第一審から第二審にうったえることを控訴，第二審から第三審にうったえることを上告という。家庭裁判所で出される決定や命令に対し，上級の裁判所へ不服を申し立てることを抗告という。

(3)**ア**の条約の承認は国会の仕事。

(4)国会・内閣・裁判所による三権分立の関係は，政治分野では出題されやすい。それぞれの機関がどのような権限を持っていて，バランスをとっているのかを図でよく確認しておこう。

(5)**イ**．地方裁判所で行われる。**ウ**．原則として裁判官3名と裁判員6名で行われる。**エ**．全員一致が得られないときは多数決で決められる。

❸ (4)2001年の省庁再編により，郵政省は自治省・総務庁と統合して総務省となり，環境庁は環境省となった。

参考 近年，新設された（される）庁 ⋯⋯⋯⋯⋯⋯⋯⋯⋯⋯

・観光庁…観光業関係に特化。2008年設立。

・消費者庁…消費者行政に特化。2009年に設立。

・スポーツ庁…スポーツ関係に特化。2015年に設立。

・防衛装備庁…装備品の生産・研究など。2015年に設立。

・出入国在留管理庁…人々の出入国や外国人材の受け入れの管理など。2019年に設立。

・デジタル庁…内閣に直属。国や地方公共団体のIT化の推進。2021年に設立。

9 選挙・財政と地方の政治
本冊38〜39ページ

解答

❶ (1)イ (2)イ・オ (3)イ

❷ (1)①地方 ②国庫支出金 ③地方債
(2) 25才以上 (3)ア・オ (4)条例
(5)例地方の自主財源は三割程度しかなく，財源の多くを国からの援助にたよっているから。

❸ イ・エ

解説

❶ (1)ア・エは国の収入，ウは津市の収入。
(2)アはC，ウはD，エはB，カはEにそれぞれあてはまる。
(3)a〜cをア〜エのどこが行うかといえば，aはウ，bはア・エ，cはイとなる。

❷ 各都道府県や市(区)町村では知事や市(区)町村長，地方議会議員を選挙し，これらの人々を中心に法律の範囲内でその地方の政治を民主的・自主的に行う。これが地方自治である。このような自治権をもつ団体を地方公共団体(地方自治体)という。
(1)②国が使いみちを指定して地方公共団体に交付するのが国庫支出金，使いみちを指定せずに交付するのが地方交付税交付金。
(3)直接請求権には，ア・オ以外に条例の制定・改廃，監査の請求などがある。
(5)地方の自主財源はおもに地方税であるが，不足している。多くの地方公共団体が国庫支出金や地方交付税交付金などの国の財源にたよっている。

❸ イ．都道府県知事の被選挙権は30才以上である。
エ．立候補した者も投票することができる。なお，オを期日前投票という。

10 日本のあけぼの
本冊42〜43ページ

解答

❶ (1)①縄文 ②弥生
(2)③・④イ・オ(順不同)

(3)米 (4)たて穴
(5)高床 (6)イ (7)青銅器

❷ ア・エ

❸ エ

解説

❶ 弥生時代に本格的に米づくりが始まることにより，身分の差ができ，争いがおこるようになった。
(6)イは土偶。アは古墳のまわりに並べられたはにわ。ウは縄文土器。エは弥生時代におもに祭りのための宝物として使われた青銅器の銅鐸。

❷ ある人物とは邪馬台国の卑弥呼のこと。そのころのようすを記した資料文とは中国の歴史書である『魏志』倭人伝のこと。イは古墳時代，ウは奈良時代のようす。

❸ 現在の奈良県・大阪府・岡山県などに120m以上の大きな前方後円墳が数多くあるため，この地方に力の強い豪族がいたと考えられている。

ここに注意 縄文・弥生・古墳時代のちがいを遺跡や遺物，用語などでまとめておこう。
・縄文時代…三内丸山遺跡(青森県)，縄文土器，たて穴住居，狩りや採集の生活，貝塚，土偶。
・弥生時代…吉野ヶ里遺跡(佐賀県)，登呂遺跡(静岡県)，弥生土器，たて穴住居，米づくり，高床倉庫，邪馬台国，卑弥呼，青銅器や鉄器。
・古墳時代…大仙(仁徳陵)古墳，大和朝廷(大和政権)，大王，豪族，はにわ，渡来人，漢字や仏教の伝来。

11 聖徳太子の政治と大化の改新
本冊46〜47ページ

解答

❶ ①高松塚 ②大宰府
(1)ア (2)ア

❷ (1)天智天皇 (2)ア

❸ (1)エ (2)聖徳太子(厩戸皇子)
(3)ア

解説

❶ (1)藤原京(694〜710年)は，持統天皇が建設した日本初の本格的な都。ア→イ→ウ→エと都は移った。

(2)イ．戸籍は 6 年ごとにつくり直され，口分田は死ぬと国に返さなければならなかった。ウ．調と庸は都(中央政府)に運ばれたが，租のほとんどは地方財政(各国)にあてられた。また，雑徭は国司のもとで労役につくこと。エ．朝廷の警備にあたったのは衛士で，防人は九州北部の防衛にあたった。

❷ (2)ウ・エは聖徳太子が行った政治である。

❸ (1)当時の中国の国を隋といい，日本からの使者を遣隋使という。聖徳太子は，強大な国である隋と対等な外交関係を結ぼうとした。
(2)聖徳太子は厩戸皇子とも呼ばれている。
(3)聖徳太子が建てた寺としては，ほかに四天王寺(大阪府)がある。

12 貴族の政治

本冊 50 〜 51 ページ

解答

❶ (1)A—平城　B—長安　C—国分(国分尼)
　　D—東大　E—平安　F—明治
(2)X—ウ　Y—イ
(3)例仏教の力によって国家・社会を安定させ，人々を治めようという考え。
(4)エ　(5)A—イ　E—ア
(6)例都では，僧などの仏教勢力が政治に深くかかわり，政治を左右するようになったため，桓武天皇は新しい都で政治を立て直そうとしたから。
❷ ア

解説

❶ (3)聖武天皇の時代，ききんや病気の流行により，多くの人がなくなった。また，貴族が反乱をおこしたこともあり，政治や社会が不安定であった。そこで聖武天皇は，この不安を仏教の力でしずめようとした。
(6) 8 世紀後半には，寺院や僧の力が強くなり，また，貴族どうしの争いも激しくなり，政治が混乱した。そのため，桓武天皇は寺院の力が強い奈良をはなれ，政治を立て直そうとした。

参考　飛鳥・奈良時代の土地制度に関する用語
・公地公民…すべての土地(公地)と人民(公民)は国(天皇)のものとする。
・口分田…国が 6 才以上の男女にあたえた土地。

・班田収授法…国が 6 才以上の男女に口分田をあたえ，死ぬと国に返させる制度。
・墾田永年私財法…新しく開墾した土地は，永久にその者が所有してよいという法令。

❷ ア．寝殿造は平安時代中ごろの貴族の屋敷で，屏風やついたて，すだれなどで部屋のしきりが行われていた。現代の和風建築のように障子やふすまなどが使われるようになったのは，室町時代に成立した書院造からである。

13 鎌倉幕府の成立と元寇

本冊 54 〜 55 ページ

解答

❶ (1)神奈川県　(2)守護
(3)上皇—後鳥羽上皇　役所—六波羅探題
(4)北条泰時　(5)御成敗式目(貞永式目)
(6)執権
❷ (1)北条政子　(2)切り通し
(3)鎌倉街道
❸ (1)北京　(2)ウ
❹ ア

解説

❶ (2)国ごとに守護，荘園や公領に地頭を置いた。
(3)承久の乱後，幕府は上皇側についた西国の武士や公家の土地をとりあげ，御家人をその地の地頭に任命し，西国に勢力をのばした。
(4)・(5)北条泰時(3 代執権)により御成敗式目がつくられた。
❷ (1)北条政子は頼朝の妻。文中の政子のことばには，当時の「ご恩」と「奉公」の関係がよく表れている。団結した武士たち(幕府軍)は朝廷軍を破った。
(2)・(3)「切り通し」と「鎌倉街道」を混同しないこと。
❸ チンギス=ハンによって統一されたモンゴル民族は，13 世紀半ばにユーラシア大陸に大帝国(モンゴル帝国)を築いた。チンギス=ハンの孫のフビライ=ハンは，国名を元と改め，朝鮮半島の高麗を従え，2 度にわたって日本をせめたが失敗した。この 2 度の元の攻撃を元寇(モンゴル帝国の襲来)という。鎌倉幕府は元を退けたが，戦った武士に「ご恩」をあたえることができず，その力は弱まった。

④ **イ**. 鉄砲が伝わったのは 1543 年。**ウ**. 能(能楽)は室町時代に始まった。**エ**. 五人組は江戸時代の農民をとりしまる制度。

14 足利義満と室町文化

本冊 58 〜 59 ページ

解答

❶ (1)後醍醐天皇　(2)建武の新政
　(3)①吉野　②ウ　(4)ア
　(5)①勘合貿易
　　②例東シナ海周辺では,倭寇という海賊
　　が活動しており,倭寇と正式な貿易船
　　を区別する必要があったため。
　(6)李成桂
　　　イソンゲ
　(7)アイヌ(の人々)
❷ (1)書院造　(2)ウ・エ
　(3)ア　　　(4)イ

解説

❶ (2)**建武の新政**は**天皇中心の政治**を行うことを目的とした。しかし,公家を重視して多くの武士を軽視する政治に不満が高まり,有力な武士である足利尊氏が後醍醐天皇側からはなれたため,新政は失敗に終わった。
(3)①後醍醐天皇は吉野(奈良県)に南朝をつくった。1392 年に 3 代将軍**足利義満**が**南北朝を統一**した。
②**ア**. 南北朝時代の中ごろ,守護には軍事用の米を現地で集められるよう,年貢を集めることが認められた。守護大名の中には数か国の守護をかねる者もいた。**イ**. 1336 年に九州にわたった懐良親王(後醍醐天皇の皇子)が勢力を広げ,1371 年に明(中国)から「日本国王」に封じられている。**ウ**. 二条河原落書には建武の新政に対する批判が記されている。**エ**. 『神皇正統記』は 1339 年に北畠親房によって著され,南朝側が正統であることを主張した。
(4)**ア**は義満が京都の北山に建てた**鹿苑寺金閣**,**イ**は 8 代将軍足利義政が京都の東山に建てた**慈照寺銀閣**。なお,**ウ**は京都にある三十三間堂,**エ**は山口県下関市にある功山寺。
(5)**勘合貿易**は明(中国)にみつぎ物をするという形で行われた。
(7)蝦夷地(北海道)にはアイヌの人々が住んでおり,

津軽(青森県)の豪族などと交易を行っていた。なお,沖縄では 15 世紀に琉球王国が建てられ,薩摩(鹿児島県)の島津氏を通じて貿易が行われた。

❷ (1)平安時代の貴族の屋敷に見られる**寝殿造**と混同しないようにする。
(4)**ア**. 江戸時代のようすで,織物を織っている。女性たちは,分業と協業で仕事をしている。このような生産のしくみを**工場制手工業(マニュファクチュア)**という。**ウ**. 江戸時代に発明された**千歯こき**による脱穀のようす。脱穀の能率はとても上がった。

15 信長・秀吉・家康と全国統一

本冊 62 〜 63 ページ

解答

❶ (1)楽市楽座
　(2)例さくやほりによって敵の侵入を防ぎ,
　　多数の足軽鉄砲隊を使った集団戦法をと
　　った。
　(3)本能寺の変　(4)オ
　(5)室町　(6)イ　(7)イ
　(8)太閤検地　(9)刀狩
　(10)ア　(11)エ　(12)ウ
　(13)日光　(14)エ

解説

❶ (2)**長篠の戦い**で,織田信長は足軽に 3000 丁の鉄砲をもたせて,武田軍を打ち破った。鉄砲を有効に活用した戦いであった。
(8)豊臣秀吉は土地と百姓を支配し,確実に年貢をとり立てるため,全国にわたって土地の調査をする**検地**を行った。それまでまちまちであった面積の単位や,はかりの「ます」を統一し,田畑のよしあしを決めて検地帳に記入し,新しく年貢を定めた。秀吉が行った検地を特に**太閤検地**という。太閤検地では,土地の権利は耕作している人にのみ認められたため,荘園は完全になくなった。
(9)1588 年には**刀狩**を行い,一揆やむほんを防ぐため,農民のもっている刀や鉄砲などの武器をとりあげた。
(14)信長は自身に敵対する仏教勢力が全国統一のさまたげになると考え,比叡山延暦寺を焼き打ちした。また,秀吉はキリスト教について布教活動は禁止したが,貿易は許可した。

・信長…キリスト教を保護した。

・秀吉…1587年，バテレン追放令を出し，宣教師を国外に追放しようとした。

・江戸幕府…1612年，幕府領に禁教令を出し，翌年，これを全国に広げてキリスト教信者を改宗させた。

16 江戸幕府の政治

本冊66～67ページ

解答

❶ (1)ウ　(2)エ
(3)武家諸法度　(4)参勤交代

❷ (1)ウ　(2)オランダ

❸ (1)A―ア　B―オ　C―エ
　　D―ウ　E―キ
(2)ウ　(3)イ　(4)エ
(5)例幕府の主要な収入は年貢米であったが，米の収穫高は毎年の天候にえいきょうされ，不安定だったから。(47字)
(6)1→3→2→5→6→4

解説

❶ (2)親藩の中でも，徳川家康の血を引く尾張・紀伊・水戸は御三家と呼ばれ，高い地位についた。8代将軍吉宗など御三家から将軍が選ばれたこともあった。

❷ (1)ア．足利尊氏は後醍醐天皇をとむらうための天龍寺を建てる費用をまかなうために，中国に天龍寺船を送り，貿易を行った。イ．亀甲船は豊臣秀吉の朝鮮侵略のときに，朝鮮側が使用した軍用の船である。エ．朱印船貿易では中国や東南アジアの国々とも貿易が行われており，東南アジアの各地には，移住した日本人による日本町ができた。
(2)オランダ・中国(清)のほかに，朝鮮や琉球王国(沖縄県)，蝦夷地(北海道)とも交流があった。

❸ (2)アは徳川吉宗，イは松平定信や水野忠邦による政策。エが行われたときの将軍は徳川家光。
(3)上米の制は，大名から石高1万石につき100石ずつの米を出させ，そのかわりに大名の参勤交代で江戸に滞在する期間を半年に減らした制度。
(4)アは五人組，イは両替商，ウは飛脚の説明。
(5)たびたびききんがおこって百姓一揆が多発し，社会不安が増した。

・享保の改革(徳川吉宗)…倹約を守らせ，目安箱を置いてだれでも自由に投書できるようにし，政治の参考にした。また，公事方御定書をつくり，裁判の公正をはかった。

・寛政の改革(松平定信)…武士に文武の道をしょうれいし，質素と倹約を守らせた。また儒学(朱子学)をさかんにし，大名にはききんに備えて米をたくわえさせた(囲米の制)。

・天保の改革(水野忠邦)…享保・寛政の改革を手本にして倹約令を出し，厳しく風俗をとりしまった。しかし，多くの人々の反感を買って失敗した。

17 江戸時代の社会と文化

本冊70～71ページ

解答

❶ (1)ア　(2)イ

❷ (1)①そろばん　②寺子屋
(2)杉田玄白　(3)ア
(4)儒学(朱子学)

❸ (1)A群―エ　B群―ケ
(2)A群―ア　B群―キ

❹ (1)①将軍　②天下
(2)ウ

解説

❶ (1)イ．江戸ではなく大阪。ウ．平田篤胤ではなく本居宣長。エ．伊能忠敬は全国の測量を行った末，日本全図を作成した。
(2)ウ．葛飾北斎は「富嶽三十六景」をえがいたが，絵がちがう。「富嶽三十六景」には必ず富士山がえがかれている。

❷ (1)②「寺小屋」と書かないようにする。
(3)高野長英は，アメリカのモリソン号を幕府が砲撃した事件を『戊戌夢物語』という書物の中で批判した。また，渡辺崋山は『慎機論』を書いて幕府の外交を批判した。1839年，この2人をはじめとする蘭学者グループ(蛮社)を幕府が弾圧した事件を蛮社の獄という。橋本左内や吉田松陰らは，13代将軍のあとつぎ問題や日米修好通商条約の調印など，幕府の強引なやり方を批判したため，大老の井伊直弼らに弾圧された。これを安政の大獄という。

❸ (1)十返舎一九の『東海道中膝栗毛』は，江戸時代

の代表的なこっけい本の１つ。
(2)松尾芭蕉は各地を旅行し、『奥の細道』を残した。

④ (1)特に栄えた江戸・大阪・京都は三都と呼ばれた。

18 明治維新と自由民権運動
本冊74〜75ページ

解答

❶ (1)薩摩藩―ウ　長州藩―オ　土佐藩―キ
　(2)①板垣退助　②伊藤博文
　　③ドイツ（プロイセン）　④天皇
　(3)a―明治維新　b―国会開設

解説

❶ (1)現在の都道府県では、薩摩藩は鹿児島県、長州
藩は山口県、土佐藩は高知県にあたる。
(2)① 1874 年、板垣退助らは**民撰議院設立の建白書**
を政府に提出した。② 1885 年に**内閣制度**ができ、
伊藤博文が初代内閣総理大臣になった。③プロイセ
ンは現在のドイツで、皇帝の権力が強い憲法だった。
④大日本帝国憲法では、天皇に主権があり、天皇が
国の元首として国の統治権をもち、独立して**軍隊**を
統率した（**統帥権の独立**）。一方で国民の権利や自由
は法律の範囲内に制限された。
(3)植木枝盛の作成した憲法草案（私擬憲法）は、人権
の保障、国民の権利という面で大日本帝国憲法より
格段にすぐれていた。

19 日清・日露戦争と日本の動き
本冊78〜79ページ

解答

❶ ①ロシア　②韓国　③満州　④清（中国）
　⑤樺太（サハリン）
　(1)エ　(2)イ・エ　(3)ウ　(4)ア
❷ (1)下関　(2)ウ　(3)ウ　(4)エ
　(5)田中正造

解説

❶ Ａは、日露戦争の講和条約である**ポーツマス条約**
（1905 年）の条文。Ｂは、日清戦争の講和条約であ
る**下関条約**（1895 年）の条文。
(1)ポーツマス条約は、アメリカ大統領セオドア＝ロ
ーズベルトの仲立ちで結ばれた。ポーツマスは、ア
メリカ東岸北部にある都市。
(3)下関条約が結ばれた後、**ロシア・ドイツ・フラン**

スの３か国は**遼東半島**を清に返すよう日本にせまり
（**三国干渉**）、日本はこれを受け入れた。
(4)清から得た賠償金の一部を使って、**八幡製鉄所**を
建設した。２億両は、当時の約３億 1000 万円にあ
たる。日本は、賠償金のほとんどを軍備の増強に使
った。

参考 ▶ **朝鮮の国名** ------------------------------------
朝鮮は、14 世紀末から国名を朝鮮としていたが、
1897 年に**韓国（大韓帝国）**と国名を改めた。
----

❷ (2)**ア**の富岡製糸場は群馬県にある官営工場。明治
政府が近代産業を育てることを目ざし（**殖産興業**）、
1872 年に開業した。**イ**の鹿鳴館は欧化政策を進め
て条約改正を果たすため、日清戦争前の 1883 年に
東京に建てられた。**エ**の東海道新幹線の営業が始ま
ったのは 1964 年 10 月。この直後に東京オリンピッ
クが開会した。
(3)**ア**. 伊藤博文の暗殺は 1909 年のこと。この事件
は、翌年の**韓国併合**のきっかけとなった。**イ**. イギ
リスではなくドイツ。イギリスは、1902 年にロシ
アの南下を警戒し、日本と同盟を結んだ（**日英同盟**）。
エ. 日露戦争後に結ばれたポーツマス条約。
(4)**ア**. 江戸時代末期のできごと。**イ**. 1917 年にロ
シア革命がおき、日本軍がシベリアに出兵すること
を見こして、商人が米の買いしめや、売りおしみを
したため、1918 年に**米騒動**が発生した。**ウ**. 陸奥
宗光は領事裁判権（治外法権）の撤廃に成功した
（1894 年）。関税自主権の完全な回復は、**小村寿太
郎**が外務大臣であったとき（1911 年）。
(5)足尾銅山は栃木県にある。衆議院議員**田中正造**は、
議員をやめて天皇に直訴までして、一生この問題に
とり組んだ。

20 15 年にわたる戦争
本冊82〜83ページ

解答

❶ (1)① 1931　② 1941
　(2)Ａ―イ　Ｂ―ア
　(3)イ　(4)**南京**　(5)マレー　(6)広島
❷ (1)イ　(2)リットン調査団
　(3)エ　(4)ウ→イ→ア→エ
❸ (1)①エ　②ア　③ク　④キ
　⑤コ　⑥ウ　⑦オ

解説

❶ （2）**A.** 満州事変で満州を占領した日本軍は，1932年に**満州国**をつくった。中国はこの動きを国際連盟にうったえ，国際連盟は1933年に開かれた総会で中国の主張を認めた。これを不服とした日本は**国際連盟を脱退**した。こうして日本は国際社会から孤立していった。**B.** 日本国内で唯一，大規模な地上戦が行われた**沖縄**では，県民の4人に1人が犠牲になるという悲惨な結果になった。

（4）地図中の**ウ**が南京。この事件は南京事件ともいわれ，日本は国際的な非難を浴びた。

（5）日本軍はマレー半島とシンガポールを植民地にしていたイギリス軍を破った。同時に，ハワイの**真珠湾**にあるアメリカ軍基地を攻撃した。

（6）8月6日に**広島**に，8月9日には**長崎**に投下された。核爆弾が戦争で使用された最初のできごとであった。

❷ 問題文は，満州事変を調査するために国際連盟から派遣された**リットン調査団**の報告書である。日本軍の満州占領は侵略であると認定している。

（1）下線部**a**は，満州事変がおこるきっかけとなった**南満州鉄道の爆破事件（柳条湖事件）**のことを指している。

（3）満州国成立が1932年。**ア**は1937年，**イ**の二・二六事件は1936年，**ウ**は1940年。

（4）**ア**は1945年3月，**イ**は1942年，**ウ**は1941年，**エ**は1945年8月。

❸ （2）1940年に日本はドイツ・イタリアと**日独伊三国同盟**を結んだ。

（3）ヤルタ会談は，アメリカ大統領フランクリン＝ローズベルト，イギリス首相のチャーチル，ソ連最高指導者のスターリンが会談し，ドイツ敗戦後の処理を決めたほか，ソ連が対日参戦することを密約した。

> **ここに注意** 日本の15年にわたる戦争の歴史を年代順に整理しておこう。
> ・満州事変（1931年）
> ・日中戦争（1937〜45年）
> ・第二次世界大戦（1939〜45年）
> ・太平洋戦争（1941〜45年）

21 新しい日本へ

解答

❶ （1）**クーラー**　（2）**水俣病**　（3）**ア**
　（4）**エ**　（5）**ウ・エ**（順不同）
❷ 例 **女性議員のすがたが見られること。**
❸ （1）**エ**　（2）**三井財閥**
　（3）**小作人**

解説

❶ （1）1950年代後半には白黒テレビ・洗濯機・冷蔵庫が広まり始め，「三種の神器」と呼ばれていた。

（2）水俣病の原因は，工場廃水中の有機水銀である。有機水銀はまずプランクトンに蓄積し，プランクトンを食べる魚貝類に有機水銀が高い濃度で蓄積する。有機水銀を高濃度でふくむ魚貝類を食べた住民らには手足のまひなどの重い被害が出た。

（3）**イ.** 日本は，1965年に韓国とは日韓基本条約を結んだが，北朝鮮は国家として承認しておらず，基本条約は締結されていない。**ウ.** 日ソ共同宣言で国交を回復したのは1956年。**エ.** 札幌オリンピックが行われたのは1972年2月。東北新幹線は1982年，青函トンネルは1988年にそれぞれ開業した。

（5）**ア.** 奄美群島は1953年に，小笠原諸島は1968年にアメリカから返還された。**イ.** 大阪での日本万国博覧会は1970年に開かれた。**ウ.** 東日本大震災は，2011年3月11日に発生した東北地方太平洋沖地震による災害。**エ.** アイヌ文化振興法は1997年に制定されたが，2019年に後継となるアイヌ民族支援法（アイヌ施策推進法）が制定・施行され，廃止された。

❷ 1945年，**満20才以上のすべての男女**に選挙権があたえられ，日本で初めて女性の参政権が認められた。翌年の衆議院議員選挙で39名の女性が国会議員に当選した。

❸ （2）明治時代，三井・三菱・住友・安田などは**財閥**と呼ばれるようになり，日本経済を独占的に支配するようになった。

（3）**農地改革**により，多くの小作農家は**自作農家**となり，地主と小作人という関係は改められた。

22 日本と関係の深い国々

本冊 90 〜 91 ページ

解答

❶ (1)A―キ　B―ア　C―エ　D―ク
　(2)A―ク　B―ア　C―ウ　D―カ
　(3)エ，ユーラシア大陸
　(4)ウ　(5)イ

解説

❶(1)地図中の**イ**はインド，**ウ**はロシア，**オ**はオーストラリア，**カ**はカナダである。
　(2)**イ**は韓国，**エ**はフランス，**オ**はオーストラリア，**キ**はインドの説明である。
　(3)サウジアラビアは西アジアの国である。
　(4)**ウ**。貿易黒字は輸出が輸入を上回り，貿易赤字は輸入が輸出を上回っている状態である。したがって，日本は**X**国に対しては貿易赤字，**Y**国に対しては貿易黒字になっている。
　(5)**Y**国はアメリカ合衆国である。

参考　BRICS

ブラジル(Brazil)・ロシア(Russia)・インド(India)・中国(China)・南アフリカ共和国(South Africa)の5か国を合わせて BRICS という。広大な土地や多くの人口を有し，経済発展がいちじるしい国々。世界に大きなえいきょう力をもち，今後さらにその力は増すと考えられる。

23 国際連合と世界の諸問題

本冊 94 〜 95 ページ

解答

❶ (1)エ　(2)A―ウ　B―イ　C―オ
　(3)持続可能な開発目標
❷ (1)A―拒否権　B―冷戦
　　C―湾岸
　(2)①ア　②ウ　③エ　④イ　⑤ウ　⑥イ
　　⑦ウ

解説

❶ (1)世界の食料生産量は増加しているものの，世界的な人口増加のペースには追いつけていない。
　(2)**A**は人口が急増し，食料も少ない点に着目する。

Cは「過度な放牧や耕作」に着目する。最後に，残りの記号から**砂漠化**につながる**B**が何かと考えよう。
　(3)2015年に国連の総会で採択された，各国に目標の達成を求めている2030年までの具体的な行動目標。
❷ (1)**B**。冷戦は冷たい戦争ともいう。
　(2)①国際連盟は，第一次世界大戦(1914〜18年)の反省に立って，国際平和を築く目的で1920年につくられたが，第二次世界大戦の勃発を防ぐことができなかった。⑤国際司法裁判所は，国と国との争いを両国がうったえた場合に裁判して解決する機関。
　⑥PKO は**国連平和維持活動**と呼ばれ，世界各地の紛争の平和的な解決を行うために実施されるようになった。PKF は**国連平和維持軍**と呼ばれ，PKO に従事し，受け入れ国の同意などを得て，紛争地域の停戦や治安回復にあたる。

1 地形図・地図記号に関する問題

本冊 96 ～ 97 ページ

解答

1 (1)ア (2)右図
2 (1)神社 (2)エ

	上流
	● ●
	下流

解説

1 (1)ア. 北と東には登山道があるが, 南にはない。
(2)滝の地図記号は, 点が水しぶきをイメージしている。
2 (2)断面図とは真横から見た図なので, 土地の起伏がわかりやすい。Y地点は地形図から 43 m とわかる。X地点からY地点へ移動するとき, 等高線から谷の部分と頂上の部分に注意しながら, 土地の起伏を読みとる。

参考　おもな地図記号

2019 年, 国土地理院は自然災害伝承碑（⛰）の地図記号を新たに制定し, 防災の意識を高めようとしている。また, 国土地理院では外国人にわかりやすい地図を作成するための基準として, 地図に記載する地名などの英語表記ルールおよび外国人向けの地図記号を作成した。

2 日本の諸地域 ①

(九州, 中国・四国)

本冊 98 ～ 99 ページ

解答

1 (1)a—イ b—エ c—ア d—カ
(2)A—長崎県 B—鹿児島県

C—熊本県 D—福岡県
(3)筑紫平野 (4)二毛作 (5)ウ
2 (1)①境港 ②1 ③厳島
④黒潮(日本海流) ⑤四万十
(2)エ (3)ア (4)過疎
(5)例瀬戸大橋が開通した

解説

1 (1)aは福岡県, bは大分県, cは宮崎県, dは鹿児島県である。宮崎県の**宮崎平野**では, 温暖な気候を利用したピーマンやきゅうりの**促成栽培（早づくり）**がさかん。また, 鹿児島県の**シラス台地**では, さつまいもや茶の栽培がさかんである。
(3)筑紫平野では, **クリーク**と呼ばれる水路が網目のように広がり, 稲作がさかんに行われている。
(5)沖縄本島の地形から北部の標高の高いところが③の「森林・その他」と判断する。沖縄本島の土地利用において, 那覇市から②を「市街地」とする。次に, 沖縄県ではアメリカ軍の軍用地が多く, 北部訓練場, 中部のキャンプハンセン, 南部の嘉手納飛行場があることから④を軍用地と判断する。海岸線近くにある①が農地となる。
2 Aさんの調べた県は鳥取県, Bさんの調べた県は香川県, Cさんの調べた県は広島県, Dさんの調べた県は高知県である。
(2)Aさんの調べた鳥取県は日本海側。日本海側はかに類の漁獲量が多い。
(3)下線部bは鳥取砂丘。鳥取県は日本なしの栽培がさかん。
(4)過疎化によって町や村の税収が減り, くらしに必要な公共施設がなくなってしまうなどの問題がある。

3 日本の諸地域 ②

(近畿, 中部)

本冊 100 ～ 101 ページ

解答

1 (1)①エ ②キ ③イ ④ク
(2)A—黒部(黒四) B—浜名 C—下田
(3)ア (4)イ (5)ウ
2 (1)①イ ②キ ③ウ ④ア
(2)①ア ②ウ ③イ ④オ
(3)①イ ②ウ ③キ ④ア
(4)①カ ②イ ③エ ④キ

1 (1)②日本アルプスは飛驒山脈(北アルプス)・木曽山脈(中央アルプス)・赤石山脈(南アルプス)の３つの山脈の総称である。

(3)イは青森県，ウは九州の有明海の説明である。エは太平洋側の三陸沖が有名。

(4)浜松市では楽器の生産もさかんである(ピアノ工場は掛川市や磐田市に多い)。なお，アのめがね枠は福井県鯖江市で，ウのタオルは愛媛県今治市や大阪府泉佐野市とその周囲で生産がさかんである。

2 (1)４つの府県の中で，人口がいちばん多いのが大阪府，面積がいちばん大きいのが兵庫県である。和歌山県は人口がいちばん少ない。

(3)①兵庫県は淡路島産のたまねぎが有名。②京都府の茶は宇治茶が有名。かぶは聖護院かぶなど京野菜としても有名。③和歌山県は，うめ，みかんなどが特産物となっている。④大阪府の南部は，ぶどうやみかんの生産がさかん。

(4)①三重県の志摩半島では真珠の養殖がさかんに行われている。②かに漁がさかんなのは日本海に面している京都府と兵庫県だが，南部でのりの養殖がさかんということで兵庫県とわかる。京都府は南部に海がない。③この湖は琵琶湖で，ふな，こい料理が有名。④大漁港とは勝浦港を指す。

4 日本の諸地域 ③
(関東，東北，北海道)　本冊 102 〜 103 ページ

1 (1)①都県名—**千葉県**　記号—**キ**

②都県名—**神奈川県**　記号—**カ**

③都県名—**東京都**　記号—**オ**

④都県名—**茨城県**　記号—**ウ**

⑤都県名—**埼玉県**　記号—**エ**

(2)**ウ** (3)**ア** (4)**ウ**

2 (1)A—**洞爺湖**　B—**石狩川**　C—**日高山脈**
D—**知床半島**　E—**オホーツク海**

(2)①**イ** ③**ウ**

3 (1)**ウ** (2)**ウ** (3)**ア** (4)**イ**

(5)番号—**④**　県名—**宮城県** (6)**やませ**

1 (1)③小河内ダムは奥多摩湖にある。⑤吉見百穴は古墳時代の横穴墓の群集墳。

---

(2)**ウ**. 阿武隈川は福島県と宮城県(東北地方)を流れる川。

(3)武甲山がある**秩父**は，石灰石を原料とするセメント工業がさかん。

2 (1)**D**. 貴重な生態系が残されている**知床半島**は，2005 年に世界自然遺産に登録された。

3 (1)県名と県庁所在地名が異なるのは，岩手県—盛岡市，宮城県—仙台市の２つ。

(4)日本海側は，雪のために冬の降水量が多い。

(5)日本三景は宮城県の松島，京都府の天橋立，広島県の宮島。

(6)**やませ**がふくと，雲や霧が生じて気温が上がらず，日照時間が短くなり，農作物に被害をあたえる**冷害**がおこることがある。

> **ここに注意** 図表を読み取る問題では，まずきょくたんに数字の大きいものと小さいものに注目しよう。人口・面積・生産量などがきょくたんな数字になっているところは，都道府県などを見分けるポイントになる。

5 日本国憲法の条文に関する問題
本冊 104 〜 105 ページ

1 (1)**交渉** (2)**ウ** (3)**物価**

2 A—**キ** B—**イ** C—**オ** D—**ア**

3 (1)**法の下** (2)**イ**

(3)例具体例—**プライバシーの権利**

説明—**個人の秘密を他人に知られたくない権利**

例具体例—**環境権**

説明—**人間らしい生活環境を守りたいという権利など。**

4 (1)**文化** (2)例 **75 才以上の後期高齢者**

(3)例 **すべての国民の最低所得を保障することで，貧困問題の対策になり，受給資格の管理が容易になって，役所の事務や財政コストの削減につながる。**

1 (1)**団体交渉権**は労働組合が使用者と直接に交渉し，労働条件を決めることができる権利である。

(2)社会権には，人間らしい生活を営む権利である**生存権**や**教育を受ける権利**，労働者の権利がふくまれる。

(3)最低賃金法には業種や地域ごとに，最低賃金の決め方を定めている。

2 **戦争の放棄**は日本国憲法**第9条**で規定されている。

3 (1)ほかの人と差別されず同じあつかいを受ける権利は，基本的人権のうちの平等権である。

(2)人が男女の区別なく，個人として能力をいかすことができる社会づくりのために，1999年に**男女共同参画社会基本法**が成立。それまで求められてきた女性の政治参画，男性の育児・介護参画が明確にこの法律の第5条，第6条に規定された。1986年に施行された**男女雇用機会均等法**は，その後の改正をへて，雇用や仕事内容の上での男女差別を禁止した。

4 (1)日本国憲法は，すべての国民が健康で文化的な最低限度の生活を営む権利（生存権）を保障し，また，国は社会保障の整備に努める義務があると規定している。

(2)医療費における自己負担額は，75才以上の人は1割（現役なみの所得がある人は3割）。70才から74才までの人は2割（現役なみの所得がある人は3割），70才未満の現役の人たちは3割と分けられている。なお，2022〜2023年の間で75才以上の人でも，現役なみではなくても一定以上の所得がある人は，自己負担割合が1割から2割に引き上げられる予定である。

(3)日本国憲法が生存権を保障しているということは，最低限度の生活すらできないときは，その生活を保障する責任が国にあるということを意味する。日本の社会保障制度は，この条文がうたう「健康で文化的な最低限度の生活」をすべての国民に実現することを目的としている。

6 政治に関する選択問題

本冊106〜107ページ

解答

1 (1)エ (2)イ (3)ウ (4)ア (5)ウ
2 A—エ B—イ C—ウ D—ア

解説

1 (1)**E**について，TPPは，アジア・太平洋地域においてモノの関税だけでなく，サービスの自由化を進め，さらには知的財産，金融サービスなど，はば

広い分野での経済連携協定である。2017年1月にアメリカが離脱宣言をしたため，日本をふくめて11か国の閣僚が18年3月に署名を行い，12月に発効した。

(2)国会の種類には常会（通常国会），臨時会（臨時国会），特別会（特別国会），参議院の緊急集会がある。常会は毎年1回1月中に召集され，会期は150日。臨時会は内閣，または，いずれかの議院の総議員の4分の1以上の要求があった場合に召集される。特別会は衆議院解散後の総選挙の日から30日以内に召集される。参議院の緊急集会は衆議院の解散中に，緊急の必要がある場合に召集される。

(3)**ア**．予算の審議は必ず衆議院から行われる。

イ．社会保障関係費が最大の歳出項目である。これは社会の高齢化が進んだことが大きな要因である。なお，基礎的財政収支は，プライマリーバランスと呼ばれることもある。

エ．国の予算は政府（内閣）が作成し，国会に提出する。国会の審議，議決をへて成立する。

(4)国・地方公共団体の責務や政党などが所属する男女の公職の候補者の数について目標を定めるなど自主的に取り組むよう努めることなどを定めている。

(5)**ウ**について，著しい格差に対しては，日本国憲法で定めている法の下の平等に反するとして，最高裁判所が憲法違反の判決を出したことはあるが，選挙のやり直しはない。どのような選挙区でも一票の価値が平等になるよう，選挙区の区割りや議員定数を考えていく必要がある。

2 **A**．1960年代に入ると，技術革新が急速に進み，日本国内の生産は発展を続け，貿易も拡大し，新幹線や高速道路の開通，空港の整備も進み，交通もめざましく発展した。

B．集団的自衛権は，同盟国が攻撃されたとき，自国への攻撃とみなして反撃できる権利。

D．騒音により，付近に住む住民に，いらいら・頭痛・難聴・睡眠障害などの被害がおきた。大阪国際空港（伊丹空港）の騒音問題をめぐる集団訴訟は，最高裁判所で国に対し，住民への損害賠償が命じられた。こののち，騒音問題がなく24時間離着陸できる空港として関西国際空港が建設された。

解答

1 (1)ア (2)カ (3)**予算** (4)**承認** (5)**弾劾**
(6)例**審議を慎重に行うため。**
(7)**内閣** (8)エ
2 ①エ ②ウ ③ウ ④エ ⑤ア

解説

1 (1)衆議院議員の任期は 4 年だが，衆議院には解散がある。衆議院の定数は 465 人(小選挙区 289 人，比例代表 176 人)となっている。
(2)参議院議員の任期は 6 年で 3 年ごとに半数が改選される。参議院に解散はない。選出方法は，2018 年に公職選挙法が改正され，選挙区が 148 人，比例代表が 100 人になった。ただし，参議院は 2021 年現在，議員定数が 242 人のときに選挙で選ばれた半数の 121 人(選挙区 73 人，比例代表 48 人)と，法律で定められた現在の議員定数 248 人の半数 124 人(選挙区 74 人，比例代表 50 人)の合計 245 人で構成されている。
(3)国が 1 年間に使うお金と，それをどのように集めるかの予算案は内閣がつくり，国会で議決する。内閣は予算に従って政治を行う。
(4)内閣が外国と結んだ条約は，国会が承認して成立する。国会が認めないと成立しない。
(5)裁判官が適任かどうかを，国会議員でつくる弾劾裁判所で裁判をすることができる。不適任とされた裁判官は辞めさせられる。
(8)ア．初代内閣総理大臣は伊藤博文である。イ．元老は明治政府で力をもっていた有力政治家がついた。内閣総理大臣を推薦することはあったが，明確な任命権は天皇にあった。ウ．1994 年から 1996 年まで内閣総理大臣を務めた日本社会党の村山富市など，自民党以外の人物も内閣総理大臣になっている。
2 ②2019 年度の一般会計の歳入の中で，租税および印紙収入がしめる割合は 61.6％で約 6 割をしめている。
④総人口にしめる 65 才以上の人の割合(高齢化率)が 7％をこえると**高齢化社会**，14％をこえると**高齢社会**，21％をこえると**超高齢社会**と呼ばれる。日本の高齢化率は 2019 年の人口で 28.4％となっており，国民の 4 人に 1 人が高齢者となっている。

⑤政党助成法とは，1995 年に施行された，国が要件を満たしている政党に対して，政党交付金による助成を行えるように制定された法律。

解答

1 (1)①**大化** ②**平清盛**
⑤**大日本帝国** ⑥**日本国**
(2)③ 1192 ④ 1600
(3)Ⅰ―F Ⅱ―D
(4)Ⅰ―オ Ⅱ―ア
2 (1)① 645 年 ② 1221 年 ③ 1894 年
(2)④イ ⑥オ ⑧カ
(3)⑤**鑑真** ⑦**北条時宗**
(4)a―**魏** b―**隋** c―**元**
d―**明** e―**清**
(5)A―**阿倍仲麻呂** B―**征夷大将軍**

解説

1 (1)⑤**大日本帝国憲法**は 1889 年 2 月 11 日に発布された。⑥**日本国憲法**は 1946 年 11 月 3 日に公布され，1947 年 5 月 3 日に施行された。
(3)Ⅰ．**日清戦争**は 1894 年におこり，翌年に下関条約が結ばれた。Ⅱ．**応仁の乱**は 1467 年に始まり，1477 年まで 11 年間続いた。
(4)Ⅰ．**石田三成**は，豊臣秀吉の死後，徳川家康と対立し，西軍の中心として挙兵したが，**関ヶ原の戦い**で敗れた。Ⅱ．**中臣鎌足**は，中大兄皇子とともに**大化の改新**を行った。
2 (4)清の後，1912 年に中華民国，1949 年に現在の**中華人民共和国(中国)**が成立した。
(5)**阿倍仲麻呂**は，留学生として唐にわたり高い位についた。帰国の途中，暴風雨にあって唐に引き返し，死ぬまで唐の皇帝に仕えた。唐の詩人の李白らと交際があり，「天の原 ふりさけみれば 春日なる 三笠の山に いでし月かも」というふるさとの奈良をなつかしむ歌を残している。

9 写真・史料を使った問題

本冊 112 ～ 113 ページ

解答

1 (1)聖武天皇　(2)平家物語　(3)雪舟
(4)浮世絵　　(5)イ　　　　(6)農地改革

2 A―ア　B―イ　C―エ　D―ア
E―エ　F―イ　G―エ　H―ウ

解説

1 (4)日本の浮世絵は海外にも伝わり，ヨーロッパの画家に大きなえいきょうをあたえた。なかでもゴッホは 400 枚以上の浮世絵を集め，油絵で模写したり，自分の作品の背景に浮世絵をえがいたりした。

(6)農地改革によって**自作地が全国の約 90％**となり，農村の民主化が進んだ。

2 A．三世一身の法を改め，743 年に**墾田永年私財法**が出され，新しく開墾した土地を永久に私有することが認められた。

B．菅原道真は死後，「天神様」と呼ばれた。学問の神とされ，京都市の北野天満宮などにまつられている。

D．この**山城国一揆**では，山城国(京都府)の農村に住む国人と農民が，争いを続ける守護大名の畠山氏を国外に追放し，8 年間自治を行った。

E．この政策は，豊臣秀吉が行った**刀狩**である。

F．五人組に，年貢を納めることや犯罪の防止などに共同責任を負わせた。

G．この政策を**参勤交代**という。

H．これを**領事裁判権(治外法権)**という。ハリスは初代アメリカ駐日総領事で，1858 年に幕府と**日米修好通商条約**を結んだ。この条約は，アメリカに領事裁判権を認め，日本に関税自主権がないなど，日本にとって不利な内容をふくむものであった。

---

10 外交の歴史

解答

1 ①ケ　②コ　③シ　④ク　⑤ス
⑥ア　⑦イ　⑧カ　⑨キ　⑩エ
(1)天皇中心の中央集権国家をつくること。
(18 字)
(2)唐　(3)銅銭(宋銭)，陶磁器　など。

2 (1)2 番目―A　7 番目―F
(2)a―F　b―E
c―B　d―C
(3)a―CとGの間
b―FとBの間
c―AとCの間
(4)①例日本国内で外国人が罪をおかした場合，日本の法律で裁くことができない(アメリカに領事裁判権＜治外法権＞を認めた)。
例輸入される品物に，日本が自由に関税をかけることができない(日本に関税自主権がない)。
②鹿鳴館　③小村寿太郎
(5)朝鮮戦争

3 (1)A―最澄　B―伊藤博文　C―推古天皇
D―鑑真　E―足利義満
(2)A―ウ　B―ク　C―ア
D―イ　E―オ

解説

1 (3)平 清盛は兵庫(今の神戸)の港(大輪田泊)を整備して，中国の宋と貿易をした(日宋貿易)。

2 E―1854 年　A―1858 年　C―1895 年
G―1905 年　H―1951 年　D―1951 年
F―1965 年　B―1978 年
時代の流れの中で，どういう目的で結ばれた条約かということを理解する。
(2)a―1964 年　b―1854 年　c―1979 年
d―1895 年
(3)a―1901 年　b―1970 年　c―1872 年

3 (1)A．9 世紀の初めごろ，唐から帰国した**最澄**は比叡山に延暦寺を開き，**天台宗**を広めた。同じころ，唐から帰国した**空海**は高野山に金剛峯寺を開き，

しんごん
真言宗を広めた。

> ここに注意 中国の王朝との対応関係は必ずお
> さえておきたい。遣隋使と遣唐使をまちがえさせ
> ようとするなど、中国の王朝名をまちがえさせる
> のは正誤問題の定番である。近代以降では、条約
> とその内容も整理しておこう。

11 農業の歴史
本冊 116 〜 117 ページ

解答

1 (1)① 縄文　② (定期) 市
　　③ 一揆　④ 天下の台所
　　⑤ クラーク　⑥ 朝鮮
　(2) ウ　(3) ウ→ア→イ
　(4) エ　(5) 米騒動
2 (1) イ　(2) 班田収授法
　(3) 検地帳　(4) 囲米の制
　(5) ウ

解説

1 (1)① 今から 1 万 3000 年ほど前から紀元前 4 世紀ごろまでの時代。② 鎌倉時代には月に 3 回、室町時代には月に 6 回開かれるようになった。③ 室町時代には、**正長の土一揆**、**山城国一揆**、**加賀の一向一揆**などがおきた。④ **蔵屋敷**などが置かれ、にぎわった。⑤ 札幌農学校の教頭を務め、「少(青)年よ、大志をいだけ」ということばを残した。⑥ 1910 年の韓国併合後、1945 年まで日本の植民地であった地域。
(2) ア. 北海道や沖縄には米づくりは広まらず、狩りや採集による生活が続いた。イ. **三内丸山遺跡**は縄文時代の遺跡。エ. 仏教が伝わったのは古墳時代である。
(3) ア は 645 年、イ は 710 年、ウ は 7 世紀初頭のできごとである。
(4) 千歯こきは脱穀用の道具。ア は竜骨車(揚水機)、イ は備中ぐわ、ウ は唐箕(選別具)の絵。
(5) このできごとによって、当時の寺内正毅内閣が総辞職し、平民宰相と呼ばれた**原敬**が首相となった。
2 (1) ア・ウ・エ は鎌倉時代の畿内・西日本のこと。
(3) 豊臣秀吉が行った**太閤検地**では、長さや面積の単位、ますの大きさを統一し、土地の良し悪しや耕作者、収穫高などを検地帳に記した。この結果、農民

は土地を耕作する権利を認められたが、年貢を納めることを義務づけられた。
(4) 囲米の制、旧里帰農令、棄捐令、寛政異学の禁など、松平定信による政治改革を**寛政の改革**という。
(5) ア は弥生時代、イ は鎌倉時代、エ は江戸時代のことである。

12 文化の歴史
本冊 118 〜 119 ページ

解答

1 (1) ケ　(2) ウ　(3) ソ　(4) シ　(5) ス
　(6) コ　(7) ク　(8) オ　(9) カ　(10) イ
2 (1) ウ　(2) ア　(3) イ　(4) イ
3 ① 9　② ヴィーナス　③ モナ=リザ
　④ 能(能楽)　⑤ 浮世絵

解説

1 町人が力をもつようになると、町人を中心とした文化が、江戸時代前半には上方(大阪・京都)を中心に、後半は江戸を中心に栄えた。
2 (4) イ. 鎌倉幕府 3 代将軍 源 実朝の歌集。ア には紀貫之や在原業平ら、ウ には藤原定家や西行、源実朝ら、エ には天皇、貴族、農民らの歌が収録されている。
3 ⑤ 歌川広重ら多くの絵師が活躍し、歌舞伎役者、美しい女の人、風景などをえがいた浮世絵は、同じものが大量に刷られ、たくさんの人たちに喜ばれた。

> ここに注意 文化史は時代・人物・画像を関連
> 付けて覚えておこう。人名や単語だけ覚えていて
> も、時代と結びついていないと、ならべかえ問題
> や正誤問題に対応できない。

13 人物の歴史
本冊 120 〜 121 ページ

解答

1 A―ウ　B―ア
2 (1) 藤原不比等　(2) 桓武天皇
　(3) 北条義時　(4) 足利義満
　(5) 1603 年　(6) 徳川家光

いう割札が使われたので，**勘合貿易**ともいう。

(7) 1858 年にイギリスとの間で結ばれた通商条約は，日米修好通商条約と同様に不平等条約であった。イギリスに**領事裁判権(治外法権)**を認めていたことと日本に**関税自主権**がないことが不平等であったが，1886 年におこったこのノルマントン号事件では，領事裁判権を認めていたことが問題となった。

14 時代順に並べかえる問題

本冊 122 ～ 123 ページ

解答

1 エ

2 (1)ウ (2)エ (3)オ
(4)ウ (5)イ

3 (1)オ (2)ア
(3)ウ (4)イ

4 (1)エ→イ→ウ→ア
(2)ア→エ→イ→ウ

解説

1 『平家物語』(鎌倉時代)は，『源氏物語』(平安時代)より後につくられている。古い順に並べると **1→2→4→3** となる。

2 (1)B(6 世紀中ごろ)→A(589 年)→C(645 年)。仏教が伝来し，仏教をさかんにしようとした聖徳太子は遣隋使を送った。聖徳太子の死後，大化の改新がおこった。
(2)B(894 年)→C(11 世紀前半)→A(1156 年)。遣唐使が停止されて日本風の文化(国風文化)が発達した。平安時代末期に武士が台頭した。
(3)C(1232 年)→A(1588 年)→B(1615 年)。Cは鎌倉幕府，Aは豊臣秀吉，Bは江戸幕府が出した法令。
(4)B(1914 年)→A(1917 年)→C(1919 年)。
(5)A(1950 年)→C(1991 年)→B(2003 年)。

3 (1)Aは 604 年，Bは古墳時代，Cは弥生時代，Dは 645 年以降。(2)Aは奈良時代，Bは平安時代中期，Cは平安時代末期，Dは鎌倉時代。(3)Aは鎌倉時代，Bは安土桃山時代，Cは室町時代中期，Dは室町時代前期。(4)Aは江戸時代初期，Bは安土桃山時代，Cは江戸時代中～後期，Dは江戸時代末期。

4 (1)エは 1867 年 10 月，イは 1867 年 12 月，ウは 1868 年 3 月，アは 1869 年 5 月。
(2)アは 701 年，エは 737 年，イは 741 年，ウは 769 年。

---

(7)吉田松陰 (8)吉野作造
(9)池田勇人

3 (1)X—自由民権 Y—東大
(2)例武士と農民を区別し，農民を農業に専念させて，きちんと年貢をとり立てるしくみの社会。
(3)平清盛
(4)オランダ・中国(清)
(5)例倭寇をとりしまり，勘合を用いた明との貿易で利益をあげた。
(6)①オ ②イ
(7)例日本で罪を犯した外国人を，日本の法律に従って裁判にかけて裁くことができない。
(8)B→C→E→F→A→(D)

解説

1 A. **島原・天草一揆**の天草四郎(益田時貞)。
B. **足尾銅山鉱毒事件**の田中正造。

2 (1)藤原不比等は刑部親王らとともに**大宝律令**をつくった。
(2)律令政治の立て直しとして，国司の不正をとりしまり，農民の労役を軽減した。
(3)承久の乱のとき，御家人を集めて団結をうったえたのは義時の姉・**北条政子**。
(4)室町幕府では，将軍を助けて政治全般をみる**管領**が置かれた。管領には有力守護大名がつき，将軍とともに政治を進めた。

参考 ▶ **大正デモクラシー**
護憲運動がおこっていたころ，**吉野作造は民本主義**を唱え，普通選挙にもとづく政党政治の実現を主張した。大正時代，国民の間に民主主義を求める意識が高まり，このような風潮を**大正デモクラシー**という。

3 人物とカードをつなぐと，A—オ，B—イ，C—エ，D—ア，E—カ，F—ウとなる。
(2)身分制度は，江戸幕府によってさらに強められた。
(3)清盛は，平安時代の藤原氏のように，むすめを天皇のきさきにし，朝廷の重要な地位を平氏一族で独占したため，平氏に反感をもつ貴族や武士が増えた。
(4)オランダは，キリスト教を信仰する国であったが，キリスト教を広めようとはしなかった。
(5)日明貿易は，海賊(倭寇)と区別するために**勘合**と

15 歴史地図に関する問題

本冊 124〜125 ページ

解答

1 (1)①**太政大臣** ②**北条時政**
(2)港名—**大輪田泊** 記号—**ウ**
(3)a—**ア** b—**エ**
(4)**厳島神社**
2 (語群・地図の順)①**コ・D** ②**ク・G**
③**ア・F** ④**ウ・A** ⑤**カ・I**
3 A—**キ** B—**オ** C—**イ**
D—**カ** E—**ア** F—**ウ**

解説

1 (1)①律令官制の最高位。②鎌倉幕府初代執権。
(2)現在の神戸港にあたる。
(3)a. 現在の岩手県にあり, 中尊寺があることでも
有名。b. 現在の山口県にあたる。
(4)日宋貿易における航海の安全を願った。
2 ①安倍川沿いにある。②安土城は当時の交通・経
済の要地であった琵琶湖のほとりに建てられた。
③現在の岐阜県でおこった。④北海道南部にある港
町。⑤原水爆禁止世界大会は前年の**第五福竜丸事件**
をきっかけに開催された。
3 A. 源 頼朝が鎌倉(神奈川県)に幕府を開いた。
B. 1837年, 大塩平八郎らは大商人をおそい, 米
や金を貧しい人々に分けあたえようと大阪で乱をお
こした。C. 1895年, 下関(山口県)で講和会議が
開かれ, 下関条約が結ばれた。D. 下田(静岡県)。
E. 現在の北九州(福岡県)。F. 厳島神社(広島県)。

16 世界の国々のようす

本冊 126〜127 ページ

解答

1 (1)(中国)共産党
(2)日中平和友好条約
(3)習近平 (4)チベット族
シーチンピン
(5)コーラン(クルアーン)
(6)メッカ(マッカ)
(7)石油(原油)
2 A—**イ** B—**ア**
C—**エ** D—**ウ**

3 (1)**ウ** (2)**イスラム教** (3)**イヌイット**
(4)**アボリジニ(アボリジニー)**
(5)**イ** (6)**エ**

解説

1 図1は中華人民共和国, 図2はサウジアラビアの
国旗である。
(1)4つの小さな星は労働者・農民・知識階級・愛国
的資本家を表す。
(4)中国国民の90%以上をしめるのは漢民族(漢族)
で, それ以外に55もの少数民族が公認されている。
(6)メッカはイスラム教最高の聖地であり, 世界中の
イスラム教徒が集まる。
(7)日本からサウジアラビアへは自動車の輸出が多い。
2 東アジアや東南アジアには, 日本のように米を主
食とする地域が多い。小麦は西アジア・ヨーロッ
パ・北アメリカ・オーストラリアなど, 世界中で食
べられている。とうもろこしはメキシコなど, いも
は太平洋の島々やアフリカ中部・南部でよく食べら
れている。
3 (1)**ア**のウズベク族はウズベキスタン, **エ**のタジク
族はタジキスタンに多い。**イ**のチベット族が住む地
域では, 2008年の北京オリンピックの前に, 中国
政府に対する暴動がおこった。
(2)イスラム寺院(モスク)は, 光塔(ミナレット)や巨
大なドームをもつという特徴がある。
(5)**ア**. オーストラリア北東沖の太平洋に広がるさん
ご礁。**ウ**. アメリカ合衆国のロッキー山脈中にあり,
深い谷が続いている。**エ**. タンザニアにあるアフリ
カ大陸の最高峰。

> **ここに注意** オーストラリアの先住民族はアボ
> リジニ(アボリジニー)であるが, ニュージーラン
> ドの先住民族はマオリである。混同しないように
> 注意する。

17 地球環境問題

本冊 128 〜 129 ページ

解答

1 (1)ウ　(2)①イ　②ウ　③ア　(3)イ

2 (1)① 13　② 14

(2)番号—7

　　説明—例 **電力効率のよい製品にすることでエネルギーの消費量をおさえるため。**

　　番号—13

　　説明—例 **電力効率のよい製品にすることで，地球温暖化の原因になっている温室効果ガスを減らせるから。**

のいずれか

解説

1 (2)① 1990 年はアメリカ合衆国がもっとも二酸化炭素の総排出量が多かったが，2017 年になると中国がいちばん多くなっている。

②Pには熱帯林破壊，Qには砂漠化，Rには酸性雨があてはまる。また，地図中のA・Eは酸性雨，Bは砂漠化，Cはオゾン層の破壊，Dは熱帯林破壊が深刻になっている地域を示している。

③二酸化炭素をたくさん出すようになったのは，化石燃料とよばれる石油や石炭，天然ガスなどをほり出して燃やすようになったから。燃やしたときに二酸化炭素を多く出すのは石炭，石油，天然ガスの順。

(3)世界中で化石燃料がなくなってきていることや，化石燃料を燃やしたときに発生する温室効果ガスの環境への悪えいきょうのため，新エネルギー（原子力発電はふくまれない）が注目されている。小規模でも発電施設を建てられることから，離島などの電源としての活用にも期待されている。

2 (1)プラスチック製品を減らすためには，次のような取り組みが必要となる。

・プラスチック製品ではなく，木，陶器，ガラスなどの自然素材でできた日用品を使う。

・飲み物用のマイボトルを使う。

・買い物用のエコバッグを使う。

・プラスチック製のストローやスプーンを使わない。

・化学せんいよりも天然せんいでできた衣服を選ぶ。

これらを，世界各国が協力して行う必要がある。ま

た，問題文中の「細かく分解されたプラスチック」はマイクロプラスチックと呼ばれる。なお，マイクロ（μ）はミリ（m）の 1000 分の 1 を意味しており，1 μm ＝ 0.001 mm となる。

(2)石油や石炭，電力やガスなどをむだなく使い消費量をおさえることを省エネルギーと呼ぶ。電力をあまり消費しない電気機器の使用や燃費のよい自動車に乗りかえるなど家庭や企業で地球温暖化防止のための対策に取り組んでいる。

1 地理に関する思考力問題 ①

本冊 130 〜 131 ページ

解答

1 (1)A―大阪府　B―宮崎県　C―高知県
(2)熊谷市―ウ　那覇市―ア　京都市―キ

2 例ビニールハウスの中をあたためるのに必要なエネルギーの自給率が低く，燃料を外国からの輸入にたよっているから。

3 エ

解説

1 (1)Aは可住地面積の割合が高いことや，近畿地方にあることからAは大阪府。Bは九州地方にあり，南東部の海沿いに平地(宮崎平野)と西部にある県境に山地(九州山地)から宮崎県と判断。Cは四国地方にあり，北部の県境に広く山地がしめる(四国山地)ことから高知県だとわかる。

(2)アは年間平均気温が高いことから那覇市。熊谷市は平均気温が高く，内陸部にあるため気温の年較差が大きいことからウが熊谷市。京都は盆地にある都市なので，年較差が大きく平均気温が高いキを選ぶ。

2 ビニールハウス内は暖房器を使用して施設内を加温している。一次エネルギーは石炭・石油などの化石燃料と太陽光などの再生可能エネルギーがふくまれる。日本は一次エネルギーの自給率が低いため，暖房費にかかる灯油(石油製品の一つ)は輸入にたよっている。

3 福島県には阿武隈川以外にも多くの川があり，それらを利用した水力発電量が多いことからエが福島県。アは風力発電量が多いことから青森県。秋田県には国内最大規模の地熱発電所があることからウが秋田県。

2 地理に関する思考力問題 ②

本冊 132 〜 133 ページ

解答

1 (1)茨城県―エ　埼玉県―イ
(2)①ウ　②エ　③イ　④ア　(3) 16
(4)例1990〜99 年と 2010〜2017 年の平均を

比べた場合，九州・四国では一等米の生産が減少し，北海道・東北では逆に一等米の生産量が増加している。

2 (1) 750 m
(2)水域―湖　理由―例水域に面している三角点の標高が 85.7 m と高いため。
(3)ウ・エ　(4)⑪

解説

1 (1)ウは鉄道旅客輸送の旅客数の多さや乗用車の保有台数の少なさから東京都，アは 2 番目に旅客数が多いことや自動車の保有台数の少なさから神奈川県，オは旅客数の少なさから栃木県，エは旅客数と乗用車の保有台数から茨城県と判断する。

(2)日本海に面する 12 府県とは，山口県，島根県，鳥取県，兵庫県，京都府，福井県，石川県，富山県，新潟県，山形県，秋田県，青森県である。①はりんごの生産高が多い青森県の割合が多いことからウの果実産出額である。②は瀬戸内工業地域に属し，石油化学コンビナートが形成されるなど全国有数の工業県である山口県の割合が多いことから，エの工業製品の出荷額である。③は山口県，石川県，青森県の割合がほぼ同じなのでイの米の収穫量である。④は青森県，山口県，石川県の順で割合が多いことから，アの面積である。

(3)1〜10 の県の中で，海に面していない内陸の県は 3(岐阜県)・5(栃木県)・8(奈良県)の 3 つ。したがって，番号の和は 3＋5＋8＝16 と求められる。

(4)問題文中の「近年の世界的な気候変動のえいきょう」とは地球温暖化のことである。また，一等米に認定されるためには，一定量の玄米を抜き取って検査するときに，整った形をしている米つぶの割合が 70 ％以上，水分 15 ％くらいなどの基準を上回る必要がある。

2 (1)「実際のきょり＝地形図上の長さ×縮尺の分母」で求める。この問題の場合は，3(cm)×25000 ＝75000(cm)＝750(m) と求められる。

(2)水域が海である場合，海と標高の差があまりない砂浜近くの三角点の標高は 0 m に近い数字になるはずである。

(3)・(4)2013 年から新しく発行されている 2 万 5 千分の 1 の地形図ではくわ畑や工場の地図記号が使われなくなった。ただし，中学入試においては，古い地形図と新しい地形図を比べて答える問題が出題さ

れることもあるため，くわ畑や工場の地図記号も解答編11ページのおもな地図記号で復習しておこう。また，自然災害伝承碑のような新しく制定された地図記号にも注意しておこう。

3 地理に関する記述問題
本冊 134 ～ 135 ページ

解答

1 (1)例 香川用水の開通前には，少ない雨を利用できるようにつくられたため池が農業用水の水源の約７割をしめていた。香川用水には吉野川の水が引かれているため，開通後には，河川の割合が倍以上の４割ほどにまで増えた。

(2)記号—ア　理由—例 輸出額は名古屋港に次ぐ全国第二位で，輸出品目の特徴は小さくて軽いが高価であるため。

(3)例 インターネットがふきゅうし，本を買うときもネット上で買う人が増えており，店で本を買う人が減っているから。

2 (1)例 市町村合併により，人口とともに新潟市の面積も増えたため。

(2)記号—ウ→イ　理由—例 中国は日本の最大の貿易相手国であり，日本の輸入額が最も多い国であるため。また，サウジアラビアの石油を日本は大量に輸入しているため輸出額より輸入額がかなり多いから。

(3)例 日本からの輸出をおさえ，貿易のバランスをとるために海外生産を増やした。
(35 字)

(4)例 洪水を防ぐための堤防で囲まれた集落。

解説

1 (1)讃岐平野を中心とした地域では，雨が少なく河川も短いため，古くから干ばつにそなえて，約１万8000 ものため池がつくられていた。香川用水は，1975(昭和50)年にこれらの水不足を解消するためにつくられ，吉野川上流にある高知県の早明浦ダムから水が供給されている。なお，Aは香川用水，Bは河川，Cはため池である。

(2)集積回路などのように小さくて軽く，高価な製品

や，鮮度が重要な生鮮食品・花きを運ぶ必要があるときに飛行機が使われる。成田国際空港の輸出額は日本有数であることから**ア**が成田国際空港。海上輸送の特長は，重いもの，大きいものを大量に輸送できることである。**イ**は愛知県には大手自動車会社の本社などがあり，全国の輸送用機器の出荷額の30 ％以上をしめていることから名古屋港。**ウ**が横浜港。**エ**は関西国際空港。

2 (1)国は法律を制定し，財政面でも支援をするなどして，各地の市町村合併をうながした。1999 年から 2010 年まで政府が進めた市町村合併を「平成の大合併」と呼ぶ。市町村合併を行うことで各市町村の仕事の効率を高めたり，歳入を増やして財政を安定化させたりすることなどが目的であった。

> **参考** 平成の大合併
> 平成の大合併の結果，1995 年には全国で 3233 あった市町村数が，2015 年には 1719 にまで減少した。また，合併の結果，都市一つあたりの人口が増え，政令指定都市の数が 12 から 20 に増加した。

(2)輸出額ではアメリカが 1 位で，中国が 2 位であるが，輸入額では中国が 1 位で，2 位のアメリカの約 2 倍である。日本は石油を大量に西アジアの国々から輸入しているため，輸入額の方が輸出額よりも圧倒的に多くなっている。

(3)例えば，自国の製品が，値段の安い A 国から輸入されることが多くなると自国の製品が売れなくなって産業がおとろえ，失業者が増えることになる(産業の空洞化)。それにより，A 国に対して「もっと輸入を増やせ」という要求や非難が発生する。このような貿易のバランスが取れていないことによっておこる問題を**貿易まさつ**という。自動車の現地生産(海外生産)が増えたのは，貿易のバランスをとるためであるが，近年は工場で働く人の人件費や原材料を仕入れるための費用をおさえるためという目的で行われている場合もある。

(4)輪中は濃尾平野によく見られたが，明治時代に木曽川・長良川・揖斐川の治水工事が行われてからは，こわされたところも多い。

4 政治に関する思考力問題

本冊 136 ～ 137 ページ

解答

1 (1)イ
　(2)例自由権や平等権などだれもがもつ基本
　　　的人権の尊重(23字)
2 例特定の業界や団体との関係が深い族議員
　　が増え，政治不信が高まる。
3 (1)エ・カ
　(2)例一票の格差をなくすため。
4 (1)ア
　(2)例生活をする上で，必需品である食料品
　　　については，所得の低い人にとって経済
　　　的な負担が少なくてすむように軽減税率
　　　が適用されている。

解説

1 (1)2か所にあてはまるカードがウ・オ・キ。1か
所もあてはまらないカードはア・エ・カである。
(2)憲法の3つの原則が国民主権，平和主義と基本的
人権の尊重である。だれもが自由で平等であり，人
間らしく生きることのできる権利が尊重されること
である。日本国憲法では，自由権や平等権，社会権
などとして具体的に保障している。

2 単独の政党が長期間，与党だった場合，専門分野
に特化した族議員と関係する業界・団体と不適切な
つながりが生じやすくなる。そのうえで，議院内閣
制のもとでは，政党がはたす役割は大きい。政府に
よる政治が国民による信任を得られず，選挙で敗北
すると，野党が新しい与党になって政権が交代する。

3 (1)・(2)選挙区によって，選出する議員一人当たり
の有権者数がちがい，一票の持つ価値が異なること
を一票の格差という。日本国憲法第14条で定めら
れている法の下の平等の原則に反している。

4 (1)国の歳出では，社会保障費がもっとも多く，次
に国債費，地方交付税交付金の順となる。この3つ
で72.1％を占める。日本社会は高齢化が進んだた
め，年金や医療・介護に関する費用が大きく増えた。
(2)間接税の代表例が消費税である。くらしの中で，
高級品やぜいたく品は買わなくてもすむが，生活に
必要な品は買わなければ生きていけない。したがっ
て，収入の少ない人ほど税の負担が重くなる。

5 政治に関する記述問題

本冊 138 ～ 139 ページ

解答

1 (1)例10代～20代の人口が少なく，投票率
　　　が低いことから，この年代人たちの意見
　　　が政治に反映されない。
　(2)例日本では男女の賃金格差などがあり，
　　　政治家になるための多額の選挙資金を集
　　　めることができないため。
2 例すべて国民は法の下に平等であって，性
　　別などで差別されないと，憲法で定められ
　　ているが，2019年でも妻の名字を選んだ
　　夫婦の割合が4.5％しかいないのは，不平
　　等である。
3 賛成意見―
　例少子化による労働者不足を解消できる
　　(ため，賛成である。)
　例日本人では気付かなかった新たな発想を
　　生かせる(ため，賛成である。)
　例さまざまな消費活動によって日本経済を
　　活性化してくれる(ため，賛成である。)
　などから1つ
　反対意見―
　例日本人の雇用機会が減少するおそれがあ
　　る(ため，反対である。)
　例日本企業の年金の支払額が増える可能性
　　が高い(ため，反対である。)
　例文化や習慣のちがいからトラブルがおこ
　　るかもしれない(ため，反対である。)
　などから1つ
4 (1)例唯一の被爆国である日本がアメリカの
　　　核の傘に入ることで得られる平和ではな
　　　く，地球上からすべての核兵器をなくす
　　　ことで実現する平和をめざす。
　(2)例地域の事情にくわしい人が自主財源に
　　　もとづいて，政策を実行すべきだから。
　(3)例国の政治のありかたを最終的に決める
　　　権利。

解説

1 (1)若者が投票に行かないと，政治家は当選するた

解答編 (23)

めに，比較的年令が高い人々から支持を受ければよいので，政策が高齢者向けになってしまう。

(2)社会生活における女性の役割を限定したり，女性を下に見たりする女性差別は今も残っている。

3 外国人労働者は自国よりも高い賃金が得られる先進工業国へ移動する労働者である。外国人労働者は就労のみならず医療費や住宅などで差別や人権侵害を受けやすく，彼らの受け入れ体制の整備が求められている。

4 (1)日本の外交の柱の1つは，核軍縮にあり，核兵器をなくすための努力を行っており，日本が行うさまざまな援助は非軍事的分野に限られている。1971年に国会で，「**核兵器をもたず，つくらず，もちこませず**」という**非核三原則**が決議されている。しかし，国連総会で2017年に採択され，2021年1月に発効した核兵器禁止条約には日本は参加していない。これは，**日米安全保障条約**により，アメリカ合衆国がもつ核兵器によって日本が守られているからである。また，日本周辺では核兵器保有国の中国が軍事力を増強し，周辺の国々に圧力をかけている状況などにも注意しておく必要がある。

(2)地域の政治は，その地域の住民のくらしに密接に結びついているため，住民の意思にもとづいて行う必要があり，これを住民自治という。住民自治は，市(区)町村や都道府県などの地方公共団体を単位として行われ，これを地方自治という。

6 歴史に関する思考力問題
本冊 140 ～ 141 ページ

解答

1 (1)例仏教が伝わったことで，古墳へ埋葬していたものがお墓へ埋葬され，寺院にまつられるようになったから。

(2)例平城京のあった奈良で仏教勢力が大きな力をもったことが遷都の理由の1つだから。

(3)例(これまでの幕府と異なり長崎貿易を有効に活用し，)俵物や銅を輸出する代わりに，金や銀を輸入する(ことによって，金銀の不足を解消しようとした。)(22字)

2 (1)例日本に関税自主権がなかったため，外国の安い綿織物が大量に輸入され，日本の綿織物が売れなくなった。

(2)例日清戦争の結果，日本は台湾を植民地としたため，台湾にも日本式の神社が作られるようになったから。

(3)カ→ア→オ→イ

(4)石油危機(石油ショック，オイルショック)

解説

1 (1)飛鳥寺は6世紀末，蘇我馬子が日本初の本格的な寺院として建立し，仏教発展の中心となった。

(2)**桓武天皇**は政治を改革するため，都を奈良から京都へ移した。背景には，聖武天皇が亡くなったあと，権力をめぐる貴族の争いや道鏡という僧が孝謙上皇(のちに称徳天皇として再び即位)の保護を受けて次の皇位をねらうなど，政治が混乱していたことがある。桓武天皇は政治から仏教勢力を切り離すため，平城京から寺院が移ること，寺院への土地寄進を禁止し，国費での寺院・仏像造立を縮小させた。

(3)幕府は1639年にポルトガル船の来航を全面的に禁止し，鎖国を完成させたが，その後も長崎を開港して中国・オランダとのみ貿易を行った。6代将軍徳川家宣・7代将軍徳川家継に仕えた新井白石は，金・銀の海外流出を防ぐために長崎貿易を制限したが，老中の**田沼意次**は貿易の制限をゆるめて俵物の輸出を増やし，積極的に金・銀の輸入をはかった。なお，俵物とはふかひれ・いりこ(なまこを煮て干したもの)・干しあわびの3つの高級食材のことである。

2 (1)**関税自主権**は自国の関税率を自主的に定められる権利のことをいう。**日米修好通商条約**が結ばれて外国との自由な貿易が始まると，外国からはおもに毛織物や綿織物のせんい製品が輸入され，日本からは生糸や茶が輸出された。イギリスとの貿易額が最も大きく，特に横浜港に貿易船は集中した。輸出用に生糸や茶が買いしめられ，国内の物価は急に上ったが，生糸の生産はさかんになっている。また，

金と銀の交換比率が日本と外国では異なっていて大量の金貨が国外に流出したため，幕府は国際基準に合わせるように貨幣を小さく改鋳した。その結果，物価はさらに上昇した。

(2)日本は1895年の**下関条約**で台湾を清(中国)から得た。台湾を統治する中心地として台北に台湾総督府を置いた。現在，総督府の建物は中華民国総統府として使われている。

(3)**ア**は1938年，**イ**は1945年，**ウ**は1925年，**エ**は1919年，**オ**は1940年，**カ**は1936年のできごと。

(4)1955年ごろから始まった高度経済成長期は，1973年の**石油危機**によって終わった。日本では多くの工業製品やエネルギー源を中東から輸入する石油にたよっていたため，石油の価格上昇にともない，さまざまな物価が上がる形になった。

7 歴史に関する記述問題
本冊 142 〜 143 ページ

解答

1 (1)例**摂関政治を行う藤原氏の娘たちには，教養を身につける必要があったため，教育係として紫式部など教養も才能もある女性たちが集められたから。**
(2)例**鎌倉幕府が日本を統一し，支配する正当性を担保するのが天皇の役割であり，幕府は天皇を，自らの権威を強化するために利用できる存在だと考えていた。**
(3)例**キリスト教の宣教師などに大名が土地を寄進することを防ぐため。**
2 (1)例**ドイツは君主権が強かったから。**
(2)例**(日本は第一次世界大戦中に，)戦場となったヨーロッパにかわって，アジア・アフリカ向けに綿製品などの輸出が増え，好景気となったアメリカ向けに生糸の輸出も増えた(ため。)**
(3)①例**近代化を遂げた列強諸国に負けない国力をつけるため。**
②例**戦争の悲惨さを伝える価値。**

解説
1 (1)藤原氏は有力な貴族を退けながら，娘を天皇のきさきにし，その子を次の天皇に立てることで，政

治の実権をにぎった。そして，自らは摂政や関白の地位につくことで，天皇に代わって政治を行うようになった。この政治を摂関政治という。

(2)武士の棟梁としての最高の地位が**征夷大将軍**である。源頼朝は征夷大将軍への就任を強く願っていたが，後白河法皇が認めず実現しなかった。1192年3月に法皇がなくなると，7月に後鳥羽天皇によって就任が認められた。のちに天皇から退位した**後鳥羽上皇**は，御所の警固を目的に兵力を強化していたが，3代将軍源実朝の死後，朝廷の権力をとりもどそうとして**承久の乱**をおこした。この乱で上皇側は敗れ，後鳥羽上皇は隠岐に流された。鎌倉幕府にとって，承久の乱は大きな危機であったが，頼朝の妻である北条政子のうったえは，御家人を引きしめるのに効果的だった。

(3)キリスト教を優遇した織田信長に対し，豊臣秀吉は九州を平定したとき，長崎がイエズス会の領地になっていたことなどから，博多でバテレン追放令を発した。しかし，バテレン追放令の中で，貿易は行うことを述べているため，宣教師はいぜんとして来日していた。

2 (2)戦争が始まると軍需品の注文が増え，輸出が急増して日本は大戦による好景気をむかえた。しかし，そのために物価が高くなり，人々の生活はかえって苦しくなった。

(3)①明治政府は，「富国強兵」の目標をかかげ，殖産興業の政策を実行した。富岡製糸場などの官営工場は，国内産業を近代化させるために建てられた。
②原爆ドームは，人類史上初めて使用された核兵器の恐ろしさ・戦争の悲惨さを強く伝え，平和を願って登録された，人類がおかした悲惨なできごとを後世に伝える数少ない施設。ポーランドにあるアウシュビッツ強制収容所は1930年代からドイツの政権をにぎったナチスが第二次世界大戦中に多くのユダヤ人を強制労働させたり，殺害したりした施設。

8 国際に関する思考力問題
本冊 144 〜 145 ページ

解答

1 (1)パーム(油)
(2)例**熱帯林の伐採などの環境問題が生じて**

いるが，アブラヤシの代わりにひまわり
や大豆では同じ量の油を得るとなると，
より広い農地が必要となるため，自然破
壊は解決しない。

2 2019年の日本のプラスチックごみの処理処分の状況

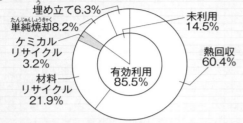

埋め立て6.3%
単純焼却8.2%
ケミカル
リサイクル
3.2%
材料
リサイクル
21.9%
有効利用
85.5%
未利用
14.5%
熱回収
60.4%

3 (1)例 関税がないため，肉・野菜・果物・乳
製品などの輸入食品が安くなり，日本製
品の輸出量も増加し，貿易がさかんにな
る。

(2)例 日本は GNI（国民総所得）の世界全体
にしめる比率と国連通常予算の分担率が
第3位であるが，国連関係機関の国別職
員比率と人口は低い。

(3)①例 日本は食料自給率が低く，さまざま
な国から多くの農畜産物を輸入してい
るためフード・マイレージの値が大き
くなっている。

②例 輸入のために多くの輸送機関を利用
することで，多くの二酸化炭素を排出
し，環境に大きなえいきょうを及ぼす。

(4)例 保育所が不足しているなど，子育てと
仕事を両立できる環境が十分ととのって
いるとはいえないところや，男性が仕事
をして，女性が家庭で子育てをするとい
う考えが残っているというところ。

解説

1 (1)・(2)パーム油はアブラヤシの果実の部分から得
られる油で，食用や石けんの原料として使われてい
る。第二次世界大戦後，マレーシアやインドネシア
では現地の人が経営するアブラヤシのプランテーシ
ョン（商品作物を栽培する大農園のこと）がさかんに
なった。また，近年，工業的に生産されたマーガリ
ンなどに多くふくまれるトランス脂肪酸が人体に有
害であることがわかってくるにつれてパーム油が必
要とされている量がさらに増えてきている。近年，

アブラヤシ農園を広げるために熱帯雨林の伐採など
環境破壊が大規模に行われており，熱帯雨林の自然
回復が追い付いていない。

2 プラスチックには多くの種類があり，軽く，さび
ない，加工しやすいなどさまざまな性質を持たすこ
とができる。代表的なプラスチックは電気を通さな
いものが多いが，白川英樹らの研究をきっかけとし
て，電気を通すプラスチックも実用化されている。
なお，白川英樹は 2000 年にノーベル化学賞を受賞
した。また，プラスチックはおもに炭素と水素でで
きているため，燃やすと二酸化炭素と水が発生する。
また，プラスチックはくさりにくい性質を持ってい
るものが多く，そのようなプラスチックは自然界で
はなかなか分解されないため，不適切に捨てられた
プラスチックごみは長期間にわたって環境をよごし
続けることになる。

3 (1)日本国内では TPP への加盟反対の意見もあっ
た。例えば，TPP に加盟すると関税が撤廃され，
農業がさかんな国などから価格の安い農作物が入っ
てくるから日本の農業に大きな被害をあたえるとい
う反対意見があった。また，食品添加物・遺伝子組
み換え食品・残留農薬などの規制緩和により，食の
安全性が問題になるのではないかという悪いえいき
ょうを心配する意見もある。

(2)「GNI（国民総所得）」はある期間中に，ある国の
国民が得た所得の合計額。これまで「国民総生産
（GNP）」という名称を用いていたが，これには利
子などの所得などもふくまれており，生産よりも所
得のほうが正確な表現として，2000 年からこの名
称に変更されている。また，国際連合は総会，**安全
保障理事会**，経済社会理事会，国際司法裁判所など
のおもな機関と，世界保健機関 (WHO) や**国際教育
科学文化機関 (UNESCO)** などの専門機関や補助期
間などからなっている。

(3)日本は食料の半分以上を海外からの輸入にたよっ
ているため，フード・マイレージが先進国のなかで
は大きいといわれている。フード・マイレージを減
らすためには地元でとれたものを地元で消費する
「**地産地消**」をさかんにすることとともに，食料自
給率を高めるよう取り組むことが重要である。

(4)女性の労働者は，労働条件の整備された正社員で
はなく，パートタイムやアルバイト，派遣労働など
の非正規雇用で働く人が 56 % となっている（2019
年平均）。

9 国際に関する記述問題

本冊 146〜147 ページ

解答

1 (1) 1つ目の図―イ

1つ目の図が表すこと―例祈り，瞑想，思索などの精神活動ができる場所。

2つ目の図―ウ

2つ目の図が表すこと―例イスラム教の戒律に合った食べ物であることを表している。

(2)例本来は食べることが出来たはずの食品を廃棄している，食品ロスの問題。

2 (1)例識字率が低いと，教育などを受けられる人々が限られ，産業の発展におくれが生じる。

(2)例開発でどのようなえいきょうが環境にあるかを事前調査し，環境に負担のない持続可能な開発を実現すること。(50字)

3 (1)例地球温暖化(5字)

(2)自家用車を駐車場にとめ，公共交通機関を使って都心へ行くパークアンドライドを進めることで，二酸化炭素の排出量を減らす。(58字)

4 番号―6

説明―例プラスチックごみは水をよごしてしまう。

番号―13

説明―例プラスチックごみを燃やすと，地球温暖化の原因の1つである二酸化炭素を排出する。

番号―14

説明―例海にただようプラスチックごみをまちがえて食べてしまった魚が死んでしまう。

番号―15

説明―例陸のプラスチックごみをまちがえて食べてしまった陸上の生き物が死んでしまう。

などのいずれか。

解説

1 (1)「酒は飲まない」「左手は食事に使ってはいけない」「ぶた肉は食べない」「1日5回，メッカの方向に向かって礼拝を行う」など，イスラム教にはさまざまな決まりごとがある。地域によってちがいはあるが，熱心なイスラム教徒はそれらをすべて守ってくらしている。イは礼拝に使われる場所を表している。ウはハラール認証マークで，このマークのある製品は，ぶたやアルコールなどのイスラム教で禁止されている食品・成分が一切ふくまれていないことを保証するだけではなく，その製品が製造環境・品質・プロセスをふくむすべてがイスラム法にしたがった基準をクリアしていることを証明している。なお，「ハラール」とは「イスラム教で許されたこと(もの)」という意味がある。

(2)FAO(国際連合食糧農業機関)によると，世界では食料生産量の3分の1にあたる約13億tの食料が毎年廃棄されている。日本は1年間に約612万トン(2017年度推計値)もの食料が捨てられており，日本人1人あたりお茶碗1杯分のごはんの量が毎日捨てられている計算になる。

2 (1)すべての国において，識字率は男性より女性の方が低いことが読み取れる。

(2)開発が自然環境におよぼすえいきょうを事前に調査・予測・評価することを**環境アセスメント(環境影響評価)**という。

3 (2)パークアンドライドはヨーロッパやアメリカの一部の都市では，市内道路の混雑による交通渋滞や事故を防ぎ，自動車の排出ガスによる大気汚染の公害をさけるために行われている。日本では，金沢市，奈良市，大阪府などで取り組まれているが，郊外でも駐車場が足りないなど問題が多い。

4 プラスチックごみは自然界でなかなか分解されないものが多くあるため，川や海に流出したプラスチックごみは長期間にわたって川や海の水をよごし続けるだけでなく，魚などの動物がプラスチックごみをまちがえて食べてしまい，死んでしまう被害が出る。また，プラスチックごみは太陽光や酸素，水にさらされ続けると細かくこわれていくが，かなり小さくなるとマイクロプラスチックと呼ばれる状態になって魚貝類などの体内にたまりやすくなり，生態系のバランスをこわしてしまうのではないかと考えられている。

中学入試 模擬テスト〔第1回〕

本冊 148～151 ページ

解答

1 (1)エ　(2)バリアフリー
　(3)18　(4)公共の福祉
　(5)裁判員制度　(6)イ
　(7)ア　(8)法人税
　(9)イギリス　(10)エ
　(11)例 日本の ODA によって相手国の生活が
　　　向上したり，産業が発達したりすること
　　　によって日本との友好関係が深まると，
　　　加工貿易を行っている日本は原材料の輸
　　　入や製品の輸出がしやすくなるから。
2 (1)ア
　(2)① 記号―ア　ことば―生糸
　　② 木曽山脈　③ ウ　④ ア
　(3)門前　(4)エ　(5)イ
　(6)エ　(7)ウ

解説

1 (1)ア. 法律で定められた議員定数は 248 人。2022 年に行われる参議院議員通常選挙で，参議院の議員数は法律で定められた議員定数と同じ人数になる。イ. 任期は 6 年。ウ. 解散はない。

(2)障がい者や高齢者がくらしやすいように障壁となるものをなくしていこうとする考え方・取り組みのことをバリアフリーという。具体的には，段差のある場所に階段だけでなくスロープを設置したり，鉄道の駅では車いすの人でも利用しやすい改札口が設けられたりしている。また，障がいの有無にかかわらず，すべての人が普通に生活できる社会を築いていこうとする考え方のことを**ノーマライゼーション**という。

(4)社会全体の利益や幸福のこと。より多くの人の幸福をもとにし，そのためには個人の自由が制限される場合がある。**最大多数の最大幸福**が民主政治の基本となる。

(7)最高裁判所長官は，内閣が指名し，天皇が任命する。

(10)日本に住む外国人でもっとも多いのは中国人，次に韓国・朝鮮人である。ベトナム人やブラジルからの出稼ぎ労働者も多い。

(11)日本の ODA(政府開発援助)は，近隣のアジアから発展途上国の多いアフリカ大陸の国々，北・南アメリカ大陸の国々など，さまざまな国に対して行われている。例えば，政府開発援助の 1 つである青年海外協力隊の派遣が行われている地域の割合(2019 年)は，アフリカ大陸の国々が約 33 ％，東・東南・南アジアの国々が約 24 ％，北・南アメリカ大陸の国々が約 24 ％である。

2 (1)東海道は太平洋側に沿って街道が整備されている。

(2)① A の湖は諏訪湖。かつて長野県の製糸業の中心であった岡谷・諏訪地方は，精密機械工業の中心地として発展し，「東洋のスイス」と呼ばれるようになった。② 飛騨山脈(北アルプス)，木曽山脈(中央アルプス)，赤石山脈(南アルプス)を合わせて，**日本アルプス**と呼ばれている。③ C の地域は**野辺山原**で，作物はレタスである。夏でもすずしい高原の気候を利用して，はくさい・キャベツ・レタスなどの野菜の**抑制栽培**が行われている。アはぶどう，イはりんご，エは西洋なしを表している。④切り花の中では，きくは年間を通じてもっとも卸売数量が多い。

(3)門前町とは，有力な寺院・神社の周辺に形成された町のこと。

(4)アはスキー場。1 位の長野県には日本アルプスがあり，白馬・志賀高原など有名スキー場が多いことで知られている。イはゴルフ場，ウは海水浴場である。

(5)空欄には中国があてはまる。日本人の海外旅行先は年によって変動するが，アメリカ合衆国，韓国，中国，台湾，タイの 5 か国・地域は毎年上位になっている。写真のアはシンガポールのマーライオン，イは中国の紫禁城，ウはインドのタージ-マハル，エはタイのアユタヤ遺跡。

(6)アは 1986 年。イは 2001 年。ウのベトナム戦争は 1965 年に激化した。エは 1995 年。

> **ここに注意** 五街道をまとめておこう。東海道(江戸～京都)・中山道(江戸～下諏訪～草津)・日光道中(江戸～日光)・奥州道中(江戸～宇都宮～白河)・甲州道中(江戸～甲府～下諏訪)。

解答

1 (1)公職選挙法 (2)ア (3)エ
(4)エ (5)イ (6)ア
(7)例投票率が高い高齢者向けの政策が多く
なり，投票率が低い若者向けの政策が少
なくなること。
(8)格差 (9)ア

2 (1)ア
(2)例中国語の読み書きができる能力。
(15 字)

3 (1)カ (2)①エ ②品種改良 ③例Xの中
国は世界最大の小麦生産国であるが，人
口が約14億人と世界でもっとも多く，
生産した小麦の大部分は国内で消費して
しまうため，他国への輸出量が少なくな
ってしまうから。
(3)①ウ ②エ

解説

1 (3)参議院議員と都道府県知事の被選挙権は30才
以上，衆議院議員と市(区)町村長，地方議会議員の
被選挙権は25才以上である。
(4)小選挙区制とは，1選挙区につき1名を選出する
選挙制度である。2番目の候補者以下の票は死票と
なり，多数派が優勢になるため，大政党に有利にな
りやすいといわれている。

2 (1)推古天皇の時代に聖徳太子とともに活躍したの
は蘇我氏である。藤原氏は，蘇我氏をたおして大化
の改新で活躍した中臣鎌足の子孫である。
(2)Aから当時の国際社会で活躍するためには外国語
の能力が求められること，Bから教養として求めら
れる古典は中国語で書かれていること，Cから当時
の先進国でモデルとなる国は中国であることから考
える。

3 (1)卵用にわとりの上位5位は，茨城県，千葉県，
鹿児島県，岡山県，広島県である。乳用牛の上位5
位は，北海道，栃木県，熊本県，岩手県，群馬県で
ある。いちごの上位5位は，栃木県，福岡県，熊本
県，静岡県，長崎県である。
(2)①アの流氷は，稚内，網走，知床などのオホーツ

ク海側で見られる。函館湾はオホーツク海に面して
おらず，北海道の南側なので，流氷は見られない。
イは根釧台地ではなく，石狩川下流域(石狩平野)の
説明であり，ウは石狩川下流域ではなく，根釧台地
の説明である。③資料1から世界最大の小麦生産国
であること，資料2から小麦の輸出量は上位5位に
入っていないことがわかる。この2つの資料から，
生産した小麦は国内で消費していることがわかる。
資料3で，Xより生産が少ないオーストラリアが
Xより輸出量が多いのは人口のちがいによるもの
であることがわかる。また，資料3の人口約14億
人ということから，Xは中国であると推定される。
(3)①ウ．琵琶湖で初めて大規模な赤潮の発生が観測
されたのは，1977年である。近年は発生日数も減
少しているが，まったく発生しないわけではない。

解答

1 (1)イ (2)ア (3)小麦
(4)例給食費は利益を見こまずに価格が設定
されているから。
(5)例さまざまな食物アレルギーをもつ子ど
もが増えてきているから。
(6)例食生活の変化などから米の消費量が減
り，生産量が消費量を大きく上回り，米
が余った問題。
(7)ウ (8)イ (9)エ (10)食育
(11)エ (12)ウ

2 (1)イ (2)イ (3)ア (4)エ
(5)例幕府から戦いに対するほうびが十分に
もらえなかったから。
(6)足利義政 (7)イ (8)ウ
(9)イ

解説

1 (1)Y．1889 年につくられた大日本帝国憲法では，
国民の権利は法律によって制限されることもあった。
なお，日本国憲法では，自由権は基本的人権であり，
最大限尊重される。ただし，公共の福祉(社会全体
の利益や幸福)に反しない限り認められるので，無
制限に認められるわけではない。

23

(3)パンの原料であることと，中国の生産量が世界最大であることから，小麦であることがわかる。

(4)利益を求めなければ，価格を安くすることができる。

(5)学校給食の食の安全では，食物アレルギーの問題がある。

(6)余りだした米の対応のため，政府は1970年ごろから米の買い入れ価格をおさえたり，農家にしょうれい金を出して田を一時休ませたり（**休耕**(きゅうこう)），米からほかの作物にかえること（**転作**(てんさく)）をすすめたりして，**生産調整**(げんたん)（**減反**）を行った。

(7)**ウ**．手軽に食べることができるレトルト食品など加工食品の生産量は増えている。

(8)**Y**．経済活動の自由が保障(けいざい)(ほしょう)されており，強制労働させられることはない。

(10)食育とは，食に関するいろいろな知識(ちしき)とバランスの取れた食をせんたくする力を身につけ，健全な食生活を育てることをめざす。

(11)**X**．閣議(かくぎ)には副大臣は入らない。**Y**．閣議は非公開で行われる。

(12)**X**．和食は無形文化遺産(いさん)に登録されているが，すしや天ぷらなど料理そのものが登録されたわけではない。

2 (1)歴史書にあたるのは『日本書紀(にほんしょき)』だけである。

(2)この人物は聖徳太子(しょうとくたいし)である。

(3)**イ**は調(ちょう)，**ウ**は防人(さきもり)，**エ**は雑徭(ぞうよう)である。

(4)壇ノ浦(だんのうら)は山口県にある。

(5)御家人(ごけにん)は元寇(げんこう)で多くの費用を使ったが，新たな領地の獲得(かくとく)はなかったので，御家人の多くは恩賞(おんしょう)としての土地をもらえなかった。

(6)銀閣(ぎんかく)に代表される，禅宗(ぜんしゅう)のえいきょうを受けた簡素な文化を**東山文化**(ひがしやま)という。

(8)江戸(えど)時代のこのころは，世の中が安定し，富をたくわえた町人が文化を支えた。このころの文化を**元禄文化**(げんろく)という。**ア**は室町(むろまち)時代，**イ**は平安(へいあん)時代，**エ**は安土桃山(あづちももやま)時代の文化である。

(9)関東大震災(かんとうだいしんさい)のことである。